Diana Cooper

Die Goldene Zukunft in der 5. Dimension

DIANA COOPER

DIE GOLDENE ZUKUNFT

in der 5. Dimension

Neue Prognosen für den Aufstieg von Erde und Menschheit

Aus dem Englischen übersetzt von Juliane Molitor

Ansata

Die Originalausgabe erschien 2023 unter dem Titel
»The Golden Future« bei Hay House UK Ltd.

FSC www.fsc.org
MIX
Papier | Fördert gute Waldnutzung
FSC® C014496

Penguin Random House Verlagsgruppe FSC® N001967

Fünfte Auflage

Printed in Germany.
Redaktion: Herbert Scheubner
Umschlaggestaltung: Guter Punkt, München
Umschlag- und Innenillustrationen: © Carla Lee Morrow
Satz: Satzwerk Huber, Germering
Druck und Bindung: GGP Media GmbH, Pößneck
ISBN 978-3-7787-7595-0

www.ansata-verlag.de
www.facebook.com/Integral.Lotos.Ansata

Inhalt

Teil I

Die Reise zur goldenen Zukunft der Erde

Kapitel 1

Deine Einladung auf die Erde

Die Erde ist eine besondere Mysterienschule. Die Lektionen und Erkenntnisse, die uns hier geboten werden, sind einzigartig. Du bist unglaublich gesegnet, dass du die Chance bekommst, hier sein zu dürfen. Sich an einem Regenbogen zu erfreuen, einen Schmetterling genau anzuschauen, eine Katze zu streicheln, ein Blütenblatt zu berühren, an einer Blume zu riechen, in einem Bach zu paddeln oder mit einem Kind zu spielen, sind Empfindungen, die es nur auf der Erde gibt.

Indem Lady Gaia dich hierher einlädt, erinnert sie dich daran, dass dir das Leben auf der Erde eine einzigartige Chance bietet. Sei dankbar dafür. Du bist ein spirituelles Wesen, das sich freiwillig bereit erklärt hat, an dieser Expedition teilzunehmen.

Zu der Ausrüstung, die dir zur Verfügung steht, gehört ein physischer Körper, der mit deinem Emotionalkörper und deinem Mentalkörper in Verbindung steht. Dein denkender Geist, deine Gefühle und dein physischer Körper sind empfindliche Feedback-Instrumente. Alles kommt durch deinen spirituellen Körper und sickert in deinen denkenden Geist ein. Deine Gedanken beeinflussen deine Gefühle sowie dein körperliches Wohlbefinden.

Deine Gefühle spiegeln sich auch in deiner Gesundheit und in deinem Körper wider.

Außerdem steht dir ein Helferteam zur Seite. Immerhin brauchst du, wenn du fremdes Gelände erkundest, selbst wenn du schon mehrmals dort warst, dein Team, das alles auskundschaftet, dir bei der Suche nach Nahrung und einer Unterkunft hilft und dich auf die Dinge aufmerksam macht, die du erkunden oder über die du etwas lernen sollst.

Bei diesen Helfern handelt es sich um deine Geistführer und Engel, vor allem um deinen Schutzengel, der dich auf deiner gesamten Seelenreise begleitet. Er ist das für dich normalerweise unsichtbare Wesen, das dich unterstützt und beschützt, das versucht, dich auf den richtigen Weg zu führen, und das dafür sorgt, dass du den Menschen begegnest, mit denen du in Kontakt treten musst, um deine Bestimmung zu erfüllen.

Es gibt noch viele andere Engel und Erzengel, die immer genau dann bei dir sind, wenn du sie brauchst. Vergiss nicht, sie um Hilfe zu bitten, denn sie können dir nur helfen, wenn du sie darum bittest, weil alles andere deinem freien Willen zuwiderlaufen würde.

Darüber hinaus gibt es Geistführer, die normalerweise eine Inkarnation auf der Erde erlebt haben, aber nicht immer. Diese können sich ändern, während du auf deinem Weg voranschreitest. Wenn du dir beispielsweise vornimmst, Anwalt zu werden, kommt ein Geistführer zu dir, der dir in juristischen Angelegenheiten behilflich sein kann. Wenn du eine Ausbildung im medizinischen Bereich absolvierst, steht dir ein heilkundiger Geistführer zur Seite. Du kannst auch mehrere Geistführer haben.

Eine Inkarnation auf der Erde gilt als so etwas wie der Everest aller Erfahrungen. Wenn du diesen speziellen Berg besteigst, brauchst du ein gutes Sherpa-Team. Diese Sherpas zu konsultieren, ist sehr bereichernd und unterstützt dich enorm auf deiner Reise!

Jedes Jahr an deinem Geburtstag singen die Engel von Lady Gaia voller Liebe für dich, um dich erneut willkommen zu heißen. Sie prüfen auch, ob die Blaupause für dein Leben immer noch richtig für dich ist. Musst du die ursprüngliche Ausgestaltung ändern? Entspricht sie immer noch der Vision, die du bei deiner Inkarnation hattest?

Alle sieben Jahre berät sich dein übergeordneter Erzengel mit deinem Schutzengel, um Bilanz zu ziehen, welche Fortschritte du in Bezug auf deine Mission machst. Wenn du Unterstützung oder Hilfe brauchst, wird sie dir zur Verfügung gestellt. Dies gilt auch dann, wenn du einen anderen Weg eingeschlagen hast oder sogar noch weiter vorangekommen bist als geplant.

Deine Seele hat deinen Namen ausgesucht, weil er eine bestimmte Schwingung hat, die mit deiner Mission übereinstimmt. Jedes Mal, wenn er erklingt, ruft er die Lektionen auf den Plan, die deine Seele lernen muss. An deinem Geburtstag singen die Engel mit viel Liebe in der Schwingung deines vollen Namens, um dir Mut zu machen. Wenn Änderungen an deinem Lebensweg vorgenommen werden müssen, findet dies seinen Widerhall in den Schwingungen der Engelstimmen.

Alle diese Lektionen, Anweisungen und Erfahrungen werden dir über deine spirituellen Energiezentren übermittelt, die Chakras. Wenn wir uns in die fünfte Dimension bewegen und unsere zwölf Chakras etabliert sind, werden die Lektionen immer anspruchsvoller und präziser. Wir wechseln von der Schule zur Universität.

Später werde ich dir die Lektionen vermitteln, die du brauchst, um jedes Chakra zu verstehen, zu erleben oder zu meistern. Sobald du die Lektionen der zwölf spirituellen Zentren gelernt hast, kannst du deinen göttlichen Masterplan integrieren und deine Talente sowie deine göttliche Weisheit allmählich wiederbeleben, während wir in die goldene Zukunft aufbrechen.

VISUALISIERUNG, DIE DICH MIT DEINEN ENGELN UND GEISTFÜHRERN IN VERBINDUNG BRINGT

- Setze dich ganz still hin und entspanne dich.
- Sieh oder spüre deinen Schutzengel an deiner Seite.
- Sieh oder spüre, wie viele andere Engel gerade bei dir sind.
- Sieh oder spüre deine Geistführer um dich herum.
- Rufe deinen übergeordneten Erzengel an oder sieh oder spüre, dass er bei dir ist.
- Wie fühlt es sich an, so viel Hilfe und Anleitung zu haben?
- Stell irgendeine Frage und erspüre die Antwort.

Kapitel 2

Die goldene Zukunft der Erde

Zwischen 2012 und 2032 bringt die Erde ein neues Goldenes Zeitalter der fünften Dimension hervor, ein Zeitalter, in dem alles eine goldene Aura der Liebe und Weisheit ausstrahlen wird. Es beginnt im Jahr 2032. Bis dahin wird sich die Welt so weit verändert haben, dass sie nicht wiederzuerkennen ist.

Es ist vorherbestimmt, dass unser Planet und alle Menschen im Jahr 2032 in der fünften Dimension (oder zumindest auf den oberen Ebenen der vierten Dimension) sein werden. Wie wir diesen Übergang erleben, liegt bei uns, aber die Erde selbst wird im Jahr 2032 vollständig in die fünfte Dimension aufsteigen, unabhängig davon, ob Einzelne mitmachen oder nicht.

Wenn du dies liest, hast du dich inkarniert, um dem Planeten bei diesem Übergang zu helfen. Du trägst Verantwortung, hast aber auch eine enorme Aufstiegschance.

Der aktuelle Zeitraum zwischen 2012 und 2032 ist der wichtigste in der gesamten Geschichte des Planeten.

Wir befinden uns in einer entscheidenden Phase.

Daher ist es wirklich wichtig, dass du auf deine Intuition hörst und entsprechend handelst. Höre dir nur positive Vorhersagen und Botschaften an. Gib allem anderen keine Energie. Konzentriere dich auf das Neue und Wunderbare, das am Ende der Reise auf dich wartet. Wenn du das tust, wird deine Aura immer goldener.

In den 20 Jahren zwischen 2012 und 2032
wird eine Metamorphose stattfinden.

Manche Ereignisse in diesem 20-Jahres-Zeitraum sind sozusagen in Stein gemeißelt. Beispielsweise sollten die Olympischen Spiele 2012 immer in London stattfinden, unabhängig davon, wie viele Bewerbungen oder wie viel Konkurrenz es aus anderen Städten auf der ganzen Welt gab. London ist das Erdsternchakra der Erde, und die Energie und Begeisterung der Olympischen Spiele waren nötig, um es zu aktivieren, denn nur wenn dieses Chakra in einem Individuum oder Planeten erwacht, kann der Aufstiegsprozess beginnen.

Auch einige deiner eigenen Erfahrungen sind vorherbestimmt. Dazu kann beispielsweise gehören, deinem Partner zu begegnen oder in ein bestimmtes Land zu reisen. Wenn etwas vorherbestimmt ist, wird es auf jeden Fall passieren. Allerdings kann das, was du denkst, tust und dir vorstellst, einen enormen Einfluss auf deine Lebensreise haben. Das betrifft auch deine vom Schicksal vorgesehenen Beziehungen und Begebenheiten.

Derzeit tragen deine Gedanken, Einstellungen und Vorstellungen
dazu bei, ein neues Goldenes Zeitalter mitzugestalten.
Indem du den Vorhersagen für eine goldene Zukunft Energie gibst,
manifestierst du die neue Welt auf die bestmögliche Weise.

Das Ende eines Zyklus

Rücken wir die Bedeutung der Jahre zwischen 2012 und 2032 ins rechte Licht. Das Jahr 2012 markierte das Ende einer 26.000 Jahre dauernden kosmischen Ära. Es war auch das Ende eines Zyklus von zehn kosmischen Epochen und brachte damit eine 260.000 Jahre lange Epoche für alle Universen zum Abschluss.

Eine kosmische Epoche wird manchmal als ein Ausatmen Gottes bezeichnet. Dies ist eine Zeit der Schöpfung. Darauf folgt ein Einatmen Gottes. Es dauert 20 Jahre, in denen das Überholte zusammenbricht und alles, was nicht funktioniert, in die Gottheit zurückgezogen wird. Wir befinden uns gerade mitten in dieser Phase. Im Jahr 2032 beginnt ein neues Ausatmen, also eine neue Schöpfung in einer Frequenz, die höher ist als je zuvor.

260.000 Jahre lang war die Erde Teil eines vierdimensionalen Universums. Die Erde selbst jedoch war dreidimensional. Von allen Planeten dieses Universums ist nur die Erde auf die niedrigere Frequenz herabgestiegen.

In dieser ausgedehnten Epoche tauchte innerhalb von 1.500 Jahren das legendäre Goldene Zeitalter von Atlantis wie ein Licht in der Dunkelheit auf. In dieser Zeit gehörte jeder der fünften Dimension an und handelte zum höchsten Wohl aller. Es war eine Zeit der Zufriedenheit, des Glücks und der außergewöhnlichen Kristalltechnologie.

Dann beschloss ein mächtiger Magier, seine Macht zu seinem eigenen Vorteil zu nutzen. Er nutzte sie, um andere zu manipulieren, und sein niederes Bewusstsein verbreitete sich schnell. Die Menschen verschlossen ihre Herzen und wurden egozentrisch. Die Frequenz von Atlantis entwickelte sich schnell zurück in die der dritten Dimension. Höhere helfende Wesen mussten sich zurückziehen, weil sie keinen Zugang zu einer so niedrigen Schwingung hatten. Fünf Chakras, in denen die Gaben der Atlanter enthalten waren, wurden der Menschheit entzogen. Schließlich beschloss das Intergalaktische Konzil, diese Epoche mit einer großen Flut zu beenden.

In den folgenden 10.000 Jahren durchlebte die dreidimensionale Erde ein neues Experiment, das der männlichen Vorherrschaft.

Warum war die Erde in einem vierdimensionalen Universum dreidimensional?

Es gibt zwei Gründe, weshalb unser Planet nicht im Einklang mit dem Rest unseres Universums war. Der erste ist, dass vor langer Zeit ein Aufruf des Intergalaktischen Konzils an alle Planeten erging, sich freiwillig für die Durchführung eines einzigartigen Experiments zu melden, nämlich das des freien Willens. Die Menschen konnten wählen, ob sie gemäß ihres göttlichen oder ihres niederen Willens handeln wollten. Im ganzen Kosmos war nichts dergleichen jemals in Betracht gezogen worden und alle Wesen in den Universen standen dem Konzept mit Ehrfurcht, Staunen und Verwunderung gegenüber.

Der Rat des Planeten Erde erklärte sich freiwillig bereit, das Experiment durchzuführen. Seelen, die es wagten, sich zu inkarnieren, gingen durch den Schleier der Amnesie, vergaßen, dass sie göttliche Wesen waren, und machten den Schritt ins Ungewisse.

Eine weitere Vereinbarung im Rahmen des Experiments zum freien Willen bestand darin, jeden Gedanken und jede Tat aufzuzeichnen. Wenn die Bilanz eines Lebens im Soll war, stimmte die Seele einer erneuten Inkarnation zu, in der sie versuchen wollte, ihr Karmakonto auszugleichen.

Im Laufe der Jahre haben Wesen aus allen Universen die mutigen Abenteurer, die es wagten, sich als Menschen auf der Erde zu inkarnieren, voller Ehrfurcht und Erstaunen dabei beobachtet. Jeder, der diesen Planeten betritt, gilt als außergewöhnlich mutig. Er gilt als Dschungel, in dem viele Herausforderungen für deine Seele auf dich warten. Wenn du draußen im Kosmos einem Wesen begegnest, das erfährt, dass du auf der Erde warst, wird es dir Respekt und Bewunderung entgegenbringen!

Niemand hat damit gerechnet, dass die Menschen auf der Erde in ein egozentrisches, egoistisches Verhalten verfallen würden, aber so ist es gekommen. Während der Rest dieses Universums offenherzig und vierdimensional blieb, ist die Frequenz auf der Erde gesunken.

Es gibt aber noch einen zweiten Grund, aus dem die Erde zurückgefallen ist: In der dritten Dimension streckt dein Solarplexuschakra Fühler aus, um nach Gefahren Ausschau zu halten, und über dieses außersinnliche Zentrum nimmst du auch die Ängste anderer auf. Weil die Erde das kosmische Solarplexuschakra ist, absorbiert unser Planet die Ängste des gesamten Universums. Diese mussten wir umwandeln, und das hat uns gebremst.

Weil wir zurückgeblieben sind, ziehen wir während der Geburt des neuen Goldenen Zeitalters außerordentlich viel Hilfe aus dem Universum an. Es ist, als stecke das zur Welt kommende Baby fest und brauche zusätzliche Hilfe. Große erleuchtete Wesen, Engelwesen und Weise konzentrieren ihr Licht und ihre Energie jetzt auf die Erde. Wir können sie um Hilfe bei der Geburt des Neuen nach dem göttlichen Zeitplan bitten.

Die 20 Jahre zwischen 2012 und 2032 sind einzigartig in der Geschichte unseres Planeten. So eine Erfahrung haben wir noch nie gemacht, so eine Chance hatten wir noch nie. Du bist jetzt inkarniert, um ein fünfdimensionales Goldenes Zeitalter in einem völlig neuen kosmischen Zyklus mit hervorzubringen.

Der Zeitrahmen

Die Vorbereitungen für das Ende eines Zeitalters und den Beginn des nächsten sind ähnlich wie die Vorbereitungen für einen Umzug aus einem Haus in ein größeres. Die Planung, die Entscheidung, was weggeworfen und was mitgenommen werden soll, das Einpacken und das Gestalten des neuen Zuhauses – all das beginnt schon lange vor dem eigentlichen Umzug. Der Zeitrahmen für die Erde mit Beginn vor 2012 ist wie folgt.

1987: Die harmonische Konvergenz

Am 25. August 1987 löste eine außergewöhnliche Planetenkonstellation eine 25-jährige Reinigungsphase zur Vorbereitung auf 2012 aus. Um dies zu erleichtern, gab uns Saint Germain in Zusammenarbeit mit Erzengel Zadkiel die violette Flamme der Transformation zur Nutzung zurück.

2012

Dieses Jahr markierte das vorherbestimmte Ende eines göttlichen Ausatmens. Es war der Abschluss von zehn Zyklen kosmischer Zeitalter, eines Zeitraums von insgesamt 260.000 Jahren. Am 21.12.2012 um 11.11 Uhr trat eine göttliche Pause ein, der sogenannte kosmische Moment. Die Energie aus der Quelle berührte das Herz eines jeden Wesens auf der Erde und auf jedem Planeten, auf jedem Stern oder in jeder Galaxie in diesem und jedem anderen Universum.

In diesem Moment wurde im ganzen Kosmos ein Einatmen Gottes ausgelöst und ein auf 20 Jahre angelegter Übergang zu einer höheren Frequenz begann. Jeder Planet, jeder Stern und jede Galaxie in diesem und jedem anderen Universum stieg allmählich in eine höhere Dimension auf und eine neue kosmische Epoche bahnte sich an.

Im selben Moment öffneten sich auf dem ganzen Planeten nach und nach 33 kosmische Portale, die Christuslicht trugen und hochfrequente Energien ausstrahlten, um die Welt auf das neue Goldene Zeitalter vorzubereiten. Auch viele andere Portale und Pyramiden wurden aktiv.

Vom kosmischen Moment an hatte das gesamte Universum 20 Jahre Zeit, alles zu beseitigen, was mit der niedrigeren Schwingung in Verbindung gebracht werden kann, und die fünfte Dimension für sich anzunehmen. Da wir auf der Erde aus den von mir genannten Gründen im Rückstand waren, hatten wir nur 20 Jahre Zeit, um einen doppel-dimensionalen Übergang von der dritten in die fünfte Dimension zu vollziehen. So etwas hatte es noch nie zuvor gegeben und ein intensiveres Programm begann!

2017

In diesem Jahr wurde die Reinigung des Planeten intensiviert. Es wurde beschlossen, dass dies durch die Elemente geschehen solle, weshalb es fünf Jahre lang zu Überschwemmungen, Erdbeben, Wirbelstürmen und Waldbränden kam. Dies diente dazu, die letzten Reste von Negativität zu beseitigen, die Ley-Linien freizulegen und das Karma aufzulösen, das uns daran gehindert hatte, Verbindung mit der reinen Vitalität der Erde aufzunehmen.

2022

Dies war das letzte Jahr der großen Reinigung. Daher sollte bei den durch extreme Einwirkung der Elemente verursachten Ereignissen jetzt Ruhe einkehren. Das alte dreidimensionale Paradigma wird endgültig in sich zusammenfallen, und selbst wenn noch ein wenig Chaos herrscht, wird sich ein optimistischeres Gefühl breitmachen. Wir sollen anfangen, beim Gehen saubere Energie sowie Lady Gaias Liebe über unsere Fußsohlen aufzunehmen. Dies wird unsere Art zu fühlen entscheidend verändern.

Im Jahr 2022 endete eine Phase der Dominanz des kontrollierenden Saturn und der großzügigere, expansivere Jupiter gewann an Einfluss.

Als die Bürger überall erkannten, wie sehr wir manipuliert worden waren, sorgten die Macht des Volkes und entsprechende Massenunruhen nach und nach für ein verändertes Gleichgewicht des Einflusses auf dem Planeten.

2023–2032

Zwischen 2023 und 2032 richtet die Welt ihren Blick allmählich auf das neue Goldene Zeitalter. Neue Ideen und Pläne werden von Menschen für Menschen umgesetzt.

Im Jahr 2032 wird eine neue Blaupause für das gesamte Universum aktiviert, die es dem nächsten Goldenen Zeitalter ermöglicht,eine noch höhere Frequenz zu erreichen als das Goldene Zeitalter von Atlantis.

Die Weltbevölkerung

Die optimale Bewohnerzahl der Erde wäre zwei Milliarden Menschen. Derzeit sind es knapp über acht Milliarden. Es gibt einen spirituellen Grund für diesen Massenzustrom von Seelen. Da dies das Ende einer kosmischen Periode ist, die 260.000 Jahre gedauert hat, gab die Quelle eine Ausnahmegenehmigung, die es allen mit noch nicht getilgter Karmaschuld möglich macht, jetzt zurückzukehren und zu versuchen, sie zu begleichen.

Millionen von Seelen mit hohen karmischen Schulden haben diese Chance genutzt. Doch wenn wir auf die Erde kommen und durch den Schleier der Amnesie gehen, vergessen wir unsere Herkunft und unsere Verbindung zum Göttlichen. Wir vergessen auch unseren Seelenvertrag und unsere Lebensaufgabe. Viele von denen, die zurückgekehrt sind, um Buße für ihre früheren Missetaten zu tun, haben dies vergessen und machen nun Probleme, indem sie in ihre alten Verhaltensweisen zurückfallen.

Gleichzeitig sind Millionen von Lichtarbeitern inkarniert, um das großartige Goldene Zeitalter herbeizuführen.

Das Ziel eines jeden Lichtarbeiters ist es,
in dieser entscheidenden Zeit möglichst vielen
Menschen zum Aufstieg ins Licht zu verhelfen.

Gaia wird bis 2032 vollständig der fünften Dimension angehören, und zwar unabhängig davon, wie Menschen entscheiden und handeln. Menschen, die zu diesem Zeitpunkt noch nicht spirituell erwacht sind und ihr Herz noch nicht geöffnet haben, werden beschließen, auf die inneren Ebenen zurückzukehren oder auf eine andere dreidimensionale Ebene zu wechseln, wo sie weiterhin Dramen erleben können. Es wird einen starken Bevölkerungsrückgang geben.

Die Kinder, die für das neue Goldene Zeitalter inkarnieren, werden eine viel höhere Frequenz haben und bereit sein, unseren Planeten in bisher unerforschte Höhen zu führen.

VISUALISIERUNG EINES LEBENS IN DER GOLDENEN ZUKUNFT

- Nimm dir einen Moment Zeit zum Entspannen.
- Stell dir eine Welt vor, in der alle glücklich und gesund sind.
- Alle sind zufrieden, weil sie auf der Seelenebene Erfüllung gefunden haben.
- Überall arbeiten Menschen zusammen und kümmern sich umeinander.
- Es ist genug für alle da.
- Wir alle respektieren die Rasse und Religion des anderen.
- Das Land selbst ist rein und strahlend.
- Jeden Tag ziehen wir saubere Energie aus der Erde und atmen reine Luft.
- Dies ist das neue Goldene Zeitalter, in das wir uns bewegen.
- Wie fühlt es sich an, so zu leben?

Kapitel 3

Was geschieht gerade auf der Erde?

Hast du schon einmal eine neue Küche einbauen lassen? Wenn ja, erinnerst du dich vielleicht, wie es sich anfühlt, wenn die ganzen alten Schränke ausrangiert werden und alles voller Staub und Schmutz ist. Und weil die neue Küche viel größer sein wird als die alte, werden im Zuge der Erweiterung auch Wände eingerissen. Du fragst dich vielleicht, warum du dir das alles antust.

Aber dann denkst du an die schöne Küche, die dich erwartet, und das gibt dir die Energie und den Antrieb weiterzumachen. Bald wirst du eine unglaubliche, glänzende, geräumige und brandneue Küche haben. Sie wird so viel besser sein als die alte. Wenn die Küche fertig ist, fragst du dich vielleicht, wie du so lange mit der altmodischen Küche hast leben können.

Während es nur Wochen dauert, eine neue Küche zu planen und einzubauen, braucht die Erde Jahre für den Übergang von einem dreidimensionalen zu einem fünfdimensionalen Paradigma, und natürlich bringen die Demontage einer Lebensweise und der Aufbau einer neuen Welt Herausforderungen mit sich. Die fest verankerten Kräfte wollen keine Veränderung. Sie spüren den unaufhaltsamen Anstieg der Frequenz auf dem Planeten, denn das Licht wird immer heller. Deshalb versuchen sie, ihren Einfluss zu verstärken, und das führt zu Störungen. Doch sobald die Frequenz der Menschheit höher ist als die der aktuellen Situation, müssen sich Chaos und Kontrolle in Luft auflösen.

Lichtarbeiter werden gebeten, die Vision des Neuen aufrechtzuerhalten und ihr Licht brennen zu lassen, was immer auch passiert.

Covid

Interessant ist, dass die meisten Regierungen der Welt mit der Pandemie gerechnet haben. Pläne wurden ausgearbeitet, aber nicht umgesetzt. Aus spiritueller Sicht lag das daran, dass die Welt Covid als Beschleuniger brauchte, um die ausgetretenen Wege verlassen zu können. Die Pandemie hat das weltweite Chaos und die Störungen verursacht, die jetzt den Zusammenbruch des alten Paradigmas beschleunigen. Bevor es losging, habe ich mich gefragt, welche Prognosen für Veränderungen in den Bereichen Reisen, Bildung, Regierung, Wirtschaft, Banken, Gesundheit, Landwirtschaft usw. bis 2032 wohl eintreten könnten. Dann traten sie plötzlich alle ganz schnell ein. Es war nicht nur die physische Welt, die sich veränderte – das menschliche Erwachen fand vor unseren Augen statt.

Mein Freund Tim Whild hatte einen schlimmen Verlauf. Er erzählte mir, seine Erfahrung habe ihn dazu gebracht, sich auf die Wesenheit des Covidvirus einzustimmen und mit ihr zu sprechen. Er rechnete damit, dass ein dunkles Wesen auftauchen würde. Stattdessen erschien ein wunderschöner, rosa-weiß-gelber Engel. Er teilte ihm mit, dass Viren in uns eindringen, um niedrigere Schwingungen zu entfernen und alles, was wir aus unserem physischen, mentalen, emotionalen oder spirituellen Körper befreien müssen.

Auf der spirituellen Ebene ging es bei der Delta-Variante um die Reinigung des Herzchakras. Die Leute husteten buchstäblich alte Energie aus. Die Omikron-Variante wurde oft von heftigen Kopfschmerzen begleitet, die den Mentalkörper reinigten. Jedes Mal, wenn jemand das Wort »Omikron« ausspricht, beginnt diese Person mit »Om« und ruft damit die Quelle oder das Universum an. Dann sagt sie »Ich« (engl. I), gefolgt von »Kron« für Krone, denn göttlich-weibliche Weisheit kommt aus dem Kronenchakra. Jedes Mal, wenn du an Omikron denkst oder das Wort aussprichst, rufst du die Energie der Quelle in dich hinein, um deine göttlich-weibliche Weisheit zu stärken.

Covid erfüllt einen höheren Zweck. Teil des Plans ist es,
die Frequenz auf der Erde zu erhöhen.
Die Pandemie hat Millionen von Seelen aufwachen lassen.

Tausende Menschen starben während der Pandemie. In einem letzten Akt des Dienens beschlossen fast alle dieser Seelen, etwas von der festsitzenden Energie des alten Paradigmas mitzunehmen, um sie aus den Energiefeldern der Erde zu entfernen.

Nicht jeder sieht das so, aber schon vor vielen Jahren riet mir mein Geistführer Kumeka, Verschwörungstheorien keine Energie zu geben, weil sie, wie er sagte, eine dunkle Grundlage haben. Es spiele keine Rolle, ob sie wahr seien oder nicht. Derzeit sind Desinformation, Verschwörungstheorien, Lügen und fragwürdige Verhaltensweisen weitverbreitet. Sie lenken uns alle vom wahren Weg ab.

Konzentriere dich auf das Neue und Wunderbare,
das bald unsere Wirklichkeit sein wird.

Im Jahr 2022 waren wir alle gezwungen, auf unser Bauchgefühl zu achten. Bisher vertrauenswürdige Unternehmen und Organisationen waren plötzlich nicht mehr glaubwürdig.

Jetzt müssen wir unserer Intuition vertrauen.

Der neue fünfdimensionale Plan für die Erde

Der Unterschied zwischen der alten Welt und der neuen, die wir erschaffen, ist riesig. Es geht auch nicht nur um diesen Planeten. Jeder Stern und jeder Planet in diesem Universum durchlaufen ein Upgrade in eine höhere Dimension. Lichtarbeiter haben sich inkarniert, um diesen Transformationsprozess für das gesamte Universum zu unterstützen. Es ist wichtig, beim Aufbau eines Hochfrequenz-Kommunikationsnetzwerks zwischen der Erde und allen Sternen, Planeten und Galaxien in diesem Universum zu helfen. Und ohne Unterstützung durch den Menschen ist dies nicht möglich. Sie ist ein wichtiger Teil der kosmischen Dienstleistung.

Im Jahr 2032 wird ein neuer fünfdimensionaler Plan für diesen Planeten und dieses Universum erstellt.

Bisher haben wir gemeinsam in einem kleinen, heruntergekommenen dreidimensionalen Haus gelebt. Doch dieses Haus wird gerade abgerissen, damit im Jahr 2032 mit dem Bau eines eleganten fünfdimensionalen Herrenhauses begonnen werden kann. Der Abrissprozess endete 2023. Jetzt haben wir neun Jahre Zeit, um das Gelände für den Beginn der Bauarbeiten vorzubereiten. In dieser Zeit haben wir die Möglichkeit, die Pläne des Architekten zu studieren und uns entsprechend vorzubereiten.

Die beste Möglichkeit, das Gelände aufzuräumen und die Baumaterialien zu bestellen (sich auf den neuen Bauplan vorzubereiten), besteht darin, fünfdimensional zu leben. Jeder fünfdimensionale Gedanke, jedes Wort und jede Tat schaffen einen Baustein für die Zukunft. Dann kann das Neue ganz leicht in die Manifestation kommen, sobald die Planetenenergie stimmt.

Für diese nächste Stufe der Erdentwicklung hat das Intergalaktische Konzil bereits eine Baugenehmigung erteilt.

Genau wie dein Erdsternchakra dein persönliches Fundament für dein fünfdimensionales Selbst ist, ist das kollektive Erdsternchakra der Menschheit das Fundament für die Zukunft. Wenn genügend Menschen ihr Erdsternchakra verankert und geöffnet haben, haben wir das Fundament für die fünfdimensionale goldene Zukunft. Das braucht seine Zeit, aber mit dieser Visualisierung kannst du dabei helfen:

VISUALISIERUNG ZUM FÜNFDIMENSIONALEN PLAN FÜR DIE ERDE

- Nimm dir einen Moment Zeit zum Entspannen.
- Stell dir vor, in Frieden und Harmonie zu leben.
- Du bringst deine Kreativität zum Ausdruck und spürst eine große innere Zufriedenheit.
- Du bist ein Leuchtfeuer für die Welt.
- Du erinnerst dich an deinen göttlichen Wesenskern und deine Verbundenheit mit dem Göttlichen.
- Du lebst mit deiner Seelenfamilie in einer kleinen Gemeinschaft.

- Alles wird vor Ort angebaut, und du hast alles, was du brauchst.
- Alle sind ehrlich und voll Vertrauen, sodass jeder frei teilt.
- In der Gemeinschaft kümmert ihr euch umeinander.
- Kinder werden mit zwölf verbundenen und aktiven DNA-Strängen geboren.
- Alle haben ihre zwölf Chakras an Ort und Stelle und diese werden aktiviert.
- Spüre, wie sich dein Körper verändert – von einem kohlenstoffbasierten zu einem gesunden, vitalen, kristallinen Körper.
- Der fünfdimensionale Plan für die Erde bringt den Himmel auf die Erde.

Kapitel 4

Den Weg ins Jahr 2032 aushandeln

Das überflüssige dreidimensionale Paradigma auf der Erde wird jetzt hinweggefegt. Die alten Wirtschafts-, Gesundheits-, Bildungs-, Geschäfts- und Finanzstrukturen, die bislang nicht dem höchsten Wohl dienen, werden aktualisiert.

Die Menschheit fordert allmählich wieder Gerechtigkeit.

Immer mehr Menschen bringen ihre fünfdimensionalen Chakras ein und dadurch wird sich alles dramatisch verändern. Wenn sich beispielsweise das Nabelchakra der Menschheit öffnet, werden Menschen überall nach Gleichheit und Einheit streben. Überall werden Einzelpersonen ihre eigene Macht zurückfordern. Infolgedessen wird die Macht des Volkes festgefahrene Regime, Systeme und Vorgehensweisen hinwegfegen. Das geschieht bereits, wenn nur eines der zwölf Chakras etabliert ist.

Energetischer Ausgleich

Wir erleben jetzt die Rückkehr der weiblichen Energie. Außer Kontrolle geratene männliche Energie ohne die ausgleichende Weisheit und Fürsorge der weiblichen Energie ist gefährlich.

Weibliche Energie ohne die Stärke der männlichen Energie ist wirkungslos. Wir brauchen einen Ausgleich.

Wir haben gerade 10.000 Jahre männlicher Herrschaft erlebt. Wie kam es dazu? Das kosmische Zeitalter von Atlantis sollte 260.000 Jahre dauern, in denen fünf Experimente erprobt wurden und scheiterten. Als der Kontinent zum fünften und letzten Mal überflutet wurde, waren noch 10.000 Jahre dieser Ära übrig. Das Intergalaktische Konzil schlug ein neues Experiment für die Erde vor. Was würde wohl passieren, wenn männliche Energie vorherrschte?

Männer waren damit einverstanden, eine dominante Rolle zu übernehmen, und Frauen gaben ihre Macht auf. Das Ergebnis war die dreidimensionale Erfahrung, die wir gemacht haben. Sie hat das Leben auf allen Ebenen beeinflusst – familiäre Beziehungen, Zufriedenheit, Bildung, Gesellschaft, Gesundheit, Handel, Frieden, alles.

Doch nun läuft dem alten Experiment die Zeit davon. Überall auf der Welt fangen Frauen an, ihre Macht in Anspruch zu nehmen, doch vielerorts haben sich die alten Gewohnheiten verfestigt, und es bedarf weiterer Umwälzungen, um für Gleichgewicht zu sorgen.

Dennoch werden das Männliche und das Weibliche einander im Jahr 2032 wieder unterstützen und ergänzen. Das Ergebnis wird Frieden sein, Zufriedenheit, ein Gefühl der Sicherheit, das Aufblühen von Liebe und dass alle für das gemeinsame Wohl arbeiten.

Eine exakte Entsprechung sind vollkommen ausgeglichene, weise Eltern. Stell dir vor, du hast eine Mutter, die sich sicher und geliebt fühlt und daher immer liebevoll, fürsorglich, mitfühlend und unterstützend ist. Sie sieht deine Schönheit und deine besten Eigenschaften und erinnert dich ständig daran. Sie vertraut ihrer Intuition.

Und dein Vater ist liebevoll, stark, beschützend, stolz auf dich, unterstützend, zuverlässig und denkt logisch. Gemeinsam treffen sie vernünftige, weise und positive Entscheidungen.

Niemand hatte diese perfekten Eltern. Wir können jedoch anfangen, sie in uns zu erschaffen. Wir können auf ihre Stimmen hören und ihrer weisen Anleitung gemäß handeln. Je mehr von uns es gibt, die sich weise innere Eltern erschaffen können, desto leichter können wir den Übergang in die goldene Zukunft schaffen.

Mit weisen inneren Eltern fühlt sich dein inneres Kind ausgeglichen, sicher und geliebt. Das ist die Energie der Zukunft.

Ökonomisches Gleichgewicht

Das Nabelchakra der Einheit

Im Goldenen Zeitalter von Atlantis strahlte das Nabelchakra eines jeden Menschen leuchtendes Orange mit den Eigenschaften Einheit, Zusammenarbeit und Handeln zum Wohle aller aus. Dieses Chakra der fünften Dimension wurde beim Untergang von Atlantis zurückgezogen, weil es in einem Bewusstsein der dritten Dimension nicht lebensfähig war. Jetzt, da immer mehr Menschen ihre Nabelchakras wieder verankern und aktivieren, werden Unternehmen, die auf der Pyramidenbasis strukturiert sind, automatisch zusammenbrechen. Wir können den unvermeidlichen Niedergang von Banken, Versicherungen, Supermärkten und Ladenketten, der dem Neuen und so viel Besseren Platz macht, schon jetzt beobachten.

Das Nabelchakra enthält Codes der Einheit und der höheren göttlich-männlichen Energie der Stärke, des fairen Handelns, der Logik und der Entscheidungen zum höchsten Wohl. Gleichzeitig wird es durch das Göttlich-Weibliche der höheren Weisheit, des Mitgefühls und der Liebe ausgeglichen. Das bedeutet, dass es auf dem Weg ins Jahr 2032 automatisch zu einer weltweiten Bewegung hin zur Gleichberechtigung kommen wird. Es werden Entscheidungen getroffen, die Gleichberechtigung und Zusammengehörigkeit fördern. Schon jetzt fragen sich Menschen, wie integer es ist, billige Kleidung aus ausbeuterischen Betrieben zu kaufen oder Früchte, die um die halbe Welt gereist sind. Diese Geschäftspraktiken kommen noch vor 2032 zum vollständigen Erliegen. Daher müssen Länder, deren Wirtschaft auf Exporten basiert, flexibel sein und fürsorglich arbeiten, um ihre Bevölkerung zu ernähren.

Die neue Wirtschaftsstruktur voranbringen

Das Massenerwachen der Menschheit wird dafür sorgen, dass die Welt bald in ein wirtschaftliches Gleichgewicht kommt. Wir bewegen uns unaufhaltsam auf eine andere Finanzstruktur zu, in der es Gleichheit und Wohlstand für alle gibt.

Einige Umstände tragen dazu bei, dass Altes ausgeräumt und Neues vorangetrieben wird, sodass es im Jahr 2032 verfügbar ist:

Die steigende Frequenz berührt Herz und Verstand und flacht die Pyramide der Ungleichheit nach und nach ab.

Immer mehr mutige Seelen, von Whistleblowern bis hin zu Wahrheitssuchern, decken aktiv mangelhafte Verhaltensweisen auf, oft zu einem hohen Preis für sie selbst.

Wenn der Schleier, der über den derzeit akzeptierten wirtschaftlichen Gepflogenheiten liegt, weggezogen wird, fordern schockierte Bürger eine höhere Qualität der Führung. Bald, wenn das Bewusstsein des Planeten stimmt, werden integre Menschen auf den Plan treten und mit gutem Beispiel und Inspiration vorangehen. Nach 2032 wird es keine Anführer mehr geben, weil jeder seine persönliche Autorität in Anspruch nimmt. In der neuen Matrix, ohne Ego und mit dem Bedürfnis, zum höchsten Wohl aller beizutragen, wird dies möglich sein.

Das sich steigernde Bewusstsein hat zur Folge, dass die massive Kluft zwischen Arm und Reich nicht mehr toleriert wird und es zu breiten Protesten kommt. Unter dem Einfluss des expansiven Jupiters gehen die Massen in vielen Ländern bereits für Freiheit und Gerechtigkeit auf die Straße.

Alternative Währungsformen kommen auf und ebben wieder ab, aber auch sie werden vor Beginn des neuen Goldenen Zeitalters verrauscht sein.

Der Faktor, der am meisten zum Wandel beiträgt, ist der beginnende Zusammenbruch der Volkswirtschaften in Ländern auf der ganzen Welt. Die Kosten für Treibstoff und die wirtschaftlichen Folgen des weltweiten Gütertransports belasten den internationalen Handel, der bald nicht mehr tragfähig oder moralisch vertretbar sein wird. Dies wird sich massiv auf unsere derzeitige Lebensweise auswirken, und wir werden eine schwierige Zeit durchmachen, wenn wir nicht zusammenarbeiten.

Community-Hubs, Sharing-Programme, Kooperativen und alternative Lebensweisen breiten sich immer weiter aus. Diese wirtschaftlichen Basisbewegungen werden wachsen und sich immer mehr verbreiten.

Je mehr Gemeinschaften und Länder zusammenkommen und Entscheidungen zum höchsten Wohl aller, ob reich oder arm, treffen, desto einfacher wird der wirtschaftliche Übergang vonstattengehen.

Der nächste Schritt

Da die wirtschaftlichen Strukturen, auf die wir uns 10.000 Jahre lang verlassen haben, von der immer höher werdenden Schwingung hinweggefegt werden, müssen Einzelpersonen, Gemeinschaften und Länder autark werden. Für manche wird dies ein Kampf sein, aber wenn Gemeinschaften zum Nutzen der Allgemeinheit zusammenarbeiten, wird dieser Schritt uns alle zusammenbringen.

Für alle, die ihr Ego in materielle Güter investiert haben, werden die Veränderungen eine Herausforderung darstellen, während diejenigen, die ihre Zufriedenheit aus der Natur oder dem Dienen beziehen, mit dem Wandel mitfließen werden.

In zunehmendem Maße werden Waren getauscht, geteilt oder kostenlos abgegeben. Es gibt schon jetzt immer mehr Sozialkaufhäuser, Sozialmärkte und entsprechende Tauschprogramme.

Kooperativen und Selbsthilfegruppen werden florieren.

Letztendlich wird die Flut des neuen Bewusstseins die alte Wirtschaftsstruktur vollständig hinwegfegen.

Versicherungen

Versicherungsunternehmen werden von der Säuberung des Planeten durch Brände, Erdbeben, Vulkane, Wirbelstürme, Überschwemmungen und unerwartete Katastrophen dramatisch getroffen. Wenn diese Unternehmen nicht mehr überleben können, müssen wir uns in Zeiten der Not auf unsere gegenseitige Hilfe verlassen. Es werden Unterstützungsprogramme eingerichtet, die ein Gefühl der Gemeinschaft und Sicherheit schaffen, weil wir uns alle gegenseitig helfen.

Im neuen Goldenen Zeitalter wird das Bewusstsein völlig anders sein. Wenn wir uns gegenseitig unterstützen, dem Universum vertrauen und wissen, dass unsere Bedürfnisse erfüllt werden, können wir in ein völlig anderes Szenario vordringen, in dem Versicherungen unvorstellbar sind und nicht gebraucht werden.

Frieden

Da die Frequenz der Menschheit unaufhaltsam steigt, werden wir bis 2032 dem Weltfrieden immer näher kommen. Jedes Mal, wenn du dich für eine friedliche Reaktion statt einer kämpferischen entscheidest, trägst du dazu bei, diese voranzubringen. Wir können alle etwas bewirken.

Höher als Atlantis

Das neue Goldene Zeitalter wird eine höhere Schwingung haben als das Goldene Atlantis, weil die Atlanter ein fünfdimensionales Bewusstsein erreichten, während der Planet selbst dreidimensional blieb. In unserer goldenen Zukunft werden wir ein fünfdimensionales Bewusstsein haben, das von einem fünfdimensionalen Planeten unterstützt wird. Unsere Gaben, Kräfte und Erfolge werden unsere kühnsten Vorstellungen übersteigen. Und doch bewegen wir uns unweigerlich darauf zu. Das neue Goldene Zeitalter ist sozusagen in Stein gemeißelt. Es muss kommen.

VISUALISIERUNG DER ZEIT, IN DER DU MACHT UND TALENTE HAST

- Nimm dir einen Moment Zeit zum Entspannen.
- Stell dir eine Welt vor, in der Männer und Frauen einander achten, respektieren und unterstützen. Jeder handelt zum höchsten Wohl und aus tiefster Weisheit heraus.
- Stell dir vor, du verfügst über große Macht und Talente und setzt diese zum Wohle aller ein.
- Was machst du und wie fühlt sich das an?

Kapitel 5

Kosmische Geschehnisse im Jahr 2032

Die Zukunft nach 2032 ist für unser heutiges Begriffsvermögen unvorstellbar. Einige Dinge können wir jedoch verstehen. Und manche sind vorherbestimmt.

Wenn unser Planet im Jahr 2032 vollständig in die fünfte Dimension aufsteigt, wird dies jeden Menschen und jedes Tier auf eine höhere Frequenz bringen.

Vorherbestimmte kosmische Geschehnisse im Jahr 2032

Wir haben Zugang zur reinen Liebe

Hohlerde ist das Chakra der siebten Dimension im Zentrum unseres Planeten. Licht fließt aus dem Herzen von Lady Gaia, dem riesigen Engel, der hier wohnt, nach Glastonbury, in das Herzchakra der Erde. Dort gibt es ein Portal zur Venus, dem kosmischen Herzen, das Jesus zu seinen Lebzeiten verankert und aktiviert hat. Bis 2032 werden das Herz von Lady Gaia, das planetare Herz von Glastonbury und die Venus alle in einer Reihe sein, sodass es einen klaren Kanal zwischen ihnen und darüber hinaus zur Quelle geben wird. Dieser wird es der Menschheit ermöglichen, Zugang zu einer höheren Qualität der Liebe zu bekommen. Jedes Lebewesen auf der Erde wird das Gefühl haben, geliebt zu werden und dazuzugehören. Wir kommen in Berührung mit der universellen Liebe.

Die Planeten kommunizieren miteinander

Genau wie die Erde hat jeder Planet, jeder Stern und jede Galaxie in diesem Universum ein hohles Zentrum der siebten Dimension, das sein Herzzentrum ist. Bis 2032 werden sich die Herzzentren aller Planeten und Sterne verbinden und anfangen, miteinander zu kommunizieren. Dies ist ein fortlaufender Prozess, der im kosmischen Moment des Jahres 2012 begann, als die Kundalini der Erde anfing aufzusteigen und uns wieder mit der Sternenwelt zu verbinden. Bis 2032 wird es dadurch möglich sein, dass sich universelle Liebe, Frieden und herzliche Freude im gesamten Kosmos verbreiten.

Nachdem diese riesige kosmische Herzöffnung aktiviert wurde, werden viele von uns in der Lage sein, mit Wesen aus anderen Sternensystemen zu kommunizieren und ihr fortgeschrittenes Wissen sowie ihre Weisheit entgegenzunehmen. Zwar haben einige Menschen schon seit einiger Zeit telepathische Informationen und Downloads von Sternenwesen erhalten, aber nun werden diese allgemein verfügbar sein. Wir fangen an, Wissen und Weisheit von den Sternen zu empfangen.

Wenn dies geschehen ist, bald nach 2032, werden auf unserem Planeten internationaler Frieden und Zusammenarbeit herrschen. Das ist sehr wichtig für den kosmischen Fortschritt der Erde. Sobald er etabliert ist, werden alle Länder anfangen, zum höchsten Wohl aller zusammenzuarbeiten.

Das Portal der reinen Liebe in China öffnet sich

Wenn Frieden und internationale Zusammenarbeit signalisieren, dass die Erde und alles auf ihr der fünften Dimension angehören, wird der Amethystschädel, der die Informationen der zwölf atlantischen Schädel aus klarem Quarzkristall enthält und der derzeit entmaterialisiert und auf den inneren Ebenen festgehalten wird, anfangen, sein Licht freizusetzen. (Weitere Informationen darüber findest du im folgenden Kapitel.)

Gleichzeitig wird sich in den wunderschönen Bergen Chinas ein spezielles Portal öffnen, das die Frequenz der diamantweißen Liebe enthält. Dann wird die unglaublichste wahre und reine Liebesenergie unseren Planeten überfluten und uns auf eine Weise verwandeln, die noch nie zuvor möglich war. Dadurch, dass sie die höheren Herzen der Massen öffnet, führt sie uns alle in das Bewusstsein der fünften Dimension.

Von diesem Zeitpunkt an werden sich überall Menschen auf den Amethystschädel einstellen und viele heilige Informationen herunterladen können.

Alle Portale öffnen sich weit

Das Erwachen der 33 kosmischen Portale, die das Christuslicht hereinlassen, begann im Jahr 2012. Seitdem öffnen sie sich allmählich. Fast alle werden sich bis 2032 vollständig erweitert haben und die höchste Frequenz der Christusliebe ausstrahlen, die reinweiß ist. In ihr werden alle baden, die auf dem Planeten sind. Je öfter wir das Christuslicht in den Jahren bis 2032 anrufen, desto mehr davon werden wir in dieser Zeit aufnehmen können.

Millionen Portale, Kristallgitter und heilige Steinkreise auf der ganzen Welt wurden 2012 eingeschaltet. Die meisten werden bis 2032 vollständig erstrahlen und in einem weiten Umkreis alles und jeden erleuchten. Zu diesem Zeitpunkt werden Edelsteinflöze, die materialisierte Energie der Erzengel, aktiv und strahlen die Eigenschaften ihres jeweiligen Erzengels aus. Stell dir vor, du lebst in der Nähe eines Berges, der die Smaragde des Erzengels Raphael enthält und so das Bewusstsein für Fülle und höhere Heilung verbreitet! Die Energie jeder spirituellen Zeremonie, jedes Rituals oder Ereignisses, die in einen Kristall gelegt wurde, wird verfügbar. Milliarden kleiner und großer Kristalle warten immer noch darauf, auf Sendung zu gehen und Lichtcodes auszustrahlen.

Der Metatronwürfel fügt sich energetisch zusammen

Erde, Neptun, Sirius, die Plejaden und Orion steigen alle gemeinsam auf und stehen eng miteinander in Verbindung. Diese fünf kosmischen Wesenheiten werden symbolisch durch den universellen Metatronwürfel repräsentiert und kommen im Jahr 2032 energetisch zusammen.

Das bedeutet, dass Neptun, Sirius, die Plejaden und Orion uns nicht mehr magnetisch auf ihre Frequenz ziehen. Vielmehr werden wir alle aufeinander abgestimmt sein und in einer Kugel reinweißer Liebe aus der Quelle zusammenarbeiten.

Unvorstellbarer Wohlstand kommt zu uns

Diese bedeutenden kosmischen Geschehnisse werden die fünfdimensionale Zukunft der Erde prägen und Weltfrieden und internationale Zusammenarbeit einleiten. Sobald dies erreicht ist, wird die Erde eine fünfdimensionale Energie aussenden, die massiven Wohlstand anzieht. Dieser wird in vielen Formen zu uns kommen.

VISUALISIERUNG
EINER WELT, AUF DER FRIEDEN HERRSCHT

- Nimm dir einen Moment Zeit, und stell dir vor, dass auf der ganzen Welt Frieden herrscht und alle Länder zusammenarbeiten.
- Visualisiere den Download neuer Technologien, damit diese gemeinsam genutzt werden können.
- Sieh, wie die Welt neue Möglichkeiten für den Nahrungsmittelanbau und zur Wasseraufbereitung findet und wie sie Zugang zu kostenloser ökologischer Energie bekommt, und zwar aus Quellen, die noch nicht verfügbar sind.
- Stell dir vor, dass wir alle sicher und in atemberaubender Geschwindigkeit reisen können.
- Spüre das wunderbare Glücksgefühl, die Kreativität und die Seelenzufriedenheit der goldenen Zukunft.
- Stell dir den Planeten von einer goldenen Aura umgeben vor.

Kapitel 6

Der Einfluss der kosmischen Pyramiden und Kristallschädel

Pyramiden sind Computer. Die ursprünglichen sechs kosmischen Pyramiden, die nach dem Untergang von Atlantis errichtet wurden, stehen in Griechenland, Tibet, Mesopotamien, Ägypten, Mexiko und Peru. Die Pyramiden in Mesopotamien, Griechenland, Tibet und Peru wurden zwar physisch zerstört, sind aber energetisch immer noch aktiv. Ihnen ist das höhere Wissen des Universums einprogrammiert. Sie sind außerdem so voreingestellt, dass sie verschiedene Portale und Kristalle sowie die Kundalini des Planeten aktivieren, damit wir für die goldene Zukunft gerüstet sind.

Als Atlantis unterging, nahmen die folgenden sechs Hohepriester und Hohepriesterinnen das Wissen und die Weisheit mit, um diese kosmischen Computer zu bauen.

• **Apollo** hat, in Zusammenarbeit mit Erzengel Michael, die Pyramide in Mesopotamien (Irak) hervorgebracht. Sie wurde programmiert, um den gesamten Kosmos in die Harmonie der fünften Dimension zu bringen. Freiheit ist ein Kernstück der

Harmonie. Diese reine Energie hat die Menschen im Nahen Osten bereits dazu bewegt, sich zu befreien, und macht nun ihren Einfluss auf der ganzen Welt geltend, sodass die Menschen in der goldenen Zukunft überall frei sein werden.

Der Wunsch nach Freiheit
sorgt derzeit für Massenunruhen.

• **Poseidon** erschuf unter der Aufsicht des Erzengels Raphael die Pyramide in Griechenland. Als sie durch ein Erdbeben zerstört wurde, wurde an dieser Stelle der Parthenon errichtet. Poseidon hatte ein tiefes Verständnis für natürliche Heilformen, einschließlich der Verbindung von Geist und Körper, und ein großes Wissen über die Sterne und ihren Einfluss auf die Gezeiten und das Pflanzenwachstum. Alle diese Informationen und Weisheiten wurden in seiner Pyramide untergebracht und werden dafür sorgen, dass Griechenland eine führende Kraft beim Wiederaufleben der Naturheilkunde sein wird.

• **Zeus** überwachte im Einklang mit Erzengel Christiel den Bau der Pyramide in Tibet. Sein Auftrag war es, Menschen zu befähigen, in die Stille einzutreten und Frieden und Harmonie zu verbreiten. Das wird es uns ermöglichen, die Eigenschaften Mitgefühl, Liebe und Harmlosigkeit zu entwickeln. Das Licht aus dieser Pyramide in Tibet wird in der goldenen Zukunft die Herzen aller mit Frieden und Einheit berühren.

• **Thoth** schuf in Zusammenarbeit mit Erzengel Michael die Pyramide in Peru. Er lehrte uns den richtigen Umgang mit Energie, und dieses Wissen wurde in die Pyramide programmiert, damit wir in der goldenen Zukunft in der Lage sein würden, alles in Harmonie zu bringen und besser auszurichten.

• **Aphrodite** schuf in Zusammenarbeit mit Erzengel Chamuel die Mayapyramide in Mexiko. Da sie von der Venus stammte, war ihre Pyramide mit reiner Liebe und fortgeschrittener Astronomie und Mathematik kodiert. Sie hat den Schlüssel, der es Menschen ermöglicht, ihren Selbstwert zu finden und sich selbst wirklich zu lieben, indem sie sich mit ihrem göttlichen Selbst verbinden. Die in dieser Pyramide enthaltene Energie macht es Menschen schon jetzt möglich, auf ihren göttlichen Bauplan und den des Planeten zuzugreifen. Sie wird dazu beitragen, alle in die fünfte Dimension zu befördern.

• **Ra** beaufsichtigte in Zusammenarbeit mit Erzengel Metatron den Bau der Pyramide in Ägypten. Das Licht aus der siebten Dimension kommt in einem Dreieck, dessen Spitze nach unten zeigt, auf die Erde, während das Licht von der Erde in einem Dreieck, dessen Spitze nach oben zeigt, bis in die geistige Welt gelangt. Zusammen bilden sie einen sechszackigen Stern. Dieses kosmische Symbol ist in der Pyramide von Luxor verankert, um die Erde in den Himmel und den Himmel auf die Erde zu bringen.

Die Kristallschädel

Im Goldenen Zeitalter war Atlantis in zwölf Regionen unterteilt, die jeweils von einem Hohepriester oder einer Hohepriesterin überwacht wurden. Die ursprünglichen zwölf waren Thoth, Isis, Horus, Ra, Seth und Imhotep, Hermes, Zeus, Aphrodite, Apollo, Poseidon und Hera.

Als die Frequenz stieg, wurden weiterentwickelte Hohepriester und Hohepriesterinnen benötigt. Also traten neue an ihre Stelle, aber die zwölf, die das Goldene Zeitalter eingeleitet hatten, kehrten zurück, als das Experiment in sich zusammenfiel. Ihre Aufgabe bestand darin, die Überlebenden in neue, speziell dafür vorbereitete Teile der Welt zu führen.

Thoth, Isis, Horus, Ra, Seth und Imhotep wurden später ägyptische Götter, während Hermes, Zeus, Aphrodite, Apollo, Poseidon und Hera griechische Götter wurden. Jeder von ihnen nutzte fortschrittliche Gedankenkontrolle und Klang, um einen hoch entwickelten Kristallcomputer zu erschaffen, der alle Informationen und Weisheiten des eigenen Stammes für künftige Zivilisationen speicherte. Die Entscheidung, diese Computer zu bauen, wurde von den Hohepriestern und Hohepriesterinnen in Absprache mit dem Intergalaktischen Konzil getroffen. Letzteres entschied, dass sie die Form und Größe eines menschlichen Schädels haben sollten, um die Denkkraft und das Bewusstsein eines Menschen darzustellen. Diese Computer sind also die zwölf Kristallschädel. Sie sind ein Vermächtnis, das uns in der goldenen Zukunft helfen wird.

Eine Zeit lang wurden die Kristallschädel in den Tempeln der jeweiligen Region aufbewahrt, wo sich Tempelpriesterinnen darum kümmerten. Der Gedanke war, dass der Schädel einem Menschen, der rein genug war, sich auf ihn einzustimmen, die Verbindung ermöglichen würde. Er sollte auch magnetische Impulse an solche Menschen senden, um die Verbindung zu stimulieren! Dies geschieht nun auf der energetischen Ebene.

Der Amethystschädel

Vor dem endgültigen Zusammenbruch von Atlantis fand eine beeindruckende Zeremonie statt. Vertreter des Intergalaktischen

Konzils waren anwesend, ebenso wie Vertreter der vielen Räte des Lichts. Diesem Ereignis wurde eine derart große kosmische Bedeutung beigemessen, dass Wesen von Lyra, Saturn, Orion, den Plejaden, Sirius, Jupiter, Venus, Andromeda und anderen Sternen, Planeten und Galaxien ausgesandt wurden, um ihm ihr Licht und ihren Segen zu geben.

Flankiert von ihren Tempelpriestern und Tempelpriesterinnen hielten alle Hohepriester und Hohepriesterinnen ihren eigenen Kristallschädel in den Händen, und während dieser Zeremonie wurden sämtliche Informationen aus jedem einzelnen Schädel auf einen herrlichen Amethystschädel übertragen, der oft als der 13. Schädel bezeichnet wird.

Kurz bevor die Flut Atlantis verschlang, nahmen die Priesterinnen die Kristallschädel aus ihren Tempeln und versteckten sie an ihren neuen Orten.

Der Amethystschädel wurde in die Obhut der Sphinx gegeben, der reinen und mächtigen Wächterin des Planeten, deren Energie von Anbeginn auf der Erde war. Ursprünglich hatte die Sphinx ein schützendes Kraftfeld rund um die Erde errichtet, doch die Menschen haben seine Kraft auf zwei Prozent reduziert, sodass es seinen Zweck nicht mehr erfüllen konnte. Infolgedessen war die Erde seit Äonen anfällig für äußere Kräfte, genau wie ein Mensch mit einer schwachen oder nicht vorhandenen Aura, aber wenn wir spiritueller werden, wird unsere Energie die Sphinx wieder aufladen. Das Kraftfeld hat bereits 32 Prozent seiner ursprünglichen Stärke erreicht. Seine volle Wirksamkeit wird es jedoch erst nach 2050 entfalten.

Die Statue auf dem Gizehplateau repräsentiert die Energie der Sphinx. Sie steht in Verbindung mit Nigellay, dem aufgestiegenen Aspekt des Mars, dem friedvollen Krieger der fünften Dimension.

Die Sphinx wird den Amethystschädel freigeben, wenn alle zwölf Schädel aufgetaucht sind und unsere Frequenz dafür bereit ist. Wenn sich das Portal der Sphinx öffnet, wird seine Friedensenergie die Welt massiv beeinflussen.

VISUALISIERUNG, UM EINE VERBINDUNG MIT DEM AMETHYSTSCHÄDEL HERZUSTELLEN

- Atme einen Moment lang entspannt durch.
- Stell dir vor, dass auf der Welt völliger Frieden herrscht und jeder Mensch eine sanfte goldene Aura ausstrahlt.
- Visualisiere den Amethystschädel, der strahlend zwischen den Pfoten der Sphinx sitzt.
- Er sendet weiße und goldene Strahlen der Harmlosigkeit und des Friedens in alle Teile der Welt.
- Dann schau genauer hin und sieh, dass er Strahlen der Harmlosigkeit und des Friedens auf jeden Stern, jeden Planeten und in jede Galaxie dieses Universums ausstrahlt.
- Sieh oder spüre, wie die Aura der Erde stärker und goldener wird.

Teil II

Die Transformation – Leben im neuen Goldenen Zeitalter

Kapitel 7

Leben in der fünften Dimension

Im fünfdimensionalen Bewusstsein gibt es kein Ego und daher kein persönliches Streben oder Verlangen, besser zu sein als andere. Wenn wir nicht in Machtkämpfe, Tatendrang oder Ehrgeiz involviert sind, steht uns die ganze Energie, die wir verbraucht haben, um uns zu beweisen, für Kreativität und strahlende Gesundheit zur Verfügung und um das zum Ausdruck zu bringen, was uns Freude bereitet. Wir freuen uns, diese Energie zum Wohl aller nutzen zu können. Wenn die Frequenz überall ansteigt, werden sich natürlich immer mehr Menschen so fühlen, und es wird ein wunderbares Gefühl der Ausrichtung und des inneren Friedens entstehen.

Wie viel Energie hättest du zur Verfügung, wenn du nie versucht hättest, dich deinen Eltern, deinem Chef, deiner Großfamilie, deinen Nachbarn oder – noch wichtiger – dir selbst zu beweisen? Viele von uns bestimmen, dass wir hart arbeiten, wettbewerbsfähig sein und danach streben müssen, besser zu werden, um unseren Lebensunterhalt zu verdienen oder für unsere Familie zu sorgen. Wir glauben, dass wir ein höheres Gehalt brauchen, um ein größeres Haus für unsere Kinder kaufen zu können. Für einen schöneren Urlaub ist ein riesiges Auto notwendig. Wir finden immer Rechtfertigungen für das ständige Streben nach mehr. Erstaunlich ist aber Folgendes:

Wenn dein Bewusstsein fünfdimensional ist,
ziehst du von Natur aus Wohlstand an.

Wohlstand

Wenn die Menschheit fünfdimensional wird, werden wir eine unglaubliche Fülle aus dem Universum schöpfen. Das bedeutet reichlich nahrhafte Nahrung, eine Technologie, die uns unterstützt, unbegrenzte ökologische und kostenlose Energie und alles, was wir brauchen.

Im neuen Goldenen Zeitalter wird alles, wonach du gestrebt hast, auf natürliche Weise zu dir kommen, wenn es deinem Wohl dient. Und wenn etwas nicht deinem höchsten Wohl dient, warum solltest du es dann wollen?

Wenn du dir vorstellst, dass es für die Zukunft deines Kindes wichtig ist, eine angesehene Schule zu besuchen oder ein Auto zu besitzen, dann vergiss nicht:

Wenn etwas deinem höchsten Wohl dient, wird sich
das Universum so einrichten, dass es
dem höchsten Wohl aller dient.

Und auch das Gegenteil ist der Fall. Wenn es nicht zu deinem höchsten Wohl ist, ist es auch nicht zum höchsten Wohl von irgendjemand anderem. Bitte also im weiteren Verlauf stets um Anleitung, wie du das Richtige für dich selbst tun kannst.

Wir können uns heute kaum vorstellen, dass die Energie des Universums so kraftvoll zu unserer Unterstützung arbeiten kann.

Doch wenn du in der goldenen Zukunft ein größeres Zuhause brauchst, wird dir dein Traumhaus automatisch und sofort zur Verfügung gestellt. Wenn du irgendwohin reisen musst, steht dir ein Transportmittel direkt vor deiner Tür zur Verfügung. Wenn es für dich richtig ist, einen Hund zu haben, rate mal? Der perfekte Welpe wird vor deiner Haustür sitzen.

Dem dreidimensionalen Bewusstsein kommt dies wie Magie vor. In der fünften Dimension ist es das natürliche Ergebnis des freien Energieflusses.

Die logische Folge daraus ist, dass du nichts besitzen musst. Warum solltest du persönliche Besitztümer haben wollen, wenn deine Bedürfnisse automatisch befriedigt werden? Warum die Straße mit geparkten Autos vollstopfen, wenn Transportmittel eintreffen, sobald du sie brauchst? Warum ein Eigenheim besitzen, wenn dir das perfekte Haus immer zur Verfügung steht? Warum einen Kitesurfer besitzen, wenn einer am Strand auf dich wartet, sobald du über die Wellen fliegen willst?

Eigentum basiert auf der Überzeugung, dass man nur mit Geld bekommen kann, was man will. Im neuen Goldenen Zeitalter werden wir alle darauf vertrauen, dass für unsere Bedürfnisse gesorgt wird. Das kollektive fünfdimensionale Bewusstsein unterstützt dies auf natürliche Weise.

Wenn all deine körperlichen und emotionalen Bedürfnisse erfüllt sind, wird deine spirituelle Reise wichtiger als dein persönlicher Fortschritt, und du kannst dich entspannen und in ein erfülltes Leben eintauchen. Wenn deine zwölf Chakras geöffnet sind, spürst du eine tiefe Befriedigung, wenn du dich mit Lady Gaia verbindest, mit den Engelreichen kommunizierst, Informationen von weisen Sternenwesen empfängst oder dich auf den Frieden des Kosmos einstimmst. Und wenn du die höheren

Sprossen der fünfdimensionalen Leiter erklimmst und sogar die sechste Dimension erreichst oder die siebte berührst, wird diese spirituelle Reise noch erhellender.

Gleichgewicht

Eine Möglichkeit, wie die Atlanter des Goldenen Zeitalters ihre hohe Frequenz aufrechterhielten, bestand darin, alles im Gleichgewicht zu halten. Sie haben beispielsweise immer das Gleichgewicht zwischen Geben und Nehmen gehalten. Heutzutage ist es unter großzügigen Menschen durchaus üblich, nur zu geben. Sie denken, dass sie dadurch spirituelle Punkte sammeln. In Wirklichkeit ist das Gegenteil der Fall, denn Geben ohne Gegenleistung gilt als eine Art spirituelle Kontrolle oder Ausstechen. Es ist wichtig, auch zu nehmen, damit die andere Person die Freude des Gebens erleben kann. Es muss nicht mit gleicher Münze zurückgezahlt werden. Als Gegenleistung für die Gartenarbeit kannst du auch einen Kuchen backen oder für das Putzen ein paar Äpfel anbieten. In der goldenen Zukunft, wenn das Geld obsolet ist, wird es nur noch Tauschgeschäfte oder freizügiges Geben aus reiner Liebe geben.

Freizügiges Geben aus reiner Liebe
aktiviert das Gesetz der Gnade.

Wenn unsere fünfdimensionalen Herzzentren vollständig erwacht sind, werden wir bereit sein, einander zum höchsten Wohl zu dienen, und dies wird einer tiefen Quelle der Liebe in uns entspringen. Es wird ein großes Gefühl der Zufriedenheit hervorrufen.

Harmlosigkeit

Eine Eigenschaft der fünften Dimension ist Harmlosigkeit. Wenn du in Gedanken, Worten und Taten völlig harmlos bist, fühlt sich jeder Mensch und jedes Lebewesen bei dir sicher. Folglich wird dir nichts und niemand etwas tun. Tiere vertrauen dir vollkommen und entspannen sich in deiner Gegenwart. Wenn sich bei immer mehr Menschen die Herzzentren öffnen und wir Harmlosigkeit entwickeln, werden wir wieder in Harmonie mit dem Tierreich leben.

Mensch und Tier werden in Freundschaft und gegenseitigem Respekt zusammenleben.

Die Wunder des Universums

Während unsere fünfdimensionalen Chakras erwachen und unsere Gaben, Talente und unglaublichen Kräfte offenbaren, öffnen wir uns mühelos für die Wunder des Universums und stimmen uns auf die geistigen Welten ein.

Menschen der fünften Dimension, insbesondere diejenigen, die einst eine Verbindung zu Lemurien hatten, haben eine natürliche Liebe zur Natur, zu Bäumen und zum Land selbst. Lemurien war das vierte Goldene Zeitalter auf dem Planeten, das Atlantis vorausging. Die Lemurier bildeten eine gewaltige heilende Lichtkraft der fünften Dimension. Sie waren eine kollektive Energie, die durch das Universum wirkte und Orte berührte, die ihre Energie brauchten. Die Heilung durch sie galt als die reinste und kraftvollste, die es gibt, denn sie erfolgte völlig ohne Ego und wurde als kollektive Energie gesendet.

Die Lemurier hatten eine tiefe Verbindung mit unserem Planeten und liebten die Natur und die Arbeit mit den Elementarwesen und Drachen. Sie haben sogar Liebe und Licht aus der Quelle über das kosmische Herz herabgezogen und auf die Erde projiziert.

Viele Lemurier sind jetzt zurückgekehrt, um uns allen zu helfen, eine Verbindung mit der Natur einzugehen. In der Tat ist es für die goldene Zukunft sehr wichtig, dass jeder mit der natürlichen Welt eins ist.

Allein der Aufenthalt in der Natur erfüllt dich mit einem Gefühl der Zufriedenheit und Lebendigkeit.

Du kannst eine wechselseitige Verbindung herstellen, indem du goldene Fußspuren hinterlässt, wohin du auch gehst: Du leitest höhere Energien durch dich hindurch in das Land und bringst gleichzeitig goldenes Licht aus dem Herzen von Lady Gaia empor. Dieses kommt durch dein Erdsternchakra unter deinen Füßen nach oben und steigt durch dich auf bis zu deinem Herzen. Dort breitet es sich aus und berührt Menschen, Tiere und die Natur.

Wenn du einen bewussten fünfdimensionalen Spaziergang machst, strahlt dein Licht sehr hell. Du kannst den folgenden Spaziergang in deiner Fantasie machen oder einen Ort in der Natur finden und ihn physisch machen.

VISUALISIERUNG EINES FÜNFDIMENSIONALEN SPAZIERGANGS DURCH DIE NATUR

- Schließe die Augen und stell dir vor, dass du an einem schönen sonnigen Tag draußen bist.

- Atme ein paar Mal tief durch und nimm die Bäume und Blumen wahr.
- Schau dir die Farben und Formen an.
- Rieche die Düfte der Natur.
- Geh vorwärts und achte darauf, wie sich deine Füße anfühlen – jedes Mal, wenn sie die Erde berühren.
- Stell dir dann vor, wie sich der Scheitel deines Kopfes öffnet.
- Sieh oder spüre, wie goldenes Licht dort hineinströmt und direkt durch dich hindurch, dann in deine Füße und das Land.
- Sei dir bewusst, dass du goldene Fußstapfen hinterlässt.
- Spüre nun beim Einatmen, wie du goldenes Licht aus dem Herzen von Lady Gaia aufsaugst.
- Spüre, wie es in dir aufsteigt und atme es aus deinem Herzen aus.
- Sieh, wie es die Welt der Natur berührt.
- Wenn du deinen Spaziergang beendet hast, stellst du dir die ganze Reihe goldener Fußspuren vor, die du hinterlassen hast.

Kapitel 8

Wirtschaftliche Metamorphose

Unsere Einstellung zu Geld und Geschäften macht gerade eine richtungsweisende Veränderung durch! Das neue Goldene Zeitalter wird eine vollständige wirtschaftliche Metamorphose erleben.

Im Szenario der dritten Dimension führt eine Machtpyramide zu einer Trennung der Herrschenden an der Spitze von den Machtlosen auf den unteren Ebenen. Es gab eine Abspaltung des Herzens vom Verstand, die es Banken, Wirtschaftsinstitutionen und großen Unternehmen möglich gemacht hat, so zu handeln, wie sie es sehr lange getan haben.

In Zukunft werden die Menschen nicht glauben können, dass es Finanzdienstleistern erlaubt wurde, Scheingeld zu verleihen – Geld, das in Wirklichkeit gar nicht existiert – und dafür Zinsen zu verlangen, und zwar auf eine Art und Weise, die Menschen in Bedrängnis gebracht und die Trennung zwischen Arm und Reich auf der ganzen Welt verschärft hat.

Das Verleihen von imaginärem Geld hat sich nun im Metaversum zum Verkauf von imaginärem Eigentum entwickelt. Wenn der Bauplan der fünften Dimension in der Menschheit allmählich zum Tragen kommt, sodass das Wohlstandsbewusstsein zur

Norm wird, werden die Menschen nicht mehr auf diese Weise nach Reichtum streben.

Unternehmen, die Erfolg haben werden

In der alten Welt hat das Universum Absicht, Konzentration und entsprechendes Handeln unterstützt, und zwar ungeachtet der Konsequenzen. Dies ist nicht mehr der Fall. Der universelle Energiefluss auf der Erde verändert sich. Während wir uns auf eine höherfrequente Welt zubewegen, gelten andere Kriterien.

Hier einige der Berufe und Unternehmen, die gedeihen und den Segen und die Unterstützung des Universums bekommen werden:

- Berufe und Unternehmen, die seelische Zufriedenheit schenken.
- Unternehmen, die auf reinen Absichten basieren.
- Diejenigen, die den Menschen, der Natur oder den Tieren dienen.
- Diejenigen, die die Gesundheit fördern, vielleicht mit Lebensmitteln oder Essenzen, und die in echtem Einklang mit dem neuen Zeitalter sind.
- Forschung, die zum wahren Wohlergehen oder echten Fortschritt der Welt beiträgt wie zum Beispiel Naturschutz oder kostenloser Strom.
- Unternehmen, die auf *von Herzen kommender* Kreativität und entsprechendem künstlerischem und musikalischem Ausdruck basieren.
- Naturheilmethoden.
- Kooperativen.

Die Wirtschaft des neuen Goldenen Zeitalters

Nach 2032 wird Geld keine Rolle mehr spielen.

Alles wird gern geteilt, getauscht oder verschenkt – geldfrei.

Neue spirituell fundierte Technologien sorgen dafür, dass genug für alle da ist. Alles, was über den eigenen Bedarf hinausgeht, wird gesammelt und steht jedem zur Verfügung.

Im fünfdimensionalen Bewusstsein wird die Menschheit automatisch Wohlstand anziehen, und die Bedürfnisse aller werden auf eine Art und Weise befriedigt, die wir uns derzeit gar nicht vorstellen können.

VISUALISIERUNG DES WOHLSTANDS IN DER GOLDENEN ZUKUNFT

- Entspanne dich und stell dir eine fünfdimensionale Welt vor, in der es kein Ego gibt.
- Mit Selbstwertgefühl und Selbstvertrauen musst du nichts beweisen.
- Du erfreust dich tiefer innerer Zufriedenheit, ebenso wie deine Mitmenschen.
- Es ist genug für alle da.
- Alles, was du brauchst, kommt automatisch zu dir.
- Wie viel teilst du gern?
- Wie fühlt sich das an?

Kapitel 9

Bildung

Sinn und Zweck von Bildung besteht aus spiritueller Sicht darin, die Seelengaben eines Kindes hervorzulocken, damit sein inneres Licht erstrahlt.

Im Goldenen Zeitalter von Atlantis geschah genau das. Priester, die ausgebildete Medien waren, überprüften die Seelengeschichte eines Kindes, um zu erkennen, welche besonderen Fähigkeiten es hatte. Während das Kind heranwuchs, förderten und entwickelten die Eltern seine Talente sorgfältig. Doch mehr noch: Das Kind wurde als integraler Bestandteil der gesamten Gemeinschaft betrachtet, und alle trugen liebevoll dazu bei, seine Fähigkeiten weiterzuentwickeln.

Jedes einzelne Kind wurde geschätzt. Solange sie noch recht klein waren, wurden die Kinder jeden Tag in einen Kindergarten gebracht, wo Lehrkräfte, die eigens aufgrund ihrer Fähigkeit, Kinder dieses Alters zu unterrichten, ausgewählt worden waren, ihre soziale Entwicklung förderten. Priester überwachten ihr spirituelles Wachstum. Bis zu ihrem siebten Lebensjahr waren sie so viel wie möglich draußen in der Natur und lernten durch Spiel und Kreativität.

Ab ihrem siebten Lebensjahr wurden sie in den Tempeln unterrichtet. Bildung war immer darauf ausgerichtet, die rechte Gehirnhälfte zu fördern und sowohl interessant und unterhaltsam zu sein als auch Spaß zu machen. Soziale Fähigkeiten und die Beziehung zur Natur, zu Tieren, Kristallen und den spirituellen Welten hatten dann Priorität.

Die Erinnerung an diese atlantischen Lehrmethoden ist in uns verschlüsselt.

Die alte Matrix

Leider sind die derzeitigen Bildungssysteme weltweit nicht auf das höchste Wohl der Kinder ausgerichtet.

Nachdem das Experiment mit der männlichen Dominanz eingeführt worden war, galten Kinder allgemein als bewegliche Sachen. Nur wenige bekamen eine Ausbildung, und das waren nur männliche Kinder. Reiche Jungen wurden von Hauslehrern unterrichtet oder besuchten teure Privatschulen. Von den Mädchen wurden nur die mit einem hohen sozialen Status unterrichtet, und wenn, dann nur zu Hause in wenigen Fächern.

In einer kurzen Phase der Renaissance besuchten sowohl Mädchen als auch Jungen kommunale Schulen, es sei denn, sie mussten Geld für ihre Familie verdienen. Oft saßen die Schüler einander gegenüber auf Schulbänken, und die älteren Kinder unterrichteten die jüngeren. Dies förderte Harmonie und gegenseitigen Respekt.

Dann kam die industrielle Revolution, und die Arbeitgeber brauchten Arbeitskräfte, die einfache Anweisungen lesen und Maschinen bedienen konnten. Deshalb wurden die Schulbänke umgedreht, und die Kinder wandten sich dem Lehrer zu, der vor der Klasse stand. Die Kinder hatten keine Verbindung mehr zueinander und dies führte zur Trennung und zu ihren Folgen.

Jahrelang war der Unterricht eine Sache der linken Gehirnhälfte und bestand darin, Dinge auswendig zu lernen oder die

Ideen anderer Leute aufzunehmen und wiederzugeben. Für viele war das langweilig und frustrierend.

Derzeit werden Kinder in riesigen Schulen zusammengepfercht, die gebaut wurden, um das Ego von Politikern zu nähren, und nichts mit der Bildung oder Ernährung der Schüler zu tun haben. Das Einheitssystem hat Individualität, Kreativität und neue Ideen zum Erliegen gebracht.

Aufgrund der steigenden Frequenz sind viele Jugendliche mittlerweile zu sensibel, um mit diesem kaputten System klarzukommen, und es wird von immer mehr psychischen Problemen bei Kindern und Lehrern berichtet. Die Saat des Wandels geht auf und mehr Kinder als je zuvor werden zu Hause unterrichtet.

Lord Kuthumi, der Lehrer der Welt, hat fleißig auf den inneren Ebenen gearbeitet, um ein neues Bildungssystem hervorzubringen, das für die Kinder des neuen Goldenen Zeitalters geeignet ist und das ihnen hilft, sie ermutigt und erleuchtet.

Bildung bis 2032

Die bereits inkarnierenden Hochfrequenzkinder sind sehr empfindsam und müssen jeweils als Individuen behandelt werden. Bald werden mehr Kinder mit leicht verlängerten Köpfen geboren, in denen größere Gehirne untergebracht sind. Diese erweiterten Gehirne werden so konfiguriert sein, dass sie Technologie verstehen, und zwar als Vorbereitung auf die gewaltigen Veränderungen, die vor uns liegen.

Die neuen Kinder brauchen kreativen Ausdruck, Aktivität, Anregung, eine Verbindung zur Natur und eine Erweiterung der rechten Gehirnhälfte, und das Bildungssystem im neuen Goldenen Zeitalter wird ganz auf ihre Bedürfnisse zugeschnitten sein.

Die Schulen werden kleiner und vor Ort gebaut. Diese Gemeindeschulen vermitteln ein Gefühl der Zugehörigkeit, und zwar Schülern und Lehrern gleichermaßen.

Lehrer werden wieder respektiert und wertgeschätzt. Der Lehrerberuf wird als ehrenhafter und wichtiger Beruf betrachtet, und nur geborene Lehrer werden für diesen Dienst herangezogen.

Auch die Kinder werden respektiert und geschätzt. Diese hochschwingenden Kinder kommen aus Dimensionen, in denen sie geehrt und geschätzt wurden. Sie kennen ihren Wert und erwarten, dass man sie achtet, dann reagieren sie mit Liebreiz.

Der Unterricht spricht überwiegend die rechte Gehirnhälfte an, um kreative Ideen und die Vorstellungskraft in Fluss zu bringen. Speziell ausgewählte und ausgebildete Lehrer wissen genau, wie sie Schüler fördern und ihre angeborenen Begabungen fördern können. Lehrer werden verstehen, welchen Einfluss harmonische Klänge haben, wenn es darum geht, zu beruhigen, zu heilen, etwas zu erschaffen und Dinge ins Gleichgewicht zu bringen. Daher wird in den Schulen besondere Musik gespielt, vor allem Engelharmonien.

Die Computer der Zukunft erstellen passende und interessante Lektionen für die Schüler, und zwar auf individueller Basis. Zum einen setzt man also stärker auf Technologie. Zum anderen werden den Kindern soziale Kompetenzen vermittelt und die Entwicklung von Freundlichkeit, Empathie und Integrität wird gefördert. Sie üben sich in der Hege und Pflege von Tieren und darin, eine Beziehung zur Natur aufzubauen. Sie lernen, wie man Nahrungsmittel anbaut, sich um Pflanzen kümmert und seinen physischen Körper mit angemessener Ernährung, Bewegung und positiven Gedanken steuert, um ihn optimal gesund zu erhalten. Spaß und Vergnügen sind ureigener Bestandteil des Unterrichts.

Sport, besonders Mannschaftsspiele zur Förderung des Zusammenspiels und der individuellen Leistungsfähigkeit, wird befürwortet. Künstlerische und kreative Aktivitäten aller Art, insbesondere Gruppenaktivitäten, werden gefördert. Gesangs- und Musikunterricht ist für alle zugänglich und erwünscht. Die Musik ist immer harmonisch und spiegelt das hochfrequente Bewusstsein der Kinder wider, und alle Schüler haben die Möglichkeit, ein Instrument zu erlernen, wenn sie möchten.

Da jedes Kind als individuelle Seele behandelt wird, sind keine Prüfungen erforderlich und werden auch nicht Teil des neuen Paradigmas sein. Wer sich jedoch auf diese Weise selbst überprüfen möchte, kann das tun.

Kinder werden lernen, Energie zu reinigen, mit Kristallen zu arbeiten und ihre übersinnlichen Fähigkeiten und Begabungen zu entwickeln. Wenn sie älter werden, wird die weitere Entwicklung ihrer Kräfte, einschließlich Heilung und Manifestation, mit Bedacht gehandhabt.

Sie werden sich auf natürliche Weise mit den Elementarwesen in der Natur sowie mit den Reichen der Engel verbinden.

Die Schüler lernen die geistigen Gesetze kennen, insbesondere die Gesetze der Dankbarkeit, der Gnade und der Einheit, um ihre Frequenz hochzuhalten. Dank zu sagen wird ein wesentlicher Bestandteil des Lebens in der fünften Dimension sein.

Die kristalline Gehirnstruktur

Im neuen Goldenen Zeitalter wird sich die Menschheit allmählich verändern, von einer auf Kohlenstoffbasis hin zu einer auf kristalliner Basis. Kristallin hat nichts mit Härte zu tun. Vielmehr werden die Menschen die Eigenschaften eines Kristalls haben. Kinder werden mit höherfrequenten Körpern und kristallinen

Gehirnstrukturen geboren, in denen die Atome gemäß der heiligen Geometrie angeordnet sind. Die kristallinen Gehirnstrukturen verhalten sich wie Neuronen, allerdings mit höher entwickelten Verbindungen. Es werden ausgeklügelte Computer sein, die einen riesigen Speicherplatz für Erinnerungen und Informationen bereitstellen und komplizierte Berechnungen, außergewöhnliche Kreativität und unglaubliche Fähigkeiten ermöglichen.

Die erstaunlichen Gaben der neugeborenen Kinder mit ihren zwölf verbundenen aktiven DNA-Strängen und einer kristallinen Gehirnstruktur werden erkannt und geschätzt.

Bis 2050 werden sowohl Erwachsene als auch Kinder direkte Downloads von technologischem Wissen, spirituellen Informationen und Weisheiten von den Sternen erhalten, und dies wird gewürdigt und respektiert.

Das kristalline Gehirn wird es jedem Einzelnen ermöglichen, durch die Dimensionen zu schauen, sodass sich alle mit den Elementarwesen, die sich um unsere natürliche Welt kümmern, sowie mit Geistern und Engelwesen verbinden können.

VISUALISIERUNG: IN DER GOLDENEN ZUKUNFT KIND SEIN

- Stell dir vor, du bist ein Kind der goldenen Zukunft und hast das Selbstvertrauen, alles zu tun, was sich für deine Seelenzufriedenheit richtig anfühlt.
- Du hast einen perfekten, gesunden Körper.

- Alle Arten von Sport und Musik stehen dir zur Verfügung, wenn du sie nutzen möchtest.
- Du hast ein unglaubliches Gehirn und kannst alle Themen erforschen, die dich interessieren.
- Dein Unterricht ist speziell auf dich zugeschnitten und faszinierend und aufschlussreich.
- Es ist jeden Tag eine Freude und ein Vergnügen, zur Schule zu gehen.
- Wie fühlt sich das an?

Kapitel 10

Leben in den goldenen Gemeinschaften

Derzeit können wir uns keine Vorstellung machen von dem Frieden, der Freude und der Seelenzufriedenheit, die uns in den fünfdimensionalen Gemeinschaften unserer goldenen Zukunft erwarten. Das wird unglaublich anders sein als unsere gegenwärtige Lebensweise. Die Gemeinschaften werden viel kleiner und überschaubarer sein. Die Menschen werden sich völlig frei bewegen, die ganze Welt bereisen und genau dort leben können, wo sie sich zugehörig fühlen. Dies wird automatisch geschehen, wenn die Erdsternchakras der Menschheit verankert sind und aktiviert werden und jeden Einzelnen magnetisch an seinen göttlichen Bestimmungsort ziehen.

Die Menschen werden sich in ihren Seelenfamilien und bei ihren Seelenfreunden wiederfinden.

Im Wohlstandsbewusstsein der fünften Dimension wird es nicht mehr nötig sein, sich seinen Lebensunterhalt zu verdienen. Für deinen Lebensunterhalt wird göttlich gesorgt sein! Deshalb werden die

Menschen ihre entspannten, geruhsamen Tage damit verbringen, das zu tun, was ihnen seelische Befriedigung verschafft. In der alten Matrix mag einem das langweilig vorkommen, aber in der neuen Welt wird die Freude am persönlichen Ausdruck und am Dienen unvorstellbare Harmonie, Glück und Zufriedenheit bringen.

Im höheren Bewusstsein ist jeder völlig offen, ehrlich und einladend. Die Menschen fühlen sich stets absolut sicher. Es gibt keine Besitztümer. Warum etwas besitzen, wenn dein Herzenswunsch automatisch erfüllt wird? Alles ist frei verfügbar. Alles wird geteilt.

Freizeit

In den letzten 40 Jahren hat uns die geistige Hierarchie immer mehr Technologien zur Verfügung gestellt. Die Absicht dahinter war, uns mehr freie Zeit zum Entspannen und Genießen der Natur, für Freizeitaktivitäten und unsere Familien zu geben. Leider haben wir das nicht erkannt. Wir haben diese Technologien genutzt, um noch härter zu arbeiten, noch mehr Geld zu verdienen und noch mehr Dinge zu schaffen.

Dies wird sich im neuen Goldenen Zeitalter ändern. Da es nicht mehr notwendig ist, ums Überleben zu kämpfen, und aufgrund des Bewusstseinswandels werden die Bürger ihre Freizeit damit verbringen wollen, mit der Natur in Kontakt zu kommen, sich kreativ zum Ausdruck zu bringen und ihren physischen Körper zu nutzen. Wandern, Klettern, Radfahren, Erkunden und alle Aktivitäten, die es ihnen ermöglichen, draußen in der Natur zu sein, werden immer beliebter.

Die goldene Zukunft ist eine gesellige, unterhaltsame Zeit. Kreativität aller Art wird genossen. Gruppen werden zusammenkommen, um zu malen, Theaterstücke aufzuführen, Modelle herzustellen oder zu töpfern oder sich auf praktische Weisen auszudrücken, sowohl auf solche, die wir bereits kennen, als auch auf solche, die uns noch nicht zur Verfügung stehen.

Im fünfdimensionalen Bewusstsein der goldenen Zukunft wird sich jeder sicher und in jeder Gruppe willkommen fühlen. Kreativer Ausdruck aller Art wird gefördert und auf die für jede Seele richtige Weise entwickelt.

Sport

Alle werden größer, schlanker und dynamischer, während wir uns auf die goldene Zukunft zubewegen. Sportliche Aktivitäten aller Art werden beliebt, insbesondere Mannschaftssportarten. Schlaghölzer, Bälle und Tennisschläger werden in Sporthallen und im Freien für jedermann frei verfügbar sein. Wo das Wetter es zulässt, werden sich die Menschen zum Wassersport hingezogen fühlen, denn es wird ein allgemeines Verständnis für die spirituellen Qualitäten und Vorteile dieses Mediums vorhanden sein. Boote aller Art, von Kanus, Kajaks und Windsurfern bis hin zu umweltfreundlich angetriebenen, lautlosen Luftkissenfahrzeugen, werden kostenlos zur Verfügung gestellt und können von jedermann genutzt werden.

Im vollständig etablierten fünfdimensionalen Bewusstsein kommt alles, was du brauchst, automatisch auf dich zu. Wenn du also jemanden brauchst, der dir das Segeln beibringt, wird diese Person kommen. Wenn du einen Begleiter zum Segeln brauchst, ist jemand auf dieser Wellenlänge für dich da. Das mag nach unserer derzeitigen Auffassung nahezu unverständlich sein, aber es ist die Energie, in die wir uns bewegen.

Musik

Man wird zunehmend Gefallen an der Musik finden, vor allem weil die Menschen ein Verständnis für die Kraft und Bedeutung der Klangschwingung haben. Weil jeder innerlich im Gleichgewicht und mit sich im Einklang ist, wird die gesamte Musik dies widerspiegeln und entsprechend harmonisch sein. Musik wird zur Entspannung, zum Vergnügen und zur Stimmungsaufhellung gesungen und gespielt. Bestimmte Notenkombinationen erleichtern sowohl die Manifestation als auch die Heilung.

Musikinstrumente, sowohl die, die wir bereits haben, als auch neue, die die höheren Oktaven der Sphärenmusik wiedergeben, werden für jeden verfügbar sein, der sie spielen möchte.

Die Menschen werden gern Gruppen bilden, um gemeinsam ihre Instrumente zu spielen oder spontan zum Singen oder Chanten zusammenzukommen, während sich eine Menschenmenge um sie versammelt, um zuzuhören.

Jeder wird sich jederzeit willkommen fühlen, daran teilzunehmen, und das nötige Selbstvertrauen haben, dies auch zu tun.

In den höheren Frequenzen gibt es Respekt und Sorgfalt für alle Dinge. Daher wird respektvoll mit der Ausrüstung umgegangen. Wenn bestimmte Instrumente oder andere Dinge nicht mehr benötigt werden, wird dieses gewürdigt und an einem Ort aufbewahrt, der für alle zugänglich ist.

Gartenarbeit

Gartenarbeit wird ein beliebter Zeitvertreib sein, und viele werden den Kontakt mit der Erde und der Natur ebenso genießen wie die Ruhe, die ein Garten bietet. Gartenarbeit bietet Menschen die Möglichkeit, mit den Elementarwesen zu kommunizieren, besonders mit Feen und Elfen.

Der große aufgestiegene Meister Paul der Venezianer beeinflusst Gärtner bereits dahingehend, dass sie Blüten in vielen neuen Farben züchten, sodass wir, während sich unser Bewusstsein erweitert, ein breiteres Spektrum von Farbfrequenzen kennenlernen. Dies wird eine unterschwellige Wirkung auf uns haben, genau wie die Musik.

Kunst

Kunst wurde im Laufe der Jahrhunderte als Mittel zur Einbringung hochfrequenter Lichtstrahlen genutzt. Die Renaissance entstand, weil viele kreative Meister sich bereit erklärten, gleichzeitig zu inkarnieren, mit dem spezifischen Ziel, Seelen durch Kunst zu erwecken. Jahrhunderte später brachten Maler wie van Gogh das Christuslicht über Farben ein.

In der goldenen Zukunft wird die Freude am künstlerischen Ausdruck für die Massen erlebbar sein. Neue Farbtöne werden es künstlerisch veranlagten Seelen ermöglichen, die höheren Strahlen zu kanalisieren und zum Ausdruck zu bringen. Künstler sieht man oft in Gruppen gemeinsam malen.

Kreative Menschen werden ihre Talente auf viele verschiedene Arten zum Ausdruck bringen, von denen wir uns einige noch gar nicht vorstellen können.

Alle künstlerischen oder kreativen Bestrebungen strahlen die Absicht und die kanalisierte Energie ihrer Produzenten aus, und wenn sie abgeschlossen sind, werden sie aufbewahrt oder an irgendjemanden verschenkt, der diese Energie braucht oder das Kunstwerk liebt.

Feiern

Eine Möglichkeit, wie die Atlanter die Frequenz im Goldenen Zeitalter hochhielten, bestand darin, sich zu amüsieren. Alles wurde mit Zusammenkünften gefeiert: Geburten, Geburtstage, freudige Anlässe, Besucher aus einer anderen Gegend oder einfach der Impuls, sich zu versammeln. Alles und jedes wurde gefeiert, und das war eine Art, Danke zu sagen.

Feiern festigen Gemeinschaften.

VISUALISIERUNG DES LEBENS IN EINER GOLDENEN GEMEINSCHAFT

- Nimm dir einen Moment Zeit, um dich zu entspannen, und schließe die Augen.
- Sieh dich selbst in einem schönen Park mit einem See.
- Überall amüsieren sich Gruppen von Menschen.
- Einige machen Musik, andere singen.
- Sportliche Menschen praktizieren Sportarten aller Art.
- Es gibt Gruppen, die wandern, und welche, die klettern, segeln und schwimmen.
- Andere malen, zeichnen, töpfern, nähen und basteln.
- Du hast das Gefühl der Zugehörigkeit und das Selbstvertrauen, dich irgendeiner von ihnen anzuschließen.
- Egal welcher Gruppe du beitrittst, du weißt, dass du willkommen bist.
- Schließe dich in deiner inneren Welt einer Gruppe an, die dich interessiert.

- Finde neue Freunde und probiere neue Dinge aus.
- Bring das Gefühl, in diesem Gemeinschaftsbewusstsein zu leben, mit zurück.

Kapitel 11

Familienleben und Beziehungen

Wenn die fünfdimensionalen Sakral- und Herzchakras vollständig etabliert sind, lösen sich die Bindungen und niederen Überzeugungen auf, die den Menschen nicht mehr dienlich sind. Partner und Familienmitglieder stimmen sich aufeinander ein, von Chakra zu Chakra und vor allem von Herz zu Herz. Daher arbeiten alle zum höchsten Wohl zusammen.

Beziehungen

In der geistigen Welt können zwei Menschen 40 Jahre lang unglücklich verheiratet sein, ohne dass dies als Ehe registriert wird. Ein weiteres Paar ist vielleicht nur eine Woche zusammen, aber die Liebe ist so wahr und tief, dass sie in der Akasha-Chronik als Paar verzeichnet sind.

Die Ehe ist ein offizielles menschliches Konstrukt. In der goldenen Zukunft werden Paare eine lebenslange Bindung eingehen, weil sie eine wahre Liebesbeziehung haben.

Bis 2050 werden sowohl Männer als auch Frauen
nur noch an Beziehungen interessiert sein,
die sie stärken und bereichern, die ihre positiven

Eigenschaften verstärken und auf wahrer Liebe basieren.

Bis dahin hat jeder ein Gefühl von Selbstwertgefühl und Selbstvertrauen und respektiert und würdigt jeden anderen. Alle Beziehungen basieren auf Wertschätzung, Ehrlichkeit und aufgeschlossener Akzeptanz.

Sexualität

Es ist kein Zufall, dass die LGBTQ+-Bewegung jetzt expandiert, denn die Sexualität, wie wir sie seit 10.000 Jahren kennen, wird zunehmend fließender. Genau wie die männlichen und weiblichen Energien ins Gleichgewicht kommen und sich geschlechtsspezifische Rollen auflösen, lösen sich auch sexuelle Stereotypen auf. Es steht jedem frei, seine wahren Neigungen zum Ausdruck zu bringen. Auf einer fünfdimensionalen Ebene ist Sex ein Ausdruck wahrer Liebe.

Während wir in höhere Frequenzen vordringen, werden Paare durch Sexualität transzendente Liebe erfahren. Menschen werden zunehmend androgyn, weil ihre eigenen männlichen und weiblichen Energien ins Gleichgewicht kommen. Irgendwann, nach 2050, werden Paare nur noch Sex haben, wenn sie beabsichtigen, sich fortzupflanzen.

Familienleben

In der goldenen Zukunft wird das Familienleben immer wichtiger. Ohne jedes Ahnen-, Familien- oder persönliche Karma werden Kinder in ihre Seelengruppen hineingeboren, mit Eltern, Geschwistern und Verwandten, die auf ihrer Wellenlänge sind.

Familienmitglieder werden psychisch und spirituell miteinander verbunden sein. Sie werden einander verstehen und telepathisch verbunden sowie empathisch aufeinander eingestimmt sein. Im herzzentrierten Bewusstsein der goldenen Zukunft werden Großfamilien warmherzig, liebevoll, fürsorglich und unterstützend sein.

Geschlechterrollen

Jahrhundertelang wurden männliche und weibliche Rollen rigide verstanden und durchgesetzt, was oft zu großer Frustration führte. Doch als Frauen anfingen, sich selbst zu ermächtigen, überforderten sich viele und versuchten, alles zu machen: ihren Lebensunterhalt zu verdienen, sich um Haushalt und Kinder zu kümmern und eine perfekte Ehefrau zu sein. In vielen Familien herrscht mittlerweile Verwirrung über die Zuständigkeiten und darüber, welche Aufgaben jeder Elternteil übernehmen sollte.

Auf einer fünfdimensionalen Ebene werden Eltern als gleichberechtigt betrachtet, spielen aber unterschiedliche Rollen. Beide erkennen und akzeptieren, dass sie sich vorgenommen haben, männlich oder weiblich zu sein, um eine bestimmte Lernerfahrung zu machen.

Mit der wahren Liebe zwischen ihnen, der Muße, die Wünsche ihrer Seele zum Ausdruck zu bringen, und der Unterstützung durch die Familie und die Gemeinschaft wird das Leben für Eltern so unglaublich anders sein, als es jetzt ist. Es wird freudvoll und erfüllend sein.

Die spirituelle Verantwortung für ein Kind

Die Erziehung eines Kindes gilt als eine der größten spirituellen Verantwortungen, die man in einer Inkarnation übernehmen kann. Wenn Paaren bewusst wird, wie wichtig die elterliche Rolle ist, werden sie ihre Entscheidungen mit Bedacht treffen.

Singles und Kinderlose

Heutzutage sind sich viele, die aus freien Stücken oder aus anderen Gründen Single oder kinderlos sind, nicht darüber bewusst, dass dies eine Entscheidung ihrer Seele ist.

Auch in der goldenen Zukunft wird sich nicht jeder für eine Partnerschaft oder Kinder als Teil seiner Lebensplanung entscheiden. Sie werden jedoch alle das Gefühl haben, ein geliebter und integraler Teil ihrer Großfamilie und Gemeinschaft zu sein, und Zufriedenheit und Seelenfrieden finden.

In der goldenen Zukunft werden sich die Menschen der Entscheidungen bewusst sein, die sie in einem früheren Leben getroffen haben, und ihr Schicksal gnädig annehmen.

Empfängnis

Opportunistische Seelen, also diejenigen, die jede Gelegenheit nutzen, um zu inkarnieren, werden der Vergangenheit angehören. Außerdem werden Seelen nicht länger in schwierige Familien kommen, weil sie eine Karmaschuld abzutragen haben. Sie werden ohne Karmaschuld geboren, sodass dies keinen Einfluss mehr auf ihre Entscheidung hat, und sie werden sich ihre potenziellen Eltern sehr sorgfältig aussuchen.

Derzeit wählt die ankommende Seele ihr Geschlecht, und dies wird auch weiterhin der Fall sein.

Geburtsentscheidungen werden auf der wahren Vereinbarkeit der neuen Seele mit ihren Eltern und der Gemeinschaft, die sie bereichern werden, basieren. Ein Baby wird der gesamten Großfamilie gehören.

Wenn sich ein Paar bereit fühlt, Eltern eines Kindes zu werden, kommt die ganze Familie zusammen. Sie alle werden sich von Herzen verbinden, um mit reiner Absicht zu diskutieren, welcher Art von Seele sie am besten dienen können. Dabei stehen natürlich die Eltern im Mittelpunkt, denn sie tragen die Verantwortung für die unmittelbare körperliche, emotionale, mentale und spirituelle Betreuung des Kindes.

Wenn eine Entscheidung darüber getroffen wurde, welcher Art von Kind sie am besten dienen können, geht das Paar eine sexuelle Verbindung ein, damit sie eine solche Seele magnetisch anziehen können und eine körperliche Empfängnis stattfinden kann.

Babys und Kinder

Weil sie in wahrer Liebe in hochfrequenten, liebevollen Familien empfangen und geboren wurden, werden sich Babys und Kinder sicher und geborgen fühlen. Sie werden in der Lage sein, sich ihrem wahren Potenzial zu öffnen.

Das Familienleben wird für alle geruhsam, glücklich und gegenseitig bestärkend sein.

VISUALISIERUNG DES LEBENS MIT BEFRIEDIGENDEN BEZIEHUNGEN

- Nimm dir einen Moment Zeit, um dich zu entspannen.
- Stell dir vor, dass du mit deiner Seelenfamilie zusammenlebst.
- Dabei kann es sich um deine tatsächlichen Verwandten handeln, oder vielleicht beschwörst du die Beziehungen herauf, die du haben möchtest.
- In deiner Familie wirst du geliebt, geehrt, respektiert und ermächtigt.
- Du wirst ermutigt, frei zu sein und dich auf eine Weise zum Ausdruck zu bringen, die für dich richtig ist.
- Du liebst, ehrst, respektierst und stärkst deine Familienmitglieder und förderst sie.
- Spüre, wie ihr von Herz zu Herz verbunden seid.
- Sei dir bewusst, dass du telepathisch kommunizierst. Erlebe, wie sich das anfühlt.
- Wenn du LGBTQ+ oder dir deiner Orientierung nicht sicher bist, stell dir eine Seelenfamilie vor, in der du geliebt, geehrt, respektiert, gestärkt und ermutigt wirst, frei zu sein und dich auf eine Weise zum Ausdruck zu bringen, die dich zum Strahlen bringt.
- Genieße das Gefühl, dazuzugehören und genau so verstanden und akzeptiert zu werden, wie du bist.

Kapitel 12

Häusliches Leben

In der goldenen Zukunft sind die Menschen im Einklang mit den Rhythmen ihres Körpers und mit denen der Sonne und des Mondes. Alle wachen morgens erfrischt auf, denn mit einem entspannten und erfüllten Leben, gutem Essen und gesunder Bewegung schlafen sie jede Nacht tief und fest.

Den Tag beginnen

Als Erstes bedankst du dich für den neuen Tag. Dankbarkeit und Einstimmung auf das Göttliche sind für goldene Menschen so selbstverständlich wie das Atmen.

In der Regel wirst du dann mit deiner Seelenfamilie ein gesundes Familienfrühstück genießen.

Ab in die Schule

Die meisten Kinder, auch kleine, gehen zu Fuß zur Schule vor Ort oder bewegen sich auf einem persönlichen Luftkissen fort. Sie sind absolut sicher. Alle Transportmittel verfügen über ein Sonar, das sicherstellt, dass es nicht zu Unfällen kommt. Der Weg zur Schule macht Spaß, denn die Kinder dürfen laufen, spielen oder Wettrennen auf ihren Luftkissen veranstalten.

Da die Eltern über ein telepathisches Liebesband mit ihren Kindern verbunden sind, machen sie sich keine Sorgen um sie und umgekehrt. Nur positive Schwingungen fließen zwischen ihnen und um sie herum. Alle Kinder freuen sich auf die Schule, denn sie ist individuell auf sie zugeschnitten.

Zu Hause

Im Haushalt sorgen neue spirituelle Technologien dafür, dass alles einfach, automatisch und ohne Anstrengung abläuft. Fortschrittliche Roboter können fast alles. Du kannst einen von ihnen so programmieren, dass er dein Zuhause putzt oder Gemüse schneidet. In der goldenen Zukunft geht es jedoch um Verbundenheit, Gemeinschaft und Dienen. Wenn du dich also mit anderen unterhalten möchtest, während ihr gemeinsam Essen zubereitet, dann ist das genau das Richtige für dich.

Wenn nicht gearbeitet werden muss, wie wir es heute kennen, und wenn auch keine Hausarbeiten oder Einkäufe zu erledigen sind, bleibt genügend Zeit, die in das Familienleben, in Hobbys, Sport, Spaß und das Zuhause investiert werden kann.

Kinder und Jugendliche sind jederzeit willkommen, an allen Aktivitäten teilzunehmen, und das Bewusstsein ist so, dass sie dies gern tun.

Da alle harmonisch aufeinander abgestimmt sind, möchte die ganze Familie zur gleichen Zeit dasselbe.

Kristalle

In der goldenen Zukunft befindet sich in deinem Zuhause ein Kristallraster, um die Frequenz hoch und reinzuhalten. Die Kristalle sind so programmiert, dass sie das Licht einschalten oder das Wasser mit Energie versorgen oder reinigen.

Im weiteren Verlauf der Ära wirst du in der Lage sein, die Kraft deiner Gedanken in den Kristallen zu bündeln, um Temperatur und Beleuchtung in den Räumen stets perfekt zu halten oder schöne Musik einzuschalten.

Wasser

Reines Wasser hat kosmische Eigenschaften. Eine davon ist die Fähigkeit, niedere Energien umzuwandeln. Gesegnetes Wasser kann Karma auflösen.

Es trägt Christuslicht in sich. Und je höher die Frequenz des Wassers ist, desto reiner ist zwangsläufig die Liebe, die es verbreitet. Es versorgt Menschen und Tiere, die sich in seiner Nähe aufhalten, mit Energie.

Sobald die wahren Eigenschaften von Wasser vollständig erkannt werden, werden die meisten Häuser über ein Wasserspiel verfügen.

Kleidung

Für Kleidung stehen nahezu unvorstellbar viele ökologische, leichte, atmungsaktive, pflanzliche Materialien zur Verfügung. Sie sorgen für die perfekte Körpertemperatur und sind regen- und winddicht. Außerdem sind sie selbstreinigend, von Natur aus bügelfrei und in einer großen Vielfalt herrlicher Farben erhältlich.

Da die Menschen jenseits ihres Egos sind, ist Mode einfach nicht so wichtig, und Bequemlichkeit wird zum einzigen Kriterium. Die meisten Frauen und viele Männer entscheiden sich für einfach zu tragende Komplett-Outfits wie Catsuits.

Alternativ möchten Frauen vielleicht ihre Weiblichkeit zum Ausdruck bringen, indem sie hübsche Kleider aus schönen Materialien und herrlichen Farben tragen.

Männer tragen alles, was bequem ist, sei es ein Gewand, Hosen oder Catsuit. Alles wird akzeptiert.

Wenn die Frequenz weiter steigt, werden bis 2050 alle von den Auswirkungen früherer Repressionen geheilt sein und einfach das tragen, was für sie am bequemsten ist.

Schuhe

Die neuen Materialien bieten uns Schuhe, die unglaublich bequem, atmungsaktiv, elastisch und leicht zu tragen sind. Fast jeder, egal ob Mann oder Frau, wählt flache und bequeme Schuhe, die es ihm oder ihr ermöglichen, sich mit der Erde und dem eigenen Erdsternchakra zu verbinden.

Haar

Aus Gründen der Bequemlichkeit entscheiden sich die meisten Männer und Frauen für lange Haare, die sich zurückbinden lassen.

VISUALISIERUNG EINES TAGES IN DER GOLDENEN ZUKUNFT

- Suche dir einen ruhigen Ort, an dem du ungestört bist.
- Atme ganz normal.
- Stell dir nun vor, dass du wirklich bequeme, farbenfrohe Kleidung und Schuhe trägst.

- Schau dich in deinem Zuhause um und entdecke die wunderschönen Kristalle, die ein Raster in jedem Raum bilden.
- Genieße das gute Gefühl, die Kristalle so programmieren zu können, dass sie für die perfekte Temperatur und die Beleuchtung sorgen, die du gerade brauchst.
- Entspanne dich und gib den Robotern die Anweisung, das zu tun, was getan werden muss.
- Nutze deine Zeit für das, was dir Spaß macht.
- Nimm wahr, wie Kinder auf ihren Luftkissen zur Schule unterwegs sind.
- Erinnere dich, wie du als Kind auf deinem eigenen Luftkissen reisen und es mit deinem Geist zum gewünschten Ziel lenken konntest.
- Erlebe den Nervenkitzel der Wettrennen mit deinen Freunden noch einmal.
- Und das sichere Gefühl, telepathisch mit deinen Eltern kommunizieren zu können.
- Nimm dir einen Moment Zeit, um das Gefühl, glücklich, zufrieden, geliebt und sicher zu sein, so richtig zu genießen.

Kapitel 13

Gesundheits- und Heilzentren

Überall brechen die derzeitigen Gesundheitssysteme zusammen, und zwar aus verschiedenen Gründen, vor allem weil sowohl die allopathische Medizin als auch riesige, unpersönliche Spezialkrankenhäuser der alten Zeit angehören.

In der goldenen Zukunft werden Krankenhäuser nicht mehr gebraucht. Sie werden durch kleine lokale Heilzentren ersetzt. Schon jetzt schaffen Menschen Gesundheitszentren als Sprungbrett ins Neue.

In der goldenen Zukunft können sich Menschen mithilfe natürlicher Heilmethoden einen perfekten Gesundheitszustand und inneres Gleichgewicht bewahren. Bei Bedarf oder wenn sie nach einem Unfall medizinische Hilfe brauchen, begeben sie sich in ihren örtlichen Heiltempel, um wieder ins Gleichgewicht zu kommen.

Der Einfluss von Karma auf die Gesundheit

In den letzten 10.000 Jahren seit dem Untergang von Atlantis hat fast jeder Karmaschuld angesammelt. Babys haben sich mit dem Karma ihrer Familien, ihrer Ahnen und ihres Landes inkarniert, nicht nur mit dem ihrer eigenen Seele. Bei einigen hat dies zu fest verwurzelten Ungleichgewichten, Krankheiten und psychischen Problemen geführt. Es ist die wichtigste spirituelle Quelle von Syndromen und genetischen Erkrankungen, obwohl einige mutige oder großzügige Seelen diese Herausforderungen angenommen haben, um eine Lektion zu lernen oder sie anderen anzubieten.

Die Entstehung der allopathischen Medizin

Je mehr Karmaschuld angehäuft wurde, desto schlimmer wurden die Krankheiten und konnten mit natürlichen Heil- und Ausgleichsmethoden nicht mehr geheilt werden. Aus diesem Grund wurden allopathische Medikamente benötigt.

Viele allopathische Medikamente wurden für eine sofortige Linderung entwickelt, unabhängig von Nebenwirkungen oder langfristigen Auswirkungen. Pharmazeutika des alten Paradigmas waren ein perfektes Geschäftsmodell, weil man umso mehr braucht, je mehr davon verabreicht werden. Sie verlieren jedoch allmählich an Einfluss, weil die Frequenz der Menschheit rapide steigt und natürliche Heilmethoden wieder ins Spiel kommen. Sie gewinnen schnell erneut an Glaubwürdigkeit und Popularität.

Karma löschen

Während sich das alte Zeitalter seinem Ende zuneigt, muss das ganze Karma gelöscht werden. Schulden müssen zurückgezahlt werden. Es war schon immer so, dass beim Tod der Eltern die verbleibende karmische Schuld des jeweiligen Elternteils unter den Kindern oder Enkeln aufgeteilt wird. Wenn jemand ohne Kinder stirbt, übernehmen seine Cousins und Cousinen oder Nichten und Neffen die Verantwortung. Allerdings konnte eine Seele bis vor Kurzem die Übernahme dieser zusätzlichen Last ablehnen, sodass die Schulden an bis zu sieben Generationen weitergegeben wurden. Jetzt gibt es keine Ausstiegsklausel mehr. Wenn deine Vorfahren also Karmaschulden gemacht haben, die nicht zurückgezahlt wurden, musst du und müssen deine Geschwister oder Cousins und Cousinen diese Schulden übernehmen. Wenn du ein Einzelkind bist, musst du möglicherweise alles tragen. Das ist die Entscheidung deiner Seele.

Gesundheit in der goldenen Zukunft

Im neuen Goldenen Zeitalter wird strahlende Gesundheit geschätzt, und die Menschen werden Verantwortung für ihren Körper und ihr Wohlbefinden übernehmen. Wenn jemand beispielsweise Schmerzen hat, wird er sich, anstatt ein Schmerzmittel einzunehmen, eher auf seinen Körper einstimmen, um die Ursache des Problems ausfindig zu machen, und dann natürliche Maßnahmen zur Abhilfe ergreifen.

Ganzheitliche Gesundheit wird für uns selbstverständlich sein. Jeder wird verstehen, dass spirituelle, mentale und emotionale Ungleichgewichte letztendlich etwas Körperliches hervorbringen. Daher werden alle Aspekte erkundet und ins Gleichgewicht gebracht.

In der goldenen Zukunft werden die Böden wieder nährstoffreich sein und alle Obst- und Gemüsesorten werden biologisch angebaut und voller Lebenskraft sein. Dies wird die Gesundheit dramatisch verbessern. Trinkwasser wird rein und mit Kristallkraft aufgeladen sein.

Mit steigender Frequenz enthalten sämtliche Haushaltsprodukte, Parfüme, Sprays und so ziemlich alle Gegenstände des täglichen

Bedarfs nur noch natürliche Inhaltsstoffe, die Gesundheit und Wohlbefinden fördern.

Wenn nach 2032 kostenloser Ökostrom verfügbar ist, werden wir wieder reine, saubere Luft atmen. Erwachsene und Kinder werden lernen, richtig zu atmen, um sich zu entspannen, ihre Zellen mit Sauerstoff zu versorgen und ihren Körper zu revitalisieren.

Mit dem Bevölkerungsrückgang wird mehr Raum und mehr Grün einhergehen. Und weil wir wirklich einsehen, wie sehr die Natur uns heilt und wiederherstellt, werden Bäume gepflanzt und Wildblumenwiesen neu angelegt. In der goldenen Zukunft, in der die Menschen nicht mehr arbeiten müssen, um ihren Lebensunterhalt zu verdienen, werden sie gern durch die grüne Landschaft wandern.

Mit einem entspannten Lebensstil, viel frischer Luft und Bewegung, nährstoffreicher, leichter Kost und Lebensfreude hält jeder ein Höchstmaß an Gesundheit und Vitalität aufrecht.

Außerdem werden Menschen, die tiefe Zufriedenheit empfinden, ein gutes Selbstwertgefühl haben und sich zugehörig fühlen, nicht auf Drogen, Alkohol oder Stimulanzien zurückgreifen, um ihren Zustand zu verändern. All das wird einfach nicht gebraucht.

Transplantationen

Mit deinen Gedanken, Überzeugungen und Emotionen baust du deine Organe so auf, dass sie dein Bewusstsein enthalten. Um ein Teil aus dem Körper von jemand anderem zu erhalten, müsst ihr eine Seelenvereinbarung haben. Wenn dies nicht der Fall ist, wird es entweder abgelehnt oder es wird ein Vertrag mit niedriger Schwingung abgeschlossen. In jedem Fall musst du dich mit der Energie des Spenders in deinem Innern auseinandersetzen.

Im Laufe des neuen Goldenen Zeitalters wird man von Transplantationen nicht mehr viel hören. Es wird ein sehr viel größeres Verständnis dafür geben, dass das Leben auf der Erde nur eine kurze Erfahrung auf einer langen Reise ist. Also werden die Menschen nicht so darauf bedacht sein, um jeden Preis hierzubleiben. Es wird auch mehr Verständnis dafür geben, dass man geliebte Menschen gehen lässt, damit diese ihr nächstes Abenteuer in anderen Dimensionen erleben können.

Lokale Heilzentren

Kleine, gemeinnützige Heilzentren zur Versorgung der lokalen Gemeinschaft werden, wo immer möglich, in natürlicher Umgebung errichtet. Die heilenden Eigenschaften von Blumen werden erkannt, sodass wunderschöne Blüten die Gärten füllen und frische Blüten die Schwingung in den Räumen erhöhen. Es wird spezielle Heilmusik gespielt, und die Wände sind in beruhigenden Farben gestrichen. Auch die heiligen Eigenschaften des Wassers werden anerkannt. Daher wird es in den Heilzentren auch Brunnen und Bäche geben. Kristalle werden wie ein Gitter um die Mitte herum platziert.

Menschen, deren Seelenaufgabe die Heilung ist, werden andere in diesen wunderschönen Heilungszentren betreuen.

Heiler bringen die Chakras der Menschen mit Klang, Licht und spiritueller Heilung ins Gleichgewicht, um sie auf die hohen Frequenzen der perfekten Gesundheit zu heben.

Wenn eine Person einen Unfall hatte, liegt sie auf einer schwebenden ovalen Scheibe, während sich Heiler um sie kümmern. Unter Einsatz von Pflanzenweisheit verabreichen Betreuer Kräutermischungen gegen Schockzustände. Sie setzen Laserlicht ein, um Knochen auf eine Weise zusammenzufügen, die derzeit unvorstellbar ist.

Bei schwerwiegenderen Verletzungen wie Wirbelsäulenfrakturen wird der Patient von einer Gruppe von Heilern betreut. In der Regel sind es drei. Gemeinsam fokussieren sie Schall, Gedankenkraft und Absicht auf den Patienten und setzen Laser ein, um die Knochen zu reparieren.

Bis 2050 werden die Menschen in der Lage sein, sich selbst zu heilen und einen perfekten Gesundheitszustand zu bewahren.

Kurz nach 2050 wird der Mensch in der Lage sein, Gliedmaßen zu regenerieren. Außerdem wird es Verjüngungskammern zur Revitalisierung von Zellen geben.

VISUALISIERUNG FÜR PERFEKTE GESUNDHEIT

- Schließe die Augen und atme ganz entspannt.
- In deiner inneren Welt bist du glücklich, positiv und gesund, voller Lebenskraft und Vitalität.
- Egal wie alt du bist, du kannst Sport treiben und bist gelenkig.
- Dein Körper fühlt sich leicht und frei an.

- Wenn du gesundheitliche Probleme hast, kannst du dich selbst heilen.
- Sieh und spüre dein revitalisiertes Ich.
- Nimm dieses Gefühl mit in deinen Tag.

Kapitel 14

Natur und Nahrungsmittel

Nach 2032 wird es bald neue Möglichkeiten geben, hochgradig nährstoffreiche Lebensmittel in großen Mengen anzubauen.

Wenn der internationale Handel weniger wird und schließlich ganz zum Erliegen kommt, werden wir lokal angebaute oder produzierte Lebensmittel essen, die unseren Körper optimal ernähren.

Unser Planet ist insofern außergewöhnlich, als jede Pflanze eigens darauf abgestimmt ist, die Menschen, die an dem Ort beheimatet sind, an dem sie wächst, auf perfekte Weise zu ernähren oder zu heilen.

Da jeder in seine Seelenfamilie und das Land des optimalen Glücks hineingeboren wird, möchten die Menschen, abgesehen von Urlauben und Abenteuern, dort bleiben, wo sie an die Nahrung angepasst sind, die sie brauchen.

In der goldenen Zukunft wird das Essen biologisch angebaut, natürlich und rein sein, ganz im Einklang mit dem höheren Bewusstsein. Monokulturen werden durch biodiverse Landwirtschaft ersetzt. Agroforstwirtschaft, Permakultur, biodynamische Methoden und andere natürliche organische Formen des Nahrungsmittelanbaus werden florieren. Das ist mancherorts bereits der Fall. Dies gilt auch für die Anlage kleiner Gemeinschaftsstreuobstwiesen, von denen sich alle bedienen können.

Wenn die Frequenz fünfdimensional wird, werden wir automatisch anfangen, leichtere Lebensmittel zu essen, die auf nährstoffhaltigen Böden angebaut werden.

Die Wahl der Nahrungsmittel

Bis 2032 werden die meisten Menschen Vegetarier sein, obwohl manche auch Fisch essen.

Bis 2050 werden sich viele Menschen vegan ernähren, und die aktuelle weltweite Entscheidung für pflanzliche Ernährung ist ganz im Einklang damit.

Diejenigen, die auf den oberen Ebenen der fünften Dimension sind, werden mehr und mehr von *Prana* leben, auch wenn sie keine Breatharianer (Menschen, die von Lichtnahrung leben) sind, denn das wird über längere Zeiträume erst dann wirklich möglich, wenn man sechsdimensional ist.

Guanyin, die große Hohepriesterin von Atlantis, die später in China eine Göttin wurde, soll 2000 Jahre gelebt haben. Dies gelang ihr, indem sie einen fünfdimensionalen physischen Körper aufrechterhielt. In dieser Zeit aß sie sehr leichte und reine Nahrung und stieg dann für eine Weile in die sechste Dimension auf, wo sie von *Prana* lebte und sich regenerieren konnte, bevor sie in ihren fünfdimensionalen physischen Körper zurückkehrte.

Breatharianismus ist kein Teil der goldenen Zukunft, denn wir bewegen uns in eine Zeit der Gemeinschaft, des Teilens und des Einsseins. Dazu gehört das Zubereiten von Speisen und das gemeinsame Essen mit anderen. Essen bringt Menschen zusammen.

Alle werden sehr gern reines, natürliches Wasser trinken, das mit Kristallen energetisiert ist. Es werden nur lebensverbessernde Nahrungsmittel verzehrt.

Nahrung im Überfluss

Bald nach 2032 wird eine neue geistige Technologie den Nahrungsmittelanbau revolutionieren und den gesamten Planeten mit einer Fülle köstlicher und äußerst nahrhafter Lebensmittel versorgen. Sie werden frei verfügbar sein, sodass du abholen kannst, was du brauchst, oder es wird per Superdrohne direkt bis vor deine Haustür geliefert. Einkaufen wird einfach sein!

Gemüse wird in riesigen Folientunneln unter Einsatz fortschrittlicher Hydrokultur angebaut, die wir uns jetzt nicht einmal vorstellen können, und dann freizügig unter der örtlichen Gemeinschaft verteilt. Da alles reichlich vorhanden ist, nehmen die Menschen nur das mit, was sie brauchen.

Es wird jedoch auch weiterhin diejenigen geben, die gern im Garten arbeiten und ihr eigenes Gemüse anbauen.

Darüber hinaus wird die Wissenschaft Fortschritte machen und Möglichkeiten finden, Lebensmittel frisch zu halten, sodass Einfrieren, Einmachen und Trocknen überflüssig werden. Später werden wir das ganze Jahr über frische Lebensmittel produzieren können.

Harmlosigkeit

Die fünfdimensionale Eigenschaft Harmlosigkeit wird sich auch auf das Pflanzenreich erstrecken. Es wird nichts gepflückt oder genommen, es sei denn, es wird gebraucht, und die Menschen sind dankbar für alles, was sie essen.

Alles in der natürlichen Welt wird sicher. Pilze, Beeren, Blätter und Rinden verlieren ihre Giftigkeit. Bäume, Sträucher und Pflanzen entwickeln sich ohne Widerhaken oder Stacheln und werden allmählich auch unschädlich. Bis 2050 wird die gesamte Natur eine goldene Aura ausstrahlen.

Mit dem Elementarreich arbeiten

Während wir unsere Frequenz erhöhen, macht die Technologie Fortschritte, und auch unsere geistigen und übersinnlichen Fähigkeiten entwickeln sich weiter. Bald nach 2032 werden wir in der Regel hellsichtig sein und durch die Schleier in die Dimension blicken können, in der die Elementarwesen wohnen, die mit der natürlichen Welt arbeiten, wie Feen, Wichtel, Gnome, Kobolde, Elfen, Faune, Salamander, Undinen und Meerjungfrauen. Wir werden uns für alles öffnen, was uns diese wunderschönen Wesen über die Natur, das Land und den Anbau von Nahrungsmitteln beibringen können.

Diese Wesen sind ätherisch und für uns so lange unsichtbar, bis wir bereit sind, sie zu sehen. Als Geister der Luft, der Erde, des Wassers, des Feuers und des Holzes sind sie als Elementare bekannt, weil sie nicht alle fünf Elemente in sich tragen.

Du musst jedoch nicht abwarten, bis du diese Wesen siehst, um eine Beziehung zu ihnen aufbauen zu können. Du kannst schon jetzt mit Liebe und Respekt zu ihnen sprechen und darauf vertrauen, dass sie dir zuhören. Und sie werden reagieren, indem sie dir helfen.

Luftelementare

Luftelementare enthalten nur das Element Luft.

Am bekanntesten und beliebtesten sind die Feen, die sich um Blumen und Gemüse kümmern. Sie sind reine, unschuldige, verspielte Wesen. Während einige der dritten Dimension angehören, sind viele in die fünfte Dimension aufgestiegen. Sie beraten uns gern beim Anbau von Gemüse. Also arbeiten Gärtner und Lebensmittelproduzenten ganz selbstverständlich mit ihnen zusammen.

Wenn wir beim Anbau von Pflanzen bewusst mit Feen zusammenarbeiten, werden sie schädliche Insekten davon abhalten, die Ernte zu vernichten, und nützliche Insekten fördern.

Sylphen sind winzige Luftgeister, die mit den Feen zusammenarbeiten. Sie halten die Luft rund um die Pflanzen frisch, damit sie gesund bleiben und das Sonnenlicht in ihre Blätter eindringen kann. Sie arbeiten auch mit dir zusammen, wenn es darum geht, deine Aura zu reinigen oder einen Wust von Gedanken loszuwerden. Luftdrachen sind sogar noch energischer darin, unerwünschte Energien aus deinem Umfeld zu blasen und umzuwandeln!

Noch wenig bekannt sind die Esaks, die erst kürzlich aus einem anderen Universum auf die Erde eingeladen wurden, um bei der Säuberung des Planeten zu helfen. Sie saugen niedrigere Energien auf, um alles für die hereinkommenden höheren Frequenzen vorzubereiten.

Erdelementare

Diese Wesen enthalten nur das Element Erde.

Pixies sind groß. Sie sind Problemlöser, die Menschen helfen, wenn es um die Struktur und Qualität des Bodens geht. Daher bleiben sie nie sehr lange an einem Ort. Wenn du also deinen Boden verbessern möchtest, rufst du im Geiste die Pixies zu Hilfe. Sie werden bald da sein und dir einprägen, was du am besten tun solltest. Sie lenken auch die Bienen, damit die Blüten effizienter bestäubt werden.

Elfen arbeiten mit Bäumen. Also frag sie, was du tun kannst, um deinen Bäumen zu helfen.

Gnome sind winzig und sehr scheu. Sie arbeiten unter der Erde mit den tieferen Erd- und Gesteinsschichten.

Goblins sind sehr weise Naturwesen der fünften Dimension. Sie haben riesige Herzzentren und eine große Liebesfähigkeit entwickelt. Daher können sie dir bei vielen Dingen helfen.

Erddrachen kannst du anrufen, um die Energie unter deinem Zuhause zu reinigen, vor allem die Ley-Linien.

Wasserelementare

Diese Wesen enthalten nur das Element Wasser.

Meerjungfrauen kümmern sich um Flora und Fauna der Meere, Seen und Flüsse.

Undinen sorgen dafür, dass das Wasser überall fließt.

Kyhils sind neu auf diesem Planeten. Es sind winzige Elementarwesen, die gekommen sind, um beim Reinigen von Gewässern auf der ganzen Welt zu helfen. Du kannst sie segnen und bewusst in Gegenden lenken, die Hilfe brauchen.

Pflanzen gedeihen in der bedingungslosen Liebe und im Schutz des Christuslichts, das Wasserdrachen in allen Gewässern verbreiten, auch im Regen und in der Feuchtigkeit der Atmosphäre.

Feuerelementare

Dabei handelt es sich um Wesen, die nur das Element Feuer enthalten.

Salamander wandeln niedere Energien in Feuer um. Sie reagieren auf deine Gefühle. Also bleib ganz ruhig, wenn du ein Feuer anzündest oder versuchst, eines zu löschen! Sie fachen Waldbrände an, wenn Menschen in Panik geraten.

Feuerdrachen sind gefestigter und schützen dich und deinen Garten mit ätherischen Flammen. Sie verbrennen auch jegliche Negativität um dich herum oder an einem bestimmten Ort. In der goldenen Zukunft schützen sie die riesigen Folientunnel.

Holzelementare

Warburtons sind Baumelementare der fünften Dimension und sehr weise Wesen. Sie kommen hauptsächlich in alten Wäldern vor, aber ihr Wissen und ihre Weisheit werden von besonderem Nutzen sein, wenn wir anfangen, die Welt wieder aufzuforsten.

Kombinierte Elementare

Kobolde bestehen aus einer Kombination der Elemente Erde, Luft und Wasser. Diese winzigen Elementarwesen sind nur 2,5 cm groß. Sie belüften den Boden und fördern das Samenwachstum. Wenn Pixies in der Nähe sind, arbeiten sie mit ihnen zusammen.

Drachen können ausschließlich aus Erde, Luft, Feuer oder Wasser bestehen oder aus drei beliebigen Elementen in Kombination. Diese weisen, aufgeschlossenen Wesen können dir auf vielfältige Weise helfen und gute Freunde für dich werden.

Faune enthalten die Elemente Erde, Luft und Wasser. Sie tragen über die Fotosynthese dazu bei, die Energie der Wälder ins Gleichgewicht zu bringen.

Diejenigen, die in der goldenen Zukunft bei der Nahrungsmittelproduktion helfen, werden bewusst mit den

Elementarreichen zusammenarbeiten, damit die Feldfrüchte köstlich schmecken und nahrhaft sind. Damit das ganze Jahr über frische Lebensmittel bereitgestellt werden können, richten sie sich auch nach den Mondphasen, weil die Weisheit der Vergangenheit erneut anerkannt und gewürdigt wird.

Mit den Erzengeln arbeiten

Jeder Farbstrahl steht mit einem Erzengel in Verbindung, genau wie jedes Gemüse. Erbsen haben weiße Blüten. Daher sendet Erzengel Gabriel, der auf dem weißen Strahl wirkt, ihnen Energie. Seine Freude und seine Klarheit sind in dem Gemüse, wenn du es isst. Viele Stangenbohnen haben leuchtend rote Blüten. Der mächtige Erzengel Metatron gibt ihnen Aufstiegsschwingungen, wenn du sie verzehrst. Ich bedanke mich immer für die mit Weisheit gepaarte Kraft von Erzengel Uriel, wenn ich Zucchini esse, die gelbe Blüten haben. Der Verzehr von Gemüse ist eine Möglichkeit, himmlisches Licht aufzunehmen.

Der erleuchtete Meister Paul der Venezianer arbeitet mit den Erzengeln zusammen, um das Spektrum der Farbstrahlen für das neue Goldene Zeitalter zu erweitern. Das erkennen wir bereits an den beliebten Roségold- und den schimmernden Bunttönen, die derzeit so beliebt sind. Er arbeitet zusammen mit Erzengel Purlimiek, dem Engel der Natur, um die Farben der Blumen zu erweitern. Dies wird es den Erzengeln ermöglichen, über das Gemüse der goldenen Zukunft höhere Schwingungen einzubringen.

VISUALISIERUNG DER LEBENSMITTELPRODUKTION IN DER GOLDENEN ZUKUNFT

- Nimm dir einen Moment Zeit zum Entspannen und atme ganz ruhig.
- Stell dir vor, du befindest dich in einem Folientunnel der Zukunft, der deine derzeitige Vorstellung weit übertrifft.
- Große Kristalle durchziehen das Areal.
- Wunderschöne, sanfte Musik wird gespielt.
- Ein reiner, klarer, glitzernder Bach plätschert durch den riesigen Folientunnel.
- Alle Gemüsesorten sind gesund, köstlich und wachsen reichlich.
- Bunte Lichter huschen zwischen dem Gemüse umher.
- Du erkennst, dass es sich um Feen handelt. Dann wirst du dir noch anderer Elementarwesen bewusst.
- Sie kommunizieren mit den Gärtnern und helfen den Pflanzen.
- Eines kommt zu dir. Welche Botschaft hat es für dich?

Kapitel 15

Tiere

Tiere haben sich ursprünglich inkarniert, um unseren Planeten mit uns zu teilen. Sie kamen aus allen Universen und bewohnten genau wie wir verschiedene Kontinente. Manche von uns hatten eine seelische Affinität zu bestimmten Arten und sie zu uns. Andere fühlten sich fremd.

Der göttliche Plan sieht vor, dass wir gemeinsam mit den Tieren leben und lernen. Sie sind auf die rechte Gehirnhälfte und das Herz ausgerichtet, während wir Menschen überwiegend von der linken Gehirnhälfte und dem denkenden Geist aus agieren. Weder die Menschen noch die Tiere sollten überlegen oder dominant sein.

Tiere in Atlantis

Im berühmten Goldenen Zeitalter von Atlantis wurden Tiere geehrt und mit Respekt behandelt. Sie inkarnierten, um uns zu dienen, und alles, was sie anboten, wurde in Liebe und voller Dankbarkeit angenommen.

Kühe, Stiere, Pferde, Ziegen, Schweine und Schafe galten als Teil der Familie. Jedes Kind hatte einen Hund und ein Kaninchen, während Katzen über Häuser und Tempel wachten.

Alle Tiere waren Vegetarier, auch die Katzen, die andere Kieferstrukturen und Verdauungsorgane hatten.

Als die Energie von Atlantis degenerierte, experimentierten bestimmte Menschen mit Tieren und klonten sie. Viele dieser Menschen haben sich in dieser Endzeit erneut inkarniert und ihr früheres Verhalten wiederholt. Dies wird aufhören, wenn die Frequenz unweigerlich ansteigt.

Die Wirkung des kosmischen Moments

Im kosmischen Moment des Jahres 2012, als die Energie der Quelle das Herz jedes fühlenden Wesens berührte, beschleunigte sich der spirituelle Fortschritt der Tiere. Viele traten ihre Reise in die fünfte Dimension an, während diejenigen, die sich bereits auf dieser Ebene befanden, in höhere Frequenzen aufstiegen.

Bestimmte Tiere haben inzwischen alles Nötige aus dem Leben auf der Erde gelernt und sind bereit, sich zurückzuziehen. Sie werden aussterben. Allerdings sterben Lebewesen nur auf der Erdoberfläche aus. In Hohlerde, dem riesigen siebendimensionalen Chakra im Zentrum des Planeten, leben sie in ätherischer Form weiter.

Andere Arten, die für eine dreidimensionale Welt geschaffen wurden und nicht bereit sind, auf einer höheren Frequenz zu leben, kehren auf ihren Heimatplaneten zurück oder ziehen auf eine andere Ebene, die der Erde ähnlich ist, für sie kommen Tiere, die bereit für das Goldene Zeitalter sind.

Tiere in der goldenen Zukunft

Alle Tiere, Bäume, Blumen und Gemüsepflanzen bewegen sich unweigerlich in Richtung einer höheren Frequenz und werden bald goldene Auren ausstrahlen.

Nutztiere

Manche Tiere haben sich verpflichtet, den Menschen zu dienen, indem sie ihnen landwirtschaftliche Erzeugnisse oder ihre Muskelkraft anbieten. Aber bis 2032 wird fast jeder Mensch Vegetarier oder Pescetarier sein. Bis 2050 werden sich die Menschen nur noch pflanzlich ernähren. Tierfarmen werden überflüssig sein, und viele Tiere werden auf ihren Heimatplaneten zurückkehren, um die Erfahrungen, die sie hier gemacht haben, zu verarbeiten und Entscheidungen bezüglich ihrer künftigen Seelenreisen zu treffen.

Schlachthöfe werden selbstverständlich geschlossen und das Land darunter und darum herum wird gründlich gereinigt.

Wo Landwirte ihre Tiere wirklich lieben, bleiben einige jedoch als Gefährten. Das neue Bewusstsein bedeutet, dass sie frei sein werden. Die Menschen werden sich weiterhin um sie kümmern, wenn es nötig ist, aber die Vorstellung, dass man eine andere Kreatur besitzt, wird sich aufgelöst haben.

Einige Nutztiere möchten möglicherweise ein Leben ohne die Unterstützung von Menschen erleben und streifen durch die Landschaft oder die Wälder.

Hühner, die aus einem Universum der zehnten Dimension stammen und sehr hoch entwickelt sind, bewegen sich frei umher und bieten ihre Eier und Federn denen an, die sie haben möchten. Sie sind ursprünglich gekommen, um deutlich zu machen, dass Dienen mit Freude ein wichtiger Teil der Aufstiegsreise ist. Und diejenigen, die sich nur deshalb, weil es Spaß macht, in einem physischen Körper zu sein, entschließen, auf der Erde zu bleiben, werden weiterhin Glück und Liebe verbreiten.

Viele Schafe von den Plejaden werden zurückbleiben, frei grasen, die Menschen und das Land heilen und Wolle und sogar Milch anbieten, wo entsprechender Bedarf besteht.

Auch Schweine kamen von den Plejaden, um Liebe und Heilung unter den Menschen und auf dem Land zu verbreiten. Trotz der Art und Weise, wie wir sie behandelt haben, sind sie bereit, zu bleiben und uns auch in der goldenen Zukunft weiterhin zu unterstützen.

Die Weisheit der Ziegen vom Orion wird erkannt, und diejenigen, die diese Tiere lieben, dürfen sich auch weiterhin um sie kümmern. Begeistert von dieser liebevollen Beziehung bieten diese Ziegen ihnen bereitwillig ihre Milch an, damit sie diese zu Käse oder Seife verarbeiten können. Wenn wir sie respektieren, werden sie uns achten, indem sie sich sowohl auf unsere als auch auf ihre eigenen Bedürfnisse einstellen. Sie werden nicht länger wahllos alles zerkauen, was ihnen in den Weg kommt!

Über die Zukunft ist noch nicht alles geschrieben. Kühe sind wunderschöne fünfdimensionale Wesen von Lakumay, dem aufgestiegenen Aspekt des Sirius. Sie tragen die göttlich-mütterliche Energie in sich, während Stiere das Göttlich-Männliche verkörpern. Sie waren im Goldenen Atlantis inkarniert, wo sie mit Liebe und Respekt behandelt wurden und wo sowohl Stiere als auch Kühe als Teil der Familie lebten. Im Gegenzug gaben sie köstliche, nahrhafte Milch, die genau auf die Bedürfnisse des Menschen abgestimmt war. Seit dem Untergang von Atlantis wurden sie jedoch so schlimm misshandelt, dass sie vor einigen Jahren an Rinderwahnsinn sowie Maul- und Klauenseuche erkrankten und Tausende von ihnen eingeäschert werden mussten. Zu dieser Zeit diskutierte ihre Überseele mit dem Intergalaktischen Konzil darüber, ob sie als Spezies bleiben oder diesen Planeten verlassen sollten. Sie erklärten sich bereit zu bleiben, aber es ist sehr fraglich, ob sie auf Dauer bleiben oder nicht.

Haustiere

Viele von uns haben sich viele Male mit ihren Haustieren inkarniert, genau wie wir es mit unseren Kindern getan haben. Das Universum stellt sicher, dass jeder irgendwann in der richtigen Familie ist. Ähnlich wie ein adoptiertes Kind über eine andere Mutter auf die Erde kommt, bevor es die Familie erreicht, die sich seine Seele ausgesucht hat, könnte ein Haustier mehr als ein Zuhause haben, bevor es im richtigen Zuhause ankommt. Aber es wird dort ankommen. Nichts ist dem Zufall überlassen.

Hunde kommen vom Sirius und lehren uns bedingungslose Liebe. Sie gehen eine unzerbrechliche Bindung zu den Menschen ein, die sie lieben, und dies wird auch in der goldenen Zukunft so bleiben. Fast jede Familie wird einen Hund haben, und in kleineren Gemeinschaften inmitten der Natur gibt es mehr Platz für ein gemeinsames Leben.

Meerschweinchen inkarnieren von der Venus, dem kosmischen Herzen. Sie geben und empfangen Liebe, und ihre Aufgabe ist es, die Herzen der Menschen zu öffnen und sie zu heilen. Das wird auch im neuen Goldenen Zeitalter so bleiben.

Katzen

Die Spezies Katze stammt vom Orion. Alle Katzen sind sehr weise und unglaublich hellsichtig. Sie wissen über alles Bescheid, was vor sich geht. Hauskatzen wachen über die Familie und das Zuhause und halten es frei von niederen Energien. Tiger und Löwen wachen über den Planeten. Sie halten unerwünschte äußere Einflüsse zurück und lösen sie auf. Das ist unglaublich wichtig, und das gesamte Katzenreich leistet hervorragende Arbeit, wenn es darum geht, sich um uns und die Erde zu kümmern.

Im Laufe des neuen Goldenen Zeitalters werden sich Tiere, die Fleisch fressen müssen, von diesem Planeten zurückziehen. Allerdings werden Katzen ihre Seelenentwicklung auf der Erde fortsetzen, sodass sie im neuen Paradigma der Harmlosigkeit zu Nichtfleischfressern werden müssen. Es wird mehrere hundert Jahre dauern, bis sich sowohl ihr Verdauungssystem als auch ihr Kiefer verändert haben. Daher wurde in Absprache mit dem Intergalaktischen Konzil beschlossen, dass der Übergang schneller vonstattengehen soll und jede neue Generation von Kätzchen dem gewünschten Ergebnis einen Schritt näher kommt.

Ihre entscheidende Betreuerrolle spielen Katzen allerdings nahtlos weiter.

Insekten

Das Insektensterben auf unserem Planeten ist besorgniserregend. Doch wenn wir uns der goldenen Zukunft nähern, werden die Frequenzen, die viele Arten dezimiert haben, nicht mehr genutzt. Neue Frequenzen werden sich auf einem höheren Niveau auswirken, das für Insekten, Tiere und Menschen ungefährlich ist.

Es werden ausschließlich natürliche, biologische Anbaumethoden eingesetzt, und wenn Boden, Luft und Wasser wieder rein und klar werden, vermehren sich auch die Insekten wieder. Auch sie erhöhen ihre Schwingung und verlieren ihre Stachel.

Die Insekten der fünften Dimension – Bienen, Schmetterlinge, Marienkäfer und Ameisen – bleiben auch in der goldenen Zukunft auf der Erde und helfen nicht nur dem Planeten, sondern beeinflussen auch uns weiterhin mit den heiligen Codes, die sie in sich tragen.

Da sich das Bewusstsein der Menschheit mit Beginn des neuen Goldenen Zeitalters dramatisch verändert, werden wir allem, was Insekten für uns tun, mit Respekt und Dankbarkeit begegnen.

Der Nutzen der Harmlosigkeit

Vergiss nicht, dass Harmlosigkeit eine Schlüsseleigenschaft der goldenen Zukunft ist. Tiere werden mehr Weisheit von ihren Heimatplaneten mitbringen, um den Weg zur Freundschaft aller Arten zu ebnen. Alles wird ganz friedlich sein.

Im Jahr 2050 wird die Welt ein nicht wiederzuerkennender Ort der Zusammengehörigkeit und des Vertrauens sein. Menschen und alle Tiere werden in Freundschaft und Frieden zusammenleben.

VISUALISIERUNG: MIT TIEREN IN DER GOLDENEN ZUKUNFT

- Finde einen Ort, an dem du dich entspannen kannst.
- Atme tief ein und öffne dein Herz weit.
- Du befindest dich in einer goldenen Gemeinschaft, in der Tiere geliebt und respektiert werden.
- Ein goldener Mantel der Harmlosigkeit umgibt dich.
- Eine Ziege kommt zu dir und du streichelst sie und empfängst einen Liebesausbruch aus ihrem Herzen.

- Hühner gackern und picken frei um dich herum.
- Ein Wolf setzt sich neben dich und du streichelst ihn fröhlich.
- Alle Tiere sind in Sicherheit und du bist es auch.
- Spüre, wie sich das anfühlt.

Kapitel 16

Häuser und goldene Städte

Das neue Goldene Zeitalter wird eine Ära der Gemeinschaft, des Zusammenseins, des Vergnügens, der Freundlichkeit und der Harmonie sein. Dies spiegelt sich in den Häusern wider, die in Gruppen gebaut werden und sich den Konturen des Grundstücks anpassen. Sie werden über Gemeinschaftseinrichtungen verfügen, da diese für ökologischer und weniger verschwenderisch gehalten werden und es den Bewohnern jeder Häusergruppe ermöglichen, sich selbst zu versorgen. Das Konzept des persönlichen Freiraums wird in den Hintergrund treten, je wichtiger das Miteinander wird. Das ist Teil des neuen Bewusstseins. So trifft man sich beispielsweise zum gemeinsamen Gemüseschneiden, zu gemeinsamen Mahlzeiten und einfach zum Zusammensein.

In der goldenen Zukunft gibt es kein Eigentum und damit auch keine Hecken oder Zäune zwischen den Grundstücken. In diesen herzzentrierten, geruhsamen Zeiten gibt es immer Erwachsene, die gern mal auf die Kleinkinder achten. Kinder, Hunde, Katzen und Hühner wandern frei umher, denn zum Bewusstsein der fünften Dimension gehört Respekt für alle, und dies gilt, wie wir gesehen haben, auch für Tiere.

Ein weiteres Element, das die neue goldene Zeit kennzeichnet, ist Lachen und Leichtigkeit. So werden lustige Dinge, die für uns heute meist unvorstellbar sind, in Häuser eingebaut. Aktuelle Äquivalente wären eine Schaukel von einem Baum in einen Pool, ein Tunnel mit Rutsche den Hang hinunter in ein Schlafzimmer oder ein Bach, der durch ein Wohnzimmer fließt – alles unkomplizierte Vergnügungen.

Bauen

In den Frequenzen der fünften Dimension sind Baugenehmigungen nicht mehr erforderlich! Es wird nur einen kollektiven Wunsch und eine entsprechende Absicht geben, Harmonie und Schönheit zum höchsten Wohl aller zu schaffen. Dies können wir uns mit unserem heutigen Verständnis gar nicht vorstellen. Das neue Bewusstsein wird jedoch eine außergewöhnliche neue Welt manifestieren. Eine gemeinsame Vision von Gemeinschaftshäusern wird es möglich machen, diese auf perfekte Weise und zur Zufriedenheit aller zu bauen.

Eine Analogie wären ein paar Musiker, die zusammenkommen, um ein Thema zum Ausdruck zu bringen, vielleicht Freude. Sie harmonieren von Herz zu Herz und haben die Vision der Freude, sodass sie automatisch zusammenspielen und etwas Schönes hervorbringen. Ebenso wird über die Anordnung von Häusern, Gemeinschaftsgebäuden und deren Infrastruktur, Straßen, neuen Wäldern, Obstgärten oder Wildblumenwiesen entschieden.

Die Häuser der Zukunft werden aus solidem, strapazierfähigem Pflanzenmaterial gebaut, das in jede beliebige Form extrudiert werden kann, und zwar mithilfe einer Technologie, von der wir derzeit noch keine Vorstellung haben. Das Göttlich-Weibliche wird deutlich sichtbar sein, und alle Gebäude werden rund, oval oder gebogen sein. In der fantasievollen goldenen Zukunft werden viele Menschen Häuser mit fließenden, ungewöhnlich ästhetischen Formen und entsprechend geformten Fenstern entwerfen. Ohne Ecken und Kanten kann die Energie leicht fließen und die Frequenz bleibt hoch.

Die einzigen Ausnahmen werden Pyramiden sein. Viele Gebäude mit dieser kraftvollen Form werden entstehen, aber erst später, nach 2050, wenn die Erdströme wieder so gelenkt werden können, dass sie durch diese Strukturen strömen und die Kristalle auf ihren Spitzen stützen.

Wenn Bäume, Felsen und natürliche Formationen gewürdigt werden, können Gebäude einfach und rücksichtsvoll um sie herum gebaut werden.

Die Fundamente von Gebäuden werden aus noch nicht erfundenen Materialien bestehen, die die Erde atmen lassen. Das bedeutet, dass die Menschen, die in diesen Häusern leben, unmittelbar Kontakt mit der Liebe, Weisheit und Freude von Lady Gaia aufnehmen können.

Die meisten Häuser werden eingeschossig sein, weil die Menschen in Verbindung mit der Erde bleiben wollen. Wohnen im Erdgeschoss wird möglich sein, da zunächst die Bevölkerung zurückgeht und somit viel mehr Land zur Verfügung steht. Später werden derzeit unbewohnbare Landstriche wie Wüsten und Gebiete, die jetzt mit Eis bedeckt sind, zurückerobert.

Obwohl alle Gebäude auf Langlebigkeit ausgelegt sind, können sie, wenn sie ihren Zweck erfüllt haben, leicht abgerissen werden, da sie vollständig biologisch abbaubar sind. Sie können auch problemlos erweitert werden, wenn mehr Platz benötigt wird.

Die Häuser werden hell und farbenfroh sein und die fröhliche Stimmung der Menschen widerspiegeln, die sie bauen und darin leben. Fenster werden aus einem neuen, noch nicht erfundenen Material bestehen, das Räume hell und licht oder abgedunkelt sowie je nach Wunsch warm oder kühl halten kann.

Die Häuser werden von der Gemeinschaft gebaut. Wenn du also ein Haus brauchst, bildet sich eine Gruppe aus willigen Nachbarn, Freunden oder Fremden, die gern Häuser bauen, und baut ein Haus für dich, und zwar ganz so, wie du es dir vorgestellt hast.

Im neuen Bewusstsein versteht jeder, dass wir alle eins sind. Es gibt keine Trennung zwischen dem, was du für dich selbst tust, und dem, was du für andere tust.

Aus den neuen Materialien können Häuser mithilfe einer Kombination aus Robotertechnologie und liebevoller persönlicher Handarbeit schnell gebaut werden. Später werden viele der Baumaterialien aus den nicht manifestierten Reichen ausgefällt.

Und wie immer werden alle Gebäude miteinander und mit ihrer natürlichen Umgebung verschmelzen, weil das höhere Bewusstsein harmonisch ist.

Umweltschutz und Abfallentsorgung

Obwohl Ökoenergie schon bald nach 2032 frei verfügbar sein wird, werden die Menschen alles wertschätzen, was die Natur ihnen bietet. In jedes Haus wird ein unterirdischer Wasserspeicher eingebaut. Fortschrittliche Sonnenkollektoren zieren sämtliche Dächer. Neue Technologien werden Dienstleistungen wie Abwasser- oder Müllentsorgung durch Methoden ersetzen, die man sich noch nicht vorstellen kann.

Alle Lebensmittel sind frisch. Daher muss nichts konserviert oder verpackt werden. Stoffe sind selbstreinigend und knittern nicht.

Waschmaschinen und Bügeleisen sind daher überflüssig. Kühl- und Gefrierschränke werden nur noch in wenigen Teilen der Welt verwendet. Mikrowellen, die auf eine dreidimensionale Schwingung ausgelegt sind, werden in eine harmlose Form gebracht, während sich Herde und Öfen bis zur Unkenntlichkeit verändert haben.

Fernsehgeräte und unsere aktuellen Computer stehen möglicherweise in einer vergessenen Ecke des Dachbodens und werden als seltsame Antiquitäten betrachtet.

Alle Güter – Fahrzeuge, Möbel und mehr – , die in unserem technologischen Zeitalter entstanden sind, müssen entsorgt werden. Kurz nach 2050 werden fantastische neue Dematerialisierungstechniken es möglich machen, solche Produkte auf ihre Atome zu reduzieren, und Einhörner werden diese atomaren Rückstände zur Entsorgung ins Universum bringen.

Die Kyhils, winzige Elementarwesen aus einem anderen Universum, die gekommen sind, um uns bei der Reinigung der Ozeane und Flüsse zu helfen, haben hervorragende Arbeit geleistet. Doch wenn die Frequenz der Welt steigt, wird die spirituelle Technologie die Reinigung des Wassers übernehmen.

Goldene Städte

Bald nach 2032 werden auf der ganzen Welt goldene Städte entstehen. Goldene Städte sind ökologische Gemeinschaften, die zum höchsten Wohl aller Einwohner errichtet werden. Sie haben kaum etwas mit unserer aktuellen Vorstellung von einer Stadt zu tun, unter anderem weil sie großzügig und geräumig angelegt und insgesamt relativ klein sind. Alle Häuser, Grundstücke und Bäume strahlen eine goldene Aura aus.

Diese Städte werden natürlich auf Ley-Linien gebaut oder dort, wo diese sich kreuzen. Jede dieser Lebensgemeinschaften ist mit einem bestimmten Planeten oder Stern verbunden, in manchen Fällen auch mit mehr als einem. Wenn du aus jenem Teil des Kosmos stammst, wirst du dich zu dieser Stadt hingezogen fühlen und dich dort mit deinen Seelenfreunden verbinden. Sie wird zu einem Portal, zu deinem Ursprungszuhause.

Die ersten dieser wunderbaren Städte werden in den Bergen gebaut oder an Orten, wo Schnee und Eis das Land gereinigt haben. Später werden weitere an besonderen Orten entstehen, wo die Frequenz hoch ist. Attraktive einstöckige Häuser werden um Bäume und natürliche Formationen herum angeordnet.

Der Klimawandel und mache Veränderungen in der geografischen Struktur der Welt werden dazu führen, dass die Bedingungen anders sind als jetzt. Diese werden optimal berücksichtigt. Beispielsweise werden in den kommenden Jahren einige Städte auf dem Wasser gebaut, andere in Bergen oder unter der Erde. Die hochfrequente Energie und das fröhliche Bewusstsein der Bürger werden jedoch dafür sorgen, dass sie, wo immer sie sind, ein glückliches, kreatives, liebevolles und zutiefst befriedigendes Leben genießen können.

Alles, was für Gebäudegruppen gilt, gilt auch für die goldenen Städte: Die Gebäude werden gemeinschaftlich nach göttlich-weiblichen Prinzipien von großzügigen Menschen füreinander gebaut, und es wird kein Eigentum geben, denn das wird in der fünften Dimension für unnötig gehalten.

Jede goldene Stadt wird um fließendes Wasser herum gebaut: eine natürliche Quelle, ein Fluss, ein Wasserfall oder ein Meer. Dieses Wasser wird von Kristallen und Magneten automatisch klar und reingehalten, um die Schwingung der ganzen Gegend zu erhöhen.

Die ehrlichen, gemeinschaftsorientierten Einwohner werden in den Städten Parks, Flüsse und Seen anlegen, in und an denen

Boote und Sportgeräte für jedermann frei zugänglich sind. Freiwillige werden Hallen bauen, die für Indoor-Sport, als Kunst- oder Kreativstudios und für gesellschaftliche Zusammenkünfte aller Art genutzt werden können. Im neuen Bewusstsein werden alle glücklich und zuversichtlich sein und das Gefühl haben dazuzugehören. Also wird sich jeder willkommen fühlen, an jeder Aktivität teilzunehmen.

In jeder Enklave der Stadt wird es einen Gemeinschaftsbereich für Zusammenkünfte, Spaß und Austausch geben.

Einige der ersten goldenen Städte werden in Norwegen, Schweden, Österreich, Deutschland und Griechenland gebaut.

Griechenland ist besonders interessant, weil der Parthenon an der Stelle der kosmischen Pyramide errichtet wurde, die ursprünglich von Poseidon, einem Hohepriester von Atlantis, mit Unterstützung von Athene, einer Hohepriesterin von Atlantis, errichtet wurde. Auch wenn die Pyramide schon vor Jahrhunderten zerstört wurde, ruhen die hochfrequenten Energien und Informationen des ursprünglichen Gebäudes noch dort und warten darauf, dass die Kundalini der Erde erwacht. Wenn dies geschieht, wird bald nach 2032 eine goldene Stadt entstehen, die mit der heilenden Konstellation der Plejaden in Verbindung steht. Griechenland wird, was die Gesundheits- und Heilmethoden der Zukunft betrifft, weltweit führend sein.

Finnland enthält sehr reines Licht und bekommt Energie direkt aus der Arktis, dem Sternentorchakra der Erde. Es wird keine goldenen Städte brauchen, denn das ganze Land wird eine goldene Gemeinschaft werden.

Wenig später werden in Russland, der Mongolei und vielen anderen Teilen der Welt goldene Städte entstehen, die den Menschen Freude und Zufriedenheit bringen. Es gibt auch Länder wie Finnland, in denen zwar keine goldenen Städte gebaut werden, wohl aber goldene Gegenden entstehen. Hier strahlen das Land und die Häuser goldenes Licht und Glück der fünften Dimension aus.

VISUALISIERUNG: LEBEN IN EINER GOLDENEN STADT

- Sitze ganz ruhig da und schließe die Augen.
- Stell dir vor, dass alles um dich herum friedlich und glücklich ist.
- Du kannst Vogelgezwitscher, sanfte Windspiele und melodisches Lachen hören.
- Du gehst an einem klaren, reinen, glitzernden Bach entlang.
- Er fließt durch geräumige, elegante, runde, niedrige Häuser.
- Überall gibt es grüne Rasenflächen, bunte Blumen, Bäume und Springbrunnen.
- Die Menschen, die du triffst, winken dir zu.
- Dir fällt auf, dass sie sich alle mit Muße und zufrieden bewegen.
- Und du siehst, dass alles und jeder eine sanfte goldene Energie ausstrahlt.

Kapitel 17

Reisen

Menschen wollten schon immer die Wunder der Welt sehen. Dieser Wunsch ist vielen von uns angeboren.

Das Goldene Atlantis entwickelte sich aus einer Zeit, in der sie nur Grundbedürfnisse hatten, und ging den Weg bis zur Nutzung unvorstellbar fortschrittlicher Transportmittel. Schon in der Anfangszeit konnten manche Menschen Teleportation und Telekinese nutzen, um sich selbst und Materialien von einem Ort zum anderen zu transportieren. Irgendwann schufen sie mithilfe spiritueller Technologie Schwebeplatten, auf denen sowohl Kinder als auch Erwachsene kurze Strecken entlang der Ley-Linien zurücklegen konnten. Diese wurden aus Metallen hergestellt, die auf unserem Planeten nicht mehr verfügbar sind. Im weiteren Verlauf der Ära fuhren leise, umweltfreundliche Airbusse, von klein bis riesig, mit unglaublicher Geschwindigkeit in unterschiedlichen Höhen und auf verschiedenen Frequenzbändern.

Wir haben denselben Zyklus des Lernens über Transport immer wieder durchlaufen, obwohl wir nicht annähernd die Fähigkeiten der Atlanter erreicht haben. Im neuen Goldenen Zeitalter werden wir ihre Errungenschaften weit übertreffen.

Vor 2032

In der herausfordernden Zeit bis 2032 wird das Reisen schwieriger, da die von uns genutzten fossilen Brennstoffe knapp und immer teurer werden. Der Reiseverkehr, vor allem auf der Straße und in der Luft, wird bis zur Einführung der neuen Ökoenergie zurückgehen.

Dadurch wird der internationale Warenverkehr weniger werden und schließlich zum Erliegen kommen, was das Ende von Supermärkten und Einkaufszentren mit sich bringt. Länder, die bisher auf Exporte angewiesen waren, müssen lokale Produktion und entsprechende Unternehmen entwickeln. Ohne massenhafte Im- und Exporte aus der ganzen und in die ganze Welt werden alle ein paar Jahre lang auf selbst angebaute Lebensmittel und lokal hergestellte Produkte angewiesen sein.

Rad fahren wird eine sehr viel beliebtere Fortbewegungsart werden, denn ohne Treibstoff und mit weniger Fahrzeugen auf den Straßen wird es schneller und einfacher sein als das Zufußgehen. Öffentliche Verkehrsmittel wie Busse, Bahnen und Fähren werden wieder beliebt sein.

Für einen kurzen Zeitraum mag es aussehen, als habe sich alles zurückentwickelt, aber dies ist nur die Erholungsphase, nachdem das alte Paradigma praktisch zusammengebrochen und bevor das neue verfügbar ist. Es gibt Menschen auch Gelegenheit, ihre Fahrzeuge gemeinschaftlich zu nutzen.

Nach 2032

Möglichkeiten zu reisen

Sobald neue Formen kostenlosen Ökostroms verfügbar sind, werden Menschen mit Begeisterung wieder reisen, denn bald werden sichere und schnelle Optionen angeboten. Transportmittel aller

Art werden aus biologisch abbaubarem Pflanzenmaterial gebaut, das man sich bisher gar nicht vorstellen konnte.

Im höheren Bewusstsein steht dir alles zur Verfügung, was du brauchst.

Jede Gemeinde hat einen Pool an Fahrzeugen, und wenn du eines brauchst, taucht es vor dir auf, sobald du daran gedacht hast! Dies scheint nach unserem derzeitigen Verständnis unglaublich. Die meisten Autos werden fahrerlos sein, auch wenn manche Menschen vielleicht lieber einen Fahrer hätten. In diesem Fall übernehmen Freiwillige diese Rolle. Die Autos sind absolut sicher, weil wir endlich von Fledermäusen etwas über fortschrittliches Sonar lernen. Alle Transportfahrzeuge werden mit einer Technologie ausgestattet, die dafür sorgt, dass sie keinen Kontakt untereinander haben.

Auf den Straßen wird es relativ wenig Verkehr geben, und Häuser werden ohne Garagen gebaut.

Reisen in der näheren Umgebung

Um kurze Strecken zurückzulegen, bewegen sich viele Menschen, vor allem Kinder und Jugendliche, auf eigenen Schwebeplatten fort. Diese sehen aus wie große Scheiben, auf denen man sitzen oder stehen kann, und schweben über dem Boden, um einen zu dem Ziel zu bringen, das man selbst festlegt.

Die meisten Menschen werden levitieren und teleportieren können. Was das genau bedeutet, werde ich in einem späteren Kapitel besprechen.

Kleine, leise Hubschrauber, die für eine Person oder zwei Personen oder eine Familie konzipiert sind, werden ebenfalls zum

Standard gehören. Wenn du weiter reisen musst als in deine nähere Umgebung, wird einer eintreffen, der dich dorthin bringt.

Fernreisen

Es wird große, komfortable und leise Luftbusse geben, in denen man längere Strecken mit unglaublicher Geschwindigkeit zurücklegen kann. Es wird auch eine Art Luftbahn geben, bei der dein eigener kleiner Transporter an eine Lokomotive angeschlossen wird und mit vielen andere zum selben Ort fährt. Du bleibst in deinem eigenen Fahrzeug sitzen und wirst mit einer Geschwindigkeit, die wir uns gar nicht vorstellen können, an dein Ziel gebracht. Hier wird dein Fahrzeug abgekoppelt, sodass du deine Fahrt nach Belieben fortsetzen kannst.

Wenn sich Frieden und internationale Zusammenarbeit in der Welt etabliert haben, werden Pässe und sämtliche Identitätsnachweise verschwinden. Wenn wir erkennen, dass wir eins sind, werden wir uns alle umarmen und gegenseitig willkommen heißen. Grenzen werden nicht mehr nötig sein. Menschen werden frei an jeden Ort auf der Welt reisen können.

Reisen auf dem Wasser

Wenn wir ruhiger und friedvoller werden und unsere kontemplative fünfdimensionale Natur zum Vorschein kommt, werden langsame Seereisen oder Flusskreuzfahrten bei vielen gut ankommen.

Nach 2050

Irgendwann werden ökologisch angetriebene Flugzeuge, aerodynamisch geformt wie unsere derzeitigen Raketen, Menschen in bisher unvorstellbarer Geschwindigkeit um die ganze Welt transportieren, aber das wird nicht vor etwa 2050 der Fall sein.

Der Menschheit wird es erneut gestattet sein, den Weltraum zu erkunden, weil das Bewusstsein eher von Demut als von Anspruch geprägt sein wird.

Zurück zur Natur

Die spirituelle Technologie wird sehr schnell Fortschritte machen und es uns ermöglichen, großartige Dinge zu tun. Doch je weiter wir vorankommen, desto mehr werden wir den Wunsch verspüren, zu unseren Wurzeln zurückzukehren. Wenn wir erkennen, dass wir spirituell umso höher aufsteigen können, je weiter sich unser Erdsternchakra entwickelt, werden wir eine Verbindung mit der Erde und der Natur eingehen wollen.

Wandern und Rad fahren werden sowohl zur Fortbewegung als auch als Freizeitsport eine beliebte Wahl sein. Familien und Gruppen von Freunden werden gern gemeinsame Ausflüge machen, um Spiele mit anderen Gemeinden oder Ländern anzuschauen oder daran teilzunehmen. Dies geschieht eher aus Spaß und zum Erreichen von Spitzenleistungen als um des Wettbewerbs willen.

Bergsteigen, Expeditionen und Höhlenforschung werden immer mehr Anhänger finden, da es immer einfacher wird, abgelegene Orte zu erreichen.

Ein besonderer Favorit wird die Gartenarbeit sein, bei der die Verbindung zur Erde und zur Welt der Natur mit der Freude am Züchten von Pflanzen und dem Kommunizieren mit dem Elementarreich kombiniert wird. Und viele werden es genießen, großartige Gärten und schöne Orte auf der ganzen Welt zu besuchen.

VISUALISIERUNG: REISEN IN DIE GOLDENE ZUKUNFT

- Sitze ganz ruhig da und schließe die Augen.
- Denke an einen Ort in der näheren Umgebung, den du gern besuchen würdest.
- Sieh dich zu deiner Haustür gehen, vor der ein Transportmittel auf dich wartet. Wie ist es beschaffen?
- Steige hinein oder darauf und weise es mental an, dich an dein gewünschtes Ziel zu bringen.
- Genieße die entspannte, ruhige und komfortable Reise.
- Wenn du angekommen bist, steige aus und schau dich in der neuen goldenen Welt um.
- Möchtest du ein anderes Land besuchen? Entscheide, welches.
- Sofort ist ein Transportmittel da, das dich zu einem zentralen Knotenpunkt bringt, wo du ein riesiges raketenförmiges Transportmittel besteigst.
- Du unterhältst dich mit deinen Mitreisenden.
- In Sekundenschnelle bist du im Land deiner Wahl angekommen.
- Steig aus und nimm dir Zeit, diesen Ort zu genießen.
- Kehre mit dem Wissen, dass du überall frei, schnell und einfach hinreisen kannst, nach Hause zurück.

Kapitel 18

Das Gesetz

Als das fünfte und letzte Experiment von Atlantis ins Leben gerufen wurde, meldeten sich fünfdimensionale Wesen aus allen Universen freiwillig, um daran teilzunehmen. Keines von ihnen war je zuvor auf der Erde gewesen, noch hatten sich irgendwelche von ihnen je zuvor getroffen. Es war also eine Reise in unbekanntes Terrain. Diese Fremden waren zum Teilen und zur Zusammenarbeit verpflichtet, und aus dieser Notwendigkeit heraus entstand das Goldene Zeitalter.

Zu Beginn dieser Zeit legte der Hohepriester Thoth die geistigen Gesetze fest, nach denen die Bürger leben sollten. Es gab eine lange und detaillierte Liste der spirituellen Ergebnisse verschiedener Taten und alle achteten diese Weisheit und lebten danach.

Als Atlantis unterging und die Welt dreidimensional wurde, schufen wir irgendwann unser derzeitiges schwerfälliges Rechtssystem. In Zukunft wird über unsere Gesundheits- und Sicherheitsvorschriften gespottet werden, während unser willkürliches und veraltetes Rechtssystem mit Mitgefühl betrachtet werden wird.

In der goldenen Zukunft wird es kein Rechtssystem geben, denn es wird nicht erforderlich sein.

Geistige Gesetze

Als der große erleuchtete Meister Jesus Christus inkarnierte, stellte er Thoths geistige Gesetze in 33 Gesetzen plus drei transzendenten vereinfacht dar. Diese geistigen Gesetze wurden in vier Typen unterteilt.

Die Grundgesetze des Lebens

»Wie oben, so unten« und »Wie innen, so außen« sind Grundgesetze. Jesus Christus erläuterte auch noch andere Grundgesetze:

- **Das Gesetz der Bitte**, das dich daran erinnert, dass du, wenn du etwas aus den geistigen Bereichen willst, darum bitten musst.
- **Das Gesetz der Anziehung**, nach dem du Menschen und Situationen anziehst, die exakt einen Aspekt von dir widerspiegeln.
- **Das Gesetz der Reflexion**, wonach dir jedes einzelne Ereignis in deinem Leben etwas über dich widerspiegelt. Wenn du also beispielsweise mit deinem Auto gegen etwas fährst, frage dich, wer oder was dich anfährt.
- **Das Gesetz des Widerstands**, wonach alles, wogegen du dich wehrst, bestehen bleibt, weil du ihm mit deinen Gedanken Energie gibst.
- **Das Gesetz der Projektion**, wonach alles, was du in jemandem siehst, tatsächlich in dir ist und du es auf die andere Person projiziert hast.
- **Das Gesetz der Bindung**, das besagt, dass du haben kannst, was du willst. Wenn du dir jedoch ein Ergebnis unter bestimmten Bedingungen wünschst, dann verhindert dies, dass es eintritt. Sobald du loslässt, steht es dieser Person oder Situation frei, zu dir zu kommen oder dein Leben zu verlassen, wenn das zu deinem Besten ist.

Die Gesetze der Schöpfung

Zur zweiten Gruppe geistiger Gesetze gehören

- **Das Gesetz der Aufmerksamkeit**, das besagt, dass genau der Prozentsatz deiner Aufmerksamkeit, den du wirklich auf etwas richtest, es manifestiert. Positive Gedanken haben eine stärkere Ladung als negative.
- **Das Gesetz des Flusses**, das jeden Bereich deines Lebens beeinflusst. Wenn du also dein Zuhause oder deinen Arbeitsplatz entrümpelst, verschieben sich festgefahrene Situationen. In ähnlicher Weise werden Bereiche deines Lebens klar, wenn du blockierte Emotionen oder blockierte Gedanken loslässt.
- **Das Gesetz der Fülle**, das besagt, dass dir alles zur Verfügung steht, was du brauchst, und dass das gütige Universum möchte, dass sich der Wunsch deines Herzens erfüllt. Wenn du deine Überzeugungen und Taten mit deinen Wünschen in Einklang bringst, öffnen sich die Türen der Fülle für dich. Wenn du fünfdimensional bist, werden deine Bedürfnisse automatisch befriedigt und deine Wünsche erfüllt.
- **Das Gesetz der Klarheit**, das dir sagt, dass Verwirrung dich festhält und deine psychische Energie verbraucht, während eine klare Entscheidung dich befreit.
- **Das Gesetz der Absicht**, das dem Gesetz der Klarheit sehr ähnlich ist, aber mit zusätzlicher Kraft. Eine klare Absicht ist wie ein Pfeil, der auf ein Ziel gerichtet ist, und nichts kann ihn ablenken. Daher ist es wirklich wichtig, zu wissen, was du willst.
- **Das Gesetz des Wohlstands**, dem zufolge du dich auf das Wohlstandsbewusstsein ausrichten musst, indem du denkst, sprichst und handelst, als hättest du bereits genug. Du musst auch verantwortungsvoll mit deinem Vermögen umgehen. Das Universum möchte, dass es uns allen gut geht.

- **Das Gesetz des Erfolgs**, das besagt, dass du Erfolg hast, wenn deine Schwingung mit der Schwingung des von dir gewünschten Ergebnisses übereinstimmt. Wenn es um das Materielle geht, bestimmen deine Überzeugungen über deinen Erfolg oder Misserfolg.

Darüber hinaus existiert das *Gesetz der Manifestation*, das oft als Gesetz der Anziehung bezeichnet wird, aber es gibt einen Unterschied. Um das Gesetz der Manifestation zu aktivieren, musst du dich voll und ganz darauf konzentrieren, was du willst. Du kannst es zeichnen oder darüber sprechen, als hättest du es bereits, und dir dann vorstellen, wie es ins Universum hinausgeht. Der nächste Schritt besteht darin, dir vorzustellen und dich zu fühlen, als sei es bereits in deinem Leben, und entsprechend zu handeln. Das ist sehr kraftvoll. Also musst du sagen, dass du dir wünschst, dass sich deine Vision zum höchsten Wohl aller manifestiert. Wenn du die Kraft einfach nur für deine eigenen Wünsche nutzt, ziehst du das Gewünschte zwar in dein Leben, schaffst aber auch Karma. Die Macht des Gesetzes der Manifestation wurde in den letzten Jahren missbraucht, und das hat den gesamten Planeten aufgehalten.

Die Gesetze des höheren Bewusstseins

- **Das Gesetz des Gleichgewichts und der Polarität** erinnert uns daran, wie wichtig es ist, zentriert zu bleiben und auch die Aspekte unseres Charakters zu betrachten, die zwischen den Polaritäten schwanken, etwa ein Tyrann und ein Opfer zu sein, großzügig und gemein zu sein, fürsorglich und nachlässig zu sein. Wenn du diese Aspekte deiner selbst erkennst, kannst du dich selbst ins Gleichgewicht bringen.

- **Das Gesetz des Karmas** lautet: »Wie du gibst, so bekommst du.« Es wirkt sich über Generationen und Lebenszeiten aus und findet sein Ende, wenn wir dem neuen Goldenen Zeitalter der fünften Dimension immer näher kommen.
- **Das Gesetz der Reinkarnation** erinnert dich daran, dass sich deine Seele auf einer langen Reise befindet. Wenn es für dich auf der Erde noch mehr zu lernen gibt, kehrst du immer wieder zurück, bis du die geistigen Gesetze gemeistert hast.
- **Das Gesetz der Verantwortung** macht deutlich, dass du letztendlich für jeden deiner Gedanken und jede deiner Taten verantwortlich bist, einschließlich der Art und Weise, wie du dich um dich selbst und deine kleinen Kinder kümmerst. Du bist jedoch nicht für andere verantwortlich, und wenn du Entscheidungen für andere triffst, hast du das daraus resultierende Karma zu tragen.
- **Das Gesetz der Differenzierung** ist in dieser Zeit, in der so viele Falschinformationen verbreitet werden, besonders wichtig. Es fordert dich auf, deiner Intuition zu folgen und zu entscheiden, was für dich richtig ist.
- **Das Gesetz der Bekräftigung** macht deutlich, dass dein denkender Geist wie ein Computer funktioniert. Jeder Gedanke oder jedes Wort, das du ständig wiederholst, geht ins Gehirn und programmiert es. Daher ist es wichtig, positive Aussagen zu machen und zu bekräftigen, wer du bist oder sein möchtest. Das wirst du werden.
- **Das Gesetz des Gebets** erinnert an die Macht des Gesprächs mit Gott, denn Gott gibt denen, die von Herzen und mit reiner Absicht kommen, immer eine Antwort. Manchmal sagt er barmherzig: »Nein.« Aber denke daran, dass dir das, worum du gläubig bittest, bereits in dem Moment gewährt wird.

- **Das Gesetz der Meditation** erinnert uns an die Macht des Hörens auf Gott. Es besagt: Wenn man seinen eigenen denkenden Geist zur Ruhe bringt, hat Gott die Möglichkeit, seine Ideen in ihn einfließen zu lassen.
- **Das Gesetz der Herausforderung** dient deinem Schutz in der dreidimensionalen Welt des Lichtes und der Dunkelheit. Wenn ein Wesen deinen Raum betritt und du es nach diesem Gesetz dreimal fragst: »Im Namen Christi, bist du vom reinsten und höchsten Licht?«, muss eine ehrliche Antwort gegeben werden.

Die Gesetze der höheren Frequenz

- **Das Gesetz der Frequenz** besagt, dass Menschen mit höheren Schwingungen einen positiven Einfluss auf Menschen mit niedrigeren Schwingungen haben.
- **Das Gesetz der Wunder** ist sehr einfach, denn es erinnert dich daran, dass alles passieren kann, wenn du deine Schwingung erhöhst.
- **Das Gesetz der Heilung** erklärt, dass reines Licht, wenn man es durchlässt, niedere Energien umwandelt und dass dann Heilung stattfindet.
- **Das Gesetz der Reinigung** erinnert dich daran, dass deine Aura dein Schutz ist und dass du vollkommen in Sicherheit bist, wenn sie ganz rein ist.
- **Das Gesetz der Perspektive** besagt, dass alles göttlich perfekt ist. Wenn dir also nicht gefällt, was du siehst, musst du deine Perspektive ändern.
- **Das Gesetz der Dankbarkeit** erklärt, dass echte Wertschätzung die Herzen der Menschen ebenso öffnet wie das Herz Gottes, der dich im Überfluss beschenken wird.

- **Das Gesetz des Segens** berührt die Person, die du segnest, mit göttlicher Energie, und du bekommst auch etwas davon.
- **Das Gesetz des Dekrets** ist sehr mächtig, denn dein Dekret veranlasst Himmel und Erde, deinen Anordnungen Folge zu leisten.

Die transzendenten Gesetze für ein Leben in der fünften Dimension

Die drei transzendenten Gesetze, die Jesus vor so vielen Jahren für den Aufstieg der Menschheit aufgestellt hat, sind dieselben, nach denen wir im neuen Goldenen Zeitalter leben werden, nämlich:

- **Das Gesetz des Glaubens.** Glaube ist die größte Macht, die es gibt. Wenn deine Intuition dir sagt, dass etwas richtig ist, sorgt dein unerschütterlicher Glaube an deine Vision dafür, dass es gelingt.
- **Das Gesetz der Gnade.** Gnade ist eine göttliche Zuteilung von Erbarmen und wird über Eigenschaften wie bedingungslose Liebe, Mitgefühl, Empathie und Vergebung übertragen.
- **Das Gesetz des Einen.** Wir sind alle eins, daher kann man keinen anderen Menschen verletzen, ohne sich selbst zu verletzen.

Es wird auch untergeordnete Gesetze geben wie das Gesetz des gesunden Menschenverstandes und das Gesetz der Verantwortung.

Die Gesellschaft überwachen

Was ist, wenn jemand nicht fünfdimensional handelt? Wird es Bestrafungen oder gar Gefängnisse geben? Nein. Das ist nicht im Einklang mit dem höheren Bewusstsein. Es wird anerkannt werden, dass wir alle Menschen sind, aber ohne Urteil. Die Person wird von Liebe, Harmonie und Anmut umgeben sein.

In dem unwahrscheinlichen Fall, dass jemand in eine dreidimensionale Aktivität abfällt, wird er nicht länger auf der Erde bleiben wollen und sich einen anderen Planeten suchen, auf dem er sein Drama ausleben kann.

Die einzige notwendige Anleitung werden die geistigen Gesetze sein.

VISUALISIERUNG EINES LEBENS NACH DEN TRANSZENDENTEN GESETZEN

- Finde einen Ort, an dem du ganz in Ruhe und ungestört sein kannst.
- Schließe die Augen und entspanne dich.
- Stell dir vor, wie dein Leben aussehen würde, wenn du absolutes Vertrauen in deine Vision hättest.
- Erlebe eine Welt, in der jeder voll und ganz an das Gute im Menschen glaubt.
- Stell dir vor, wie dein Leben aussehen würde, wenn du jederzeit mit Anstand handeln würdest.
- Sieh eine Welt, in der jeder mit Anstand handelt.
- Sieh eine Welt, in der jeder in der Harmonie der Einheit lebt.
- Nimm dieses Gefühl mit in deinen Alltag.

Kapitel 19

Den Planeten heilen

Bedauerlicherweise haben wir den prachtvollen Planeten, der sich in unserer Obhut befindet, sowohl seit der industriellen Revolution als auch davor, nämlich während des dritten Atlantis-Experiments, massiv verschmutzt. Mit wachsender Bewusstheit haben wir allerdings immer mehr erkannt, welchen Schaden wir angerichtet haben, und versuchen nun, ihn wiedergutzumachen.

Nukleare Verschmutzung

Das dritte Experiment von Atlantis, lange vor Beginn des Goldene Zeitalters, endete damit, dass unterirdisch eine Reihe von Atombomben gezündet wurde, und zwar in dem verzweifelten Versuch, aggressive Riesentiere zu töten, die kurz davor waren, den ganzen Planeten zu überziehen. Die entsprechende Entscheidung wurde im Jahr 52.000 v. Chr. von einer Fünf-Nationen-Konferenz widerwillig getroffen, da keine friedliche Lösung gefunden werden konnte. Die Aktion tötete zwar die Tiere, aber schließlich starben auch die Menschen und kehrten auf ihre Heimatplaneten zurück.

Die nuklearen Rückstände dieser Bomben wirken sich immer noch auf die Erde aus, und der erleuchtete Meister Peter der

Große arbeitet seit Äonen daran, die Verschmutzung zu beseitigen. Mittlerweile arbeiten einige Wissenschaftler und Elementarwesen mit ihm zusammen. Außerdem nutzen spirituell erwachte Menschen die Energie des Gebets und der Visualisierung, um den Prozess zu beschleunigen. Das ist sehr viel effektiver, als irgendjemandem wirklich bewusst ist.

Klimawandel

Der Klimawandel kann allerdings nicht vollständig auf menschliche Aktivitäten zurückgeführt werden. Das Klima auf der Erde hat sich im Laufe von Millionen Jahren, in denen es Eiszeiten und Trockenzeiten sowie Polverschiebungen gab, oft verändert. Der Großteil der aktuellen Veränderungen wird durch kosmische Kräfte verursacht, denn es ist an der Zeit, dass sich unsere Welt verändert. Vergiss nicht, dass in früheren Zeiten auf dem Gebiet, das heute vom Eis der Antarktis bedeckt ist, Wälder wuchsen. Alles verändert sich.

Land, das seit Äonen unter dem arktischen Eis liegt, wurde vom Intergalaktischen Konzil absichtsvoll gereinigt und darauf vorbereitet, dass künftige Zivilisationen dort leben können. Die Eisschmelze führt zu einem Anstieg des Meeresspiegels, und irgendwann gehen viele tiefer gelegene Industriestädte, die nicht Teil des neuen Paradigmas sind, unter.

Manche Menschen in Küstengebieten werden entsprechende Maßnahmen ergreifen. Sie werden zum Beispiel schwimmende Städte erschaffen, die zu fünfdimensionalen Wohnorten werden, ja sogar zu goldenen Städten.

Überall auf der Welt wird es eine Tendenz geben, in gebirgigen Gegenden zu leben, denn auch diese wurden durch Schnee und Wasserfälle gereinigt.

Aus den Ozeanen werden neue Inseln aufsteigen. Dieses Land wird von den Wassern gereinigt und bewohnbar sein, sobald es entsalzt ist.

Der Wandel vollzieht sich sehr schnell, da das neue Goldene Zeitalter immer näher rückt. Allerdings wird es zumindest in den nächsten 100 Jahren keinen Polsprung geben.

Veränderungen in der Natur

Viele Baumarten sterben derzeit aus, weil sie dem veränderten Klima nicht mehr gewachsen sind. Auch Faktoren wie Umweltverschmutzung, in den Ley-Linien steckende Energie und – ein Faktor, der wenig verstanden wird – mangelnde Wertschätzung seitens der Menschheit tragen dazu bei. Bäume sind fühlende Wesen und reagieren energetisch auf Menschen. Wir leben in einer wechselseitigen symbiotischen Beziehung.

In der goldenen Zukunft werden neue Baumarten auftauchen, die mit den unterschiedlichen Wetterbedingungen klarkommen. Wenn die Luft rein ist, die Ley-Linien im fünfdimensionalen Licht funkeln und wir Menschen sie wieder zu schätzen wissen, werden die Bäume stolz, mit erhobener Krone und strahlend goldener Aura dastehen.

Wir werden auch anfangen, das Tierreich wirklich zu lieben und zu respektieren. Im weiteren Verlauf des Goldenen Zeitalters werden neue Tiere der fünften Dimension inkarnieren und wir werden uns um sie kümmern und sie achten. Auch sie werden eine goldene Aura ausstrahlen.

Derzeit gibt es nur vier Insektenarten der fünften Dimension, nämlich Bienen, Schmetterlinge, Ameisen und Marienkäfer. In der vierten Dimension gibt es nur: Würmer und Skorpione. Wenn die Frequenz des Planeten höher wird, werden auch immer mehr Insekten ihre Schwingung erhöhen. Wir werden alle lernen, sie zu respektieren und dankbar zu sein für die unglaubliche Arbeit, die sie für uns und den Planeten leisten.

Wenn die Ozeane und Flüsse wieder sauber und rein werden, werden wir das Meeresleben, das sie aufrechterhält, erkennen und bewundern. Besonders beeindruckt werden wir von den Korallenriffen sein, deren Ausbreitung geschützt und gefördert wird. Dieser lebende Stein hat eine außergewöhnliche wechselseitige Verbindung und einen entsprechenden Kommunikationsfluss mit Hohlerde. Die Riffe bewahren das uralte Wissen und die Weisheit des Planeten und wissen alles über die Ozeane. Alle Fische, die in den Korallenriffen leben und sich um sie kümmern, sind fünfdimensional.

Weltweite Ressourcen

Öl und Mineralien

Im Jahr 2012 war die Menge an fossilen Brennstoffen, die wir dem Planeten aus karmischer Sicht entziehen durften, erreicht. Das im Boden verbleibende Öl wird für die Schmierung der tektonischen Platten benötigt. Also laden diejenigen, die es nutzen oder davon profitieren, derzeit eine Karmaschuld auf sich. Einige der karmischen Konsequenzen haben wir bereits in Form von Tsunamis und Erdbeben erlebt. Tatsächlich hat sich die Zahl schwerer Erdbeben in den zehn Jahren seit 2012 verdreifacht.

Die Art und Weise, wie wir derzeit Mineralien aus dem Boden gewinnen, schadet dem Land. Nach 2032 wird man sich an neue Möglichkeiten erinnern, die dem Planeten keinen Schaden zufügen. Diese harmlosen Methoden wurden im zweiten Goldenen Zeitalter auf der Erde, dem Petranium in Afrika, eingesetzt. Zu dieser Zeit hatte Afrika eine üppige grüne Vegetation. Eine Erinnerung daran ist ebenfalls in unserem Gedächtnis gespeichert.

Nahrung und Wasser

Bis 2032 wird es in manchen Teilen der Erde eine Herausforderung sein, ausreichend Nahrung und Wasser zu bekommen, und wir werden aufgefordert sein, füreinander zu sorgen. Wenn wir damit auf fünfdimensionale Weise umgehen, indem wir unser Herz öffnen, können wir genug für alle bereitstellen. Einzelpersonen und Länder werden angeleitet, sich auf den Weg zur Selbstversorgung zu machen.

Während des großen Bewusstseinswandels zwischen 2032 und 2050 werden wir lernen, aus flüssigem Wasserstoff und Quarz reichlich sauberes Wasser für alle zu erzeugen.

Baumpflanzung und Wiederaufforstung

In manchen Städten werden bereits ganz bewusst Bäume für die Gesundheit und das Wohlbefinden der Bürger gepflanzt. Die Gemeinden fangen an, Obstgärten zur allgemeinen Nutzung anzulegen, so wie es auch in der goldenen Zukunft der Fall sein wird, aber das kommt erst allmählich in Schwung.

Bald werden Länder zusammenarbeiten, um in den Teilen Welt, in denen sehr stark abgeholzt wurde, mit dem Wiederaufforsten zu beginnen. Wenn international Frieden herrscht und zusammengearbeitet wird, wird dies schneller vonstattengehen.

Auch Hecken und Sträucher werden wieder eingeführt. Als Hecken gerodet wurden, um größere Felder für die Bauern zu schaffen, und durch Zäune ersetzt wurden, um mehr Platz in den Gärten zu schaffen, ging die Zahl der Kleinvögel immer weiter zurück. Vögel sind nur auf der Welt, um uns etwas zu lehren, denn sie haben nichts zu lernen. Vögel, die in Hecken brüten, lehren uns etwas über das Familienleben, und dies nahm mit dem Erstarken der Technologie rapide ab, ebenso wie die Zahl der Singvögel, die uns die kosmischen Nachrichten vorsingen.

Als die kleinen Vögel immer weniger wurden, fielen Räuber ein. Eine Welle von Krähen, Saatkrähen und Elstern schwappte in die Städte. Dies fiel damit zusammen, dass große Unternehmen den Planeten eroberten und kleine Unternehmen schluckten. Die Vögel spiegelten uns wider, was passiert, wenn wir in die Natur eingreifen, und erinnerten uns an die Bedeutung des Familienlebens. Wenn wir anfangen, die Natur wieder zu pflegen, werden sich die kleinen Vögel wieder vermehren. Und Familienmitglieder werden wieder miteinander kommunizieren, spielen und einander lieben.

Dustbowls werden wieder mit Vegetation gefüllt, und trockene Länder wie Australien werden ernsthafte Wiederaufforstungsprogramme starten und das Buschland und die Wüsten zurückgewinnen. Dadurch wird sich das Klima auf diesem Kontinent verändern. Es wird milder und gemäßigter werden. Dies wiederum wird Einfluss auf die Menschen haben, die ebenfalls sanfter und milder werden.

Und dieser Trend wird sich weltweit fortsetzen.

Etwas über die Natur lernen

Wenn die Bevölkerung zurückgeht, wird es wieder mehr Grünflächen geben. Die Menschen werden mehr Freizeit haben und die Wunder der Natur erkunden. So viele von den heiligen Codes der natürlichen Welt sind in Vergessenheit geraten, aber diejenigen, die das Wissen bewahrt haben, werden hervortreten, um sowohl Kinder als auch Erwachsene zu unterrichten. Und sie werden die Liebe für das Land, die in uns allen steckt, neu entfachen.

In der goldenen Zukunft werden Kinder von klein auf etwas über die Natur und das Tierreich erfahren und lernen, sie zu respektieren. Die Betreuung von Haustieren wird gefördert, weil dies ein gewisses Verantwortungsbewusstsein einschließt. Außerdem lernen Jugendliche, die Bedürfnisse verschiedener Arten zu verstehen und zu achten.

Da die Abhängigkeit von der allopathischen Medizin weniger wird, möchten viele wieder etwas über Pflanzen und Kräuter lernen. Die Nahrungssuche wird zu einem beliebten Zeitvertreib werden.

Wir wollen der Natur nicht länger unseren Willen aufzwingen, und das wird sie gedeihen lassen.

VISUALISIERUNG EINES GEHEILTEN PLANETEN

- Nimm dir einen Moment Zeit, schließe die Augen und entspanne dich.
- Stell dir vor, du bist in einem wunderschönen Park.
- Du schaust dich um und siehst, dass alle Bäume, Blumen, Menschen, Tiere und das Land selbst eine goldene Aura haben.
- Du gehst einen Weg entlang, lauschst dem Gesang der Vögel und lächelst, weil du die ermutigenden und liebevollen Botschaften der Vögel verstehst.
- Du verbindest dich von Herz zu Herz mit den Bäumen und empfängst positive Eigenschaften und Energie.
- Neben dir plätschert ein Bach und sein Wasser schimmert klar und silbern.

- Du fühlst dich in der Natur vollkommen sicher und bist ganz entspannt.
- Sei dir bewusst, dass sich die Natur um dich kümmert, so wie du dich um sie kümmerst.

Kapitel 20

Neue Ökostromquellen

Etwa im Jahr 2034, wenn auf der ganzen Welt Frieden herrscht, werden wir offen und bereit für neue kostenlose Formen von Ökostrom sein. Sie werden aus Quellen stammen, von denen wir derzeit noch keine Vorstellung haben. Wissenschaftler und Technologen werden, wenn auch unbewusst, bereit sein, mit Engeln und Außerirdischen zusammenzuarbeiten, um neue Erfindungen zu verwirklichen. Sie werden außergewöhnliche Durchbrüche erzielen, wenn sie Informationen aus den höheren Bereichen herunterladen.

Kristalle

Im Goldenen Zeitalter von Atlantis bekam der Große Kristall Inputs reiner Quellenergie, die alle Kristalle mit Energie versorgte und Wärme, Licht und Strom für das Internet und andere Zwecke bereitstellte. Wenn du beispielsweise in den Motor einer Rakete geschaut hättest, hätte dieser nur einen Kristall enthalten.

In sehr begrenztem Umfang verwenden wir derzeit Kristalle in Speicherchips für unsere Computer und andere Technologien. In der goldenen Zukunft werden wir wieder das richtige Bewusstsein haben, um verschiedene Arten von Kristallen zu erwecken.

Wir werden wissen, wie wir mit ihrer rohen Elementarkraft und ihrer Speicherkapazität umgehen können.

Erdmagnetismus

Der Kern unseres Planeten besteht aus flüssigem Eisen. Während er abkühlt und kristallisiert, rührt er das geschmolzene Metall auf und erzeugt so starke elektrische Ströme. Diese fließen dann durch den äußeren Kern und erzeugen ein Magnetfeld, das so stark ist, dass es sich bis weit in den Weltraum erstreckt. Dies schützt unseren Planeten auf die gleiche Weise, wie unsere Aura uns schützt. Es hat eine unglaubliche Kraft, und wenn wir diese Energie ohne ein fünfdimensionales Bewusstsein der Einheit nutzen würden, würden wir Zerstörung verursachen. Aber im Laufe des Goldenen Zeitalters werden wir uns das Recht verdienen, diese Energie für kostenlosen Ökostrom zu nutzen. Und wir werden lernen, wie das geht.

Pyramidenkraft

Die Pyramide ist eine kosmische Form, die Energie speichert oder erzeugt. Wissenschaftler wissen bereits, dass die Große Pyramide von Gizeh in ihren Kammern und an ihrer Basis elektromagnetische Energie sammeln und konzentrieren kann. Wenn wir bereit sind, werden uns die Geheimnisse der Pyramidenkraft offenbart. Pyramiden werden nicht nur kostenlose Energie liefern, sondern auch Regenerations- und Verjüngungskammern sein.

Wie bereits erwähnt, sind die sechs kosmischen Pyramiden Computer, die sämtliche Informationen und alles Wissen der Erde und dieses Universums enthalten. Sie wurden darauf programmiert, im Jahr 2012 aufzuwachen, um die Kundalini unseres Planeten zu aktivieren. Mit steigender Frequenz werden wir in der Lage sein, ihre unglaublichen Programme zu verstehen und zu bedienen.

Die Ozeane

In der goldenen Zukunft werden wir mit Verwunderung auf die begrenzte Technologie zurückblicken, die es uns ermöglicht hat, Wasserkraft als eine erneuerbare Energiequelle zu nutzen. Es wird uns trivial vorkommen, wenn wir uns endlich die fantastische Kraft der Ozeane nutzbar machen.

Blitze

Donner und Blitz sind Naturkräfte, die niedere Energien umwandeln. Donner zerstreut die Negativität über einer bestimmten Gegend, einschließlich jeder Negativität, die an diesen Ort geweht wurde. Wenn sie umgewandelt wird, wird sie physisch als Wetterleuchten wahrgenommen. Wenn sie in eine positive Kraft umgewandelt wird, wird sie zum Gabelblitz. Dieser verbindet sich mit den Ley-Linien und breitet sich über den ganzen Planeten aus. In der goldenen Zukunft werden wir lernen, wie wir uns den Ökostrom solcher Blitze kostenlos nutzbar machen können.

Die Sonne

Derzeit machen wir uns die Sonnenenergie nutzbar, aber wenn wir die kosmische Erkenntnis und die Erlaubnis haben, über die Sonne zur Großen Zentralsonne, der Quelle allen bekannten Lichts in diesem Universum, zu gelangen, werden wir Zugang zu kostenloser Energie haben, die wir derzeit noch nicht einmal begreifen können. Das wird die Art und Weise revolutionieren, wie wir die Ressourcen des Kosmos für Reisen und Millionen anderer Dinge nutzen.

Wind

Wir haben Windkraftanlagen gebaut und denken, dass sie eine Lösung für unseren künftigen Energiebedarf sind. Auch in Zukunft werden wir die Kraft des Elements Luft nutzen, allerdings auf völlig neue Art und Weise. Wenn sich unser Bewusstsein erweitert, werden wir mit Dom, dem Elementarmeister der Luft, kommunizieren und mit seinem Elementarreich zusammenarbeiten. Dann werden wir tatsächlich in der Lage sein, den Wind zu handhaben und ihn uns für moderne Elektrizität nutzbar zu machen.

Pflanzenenergie

Alles, was wir brauchen, ist schon da. Pflanzen können buchstäblich auf eine Million Arten genutzt werden, die wir noch nie in Erwägung gezogen haben. In der goldenen Zukunft werden wir lernen, sie in jede Energieform umzuwandeln, die wir brauchen. Wir werden dies auf eine Art und Weise tun, die das Pflanzenreich ehrt und unsere Bedürfnisse auf ökologische Weise befriedigt, ohne sich auf die Lebensmittelproduktion auszuwirken.

Batterien

Bald nach 2032 werden wir in der Lage sein, große Mengen Ökostrom in kleinen, leichten und kompakten Batterien zu speichern. Dies macht Kabel oder Rohre überflüssig und wird eine der vielen neuen Erfindungen sein, die unsere Welt revolutionieren werden.

Andere Formen von Ökostrom

Die obige Liste ist nur ein Beispiel für die Möglichkeiten, die wir uns vorstellen können. Da die Zukunft für unser gegenwärtiges Bewusstsein unvorstellbar ist, wird es noch viel mehr geben, als wir jetzt ausloten können. Es gibt noch so viel, worauf wir uns freuen können!

VISUALISIERUNG EINER GOLDENEN ZUKUNFT MIT KOSTENLOSEM ÖKOSTROM

- Schließe die Augen und atme ganz entspannt.
- Stell dir vor, dass der gesamte Strom, den du brauchst, frei verfügbar und vollkommen ökologisch ist.
- Dein Zuhause kann so warm oder so kühl sein, wie du es möchtest.
- Es ist ausreichend Strom zum Beleuchten, Kochen und Betreiben von Elektrogeräten vorhanden.
- Ökostrom lädt dein Auto auf.
- Wie fühlt es sich an, die ganze Kraft zu haben, die du brauchst, und wie nutzt du sie?

Kapitel 21
Politik und Religion

Im Zeitalter des Goldenen Atlantis gab es zwölf Regionen, die jeweils von einem Hohepriester oder einer Hohepriesterin überwacht wurden. Diese führten die Menschen, indem sie sie in den geistigen Gesetzen unterrichteten und durch ihr Vorbild inspirierten. Sie selbst wiederum bekamen Anweisungen vom Intergalaktischen Konzil.

Unabhängig davon, ob die Bürger Priester oder Teil der Gemeinschaft waren, wurden sie alle als gleich betrachtet, was immer sie auch taten. Männer und Frauen waren gleichberechtigt, hatten aber unterschiedliche Rollen, die sie als ihre Seelenwahl akzeptierten. Und sie waren froh, sie voll und ganz ausleben zu können.

Entscheidungen wurden in Übereinstimmung getroffen, wobei jeder zum höchsten Wohl aller handelte. Auf diese Weise konnten Entscheidungen leicht getroffen werden und alle waren glücklich.

In dieser Zeit gab es keine Religionen, nur Spiritualität.

Von männlicher Energie beherrscht

In den letzten 10.000 Jahren des männlichen Einflusses haben allerdings viele Menschen versucht, andere zu kontrollieren. Sie haben ohne ausgleichende Weisheit um Macht und Status gekämpft. Infolgedessen waren die meisten Führungspersönlichkeiten, die sich in den Vordergrund drängten, diejenigen, welche die Pyramiden der Macht erklimmen wollten. Das wird sich ändern.

Wenn wir uns dem Jahr 2032 nähern,
werden ehrenhafte und integre Menschen auftauchen,
um die Menschheit zu befähigen und zu inspirieren,
sich auf das Neue einzulassen.

Weibliche Herrschaft

Männliche Energie, die nicht mit weiblicher Weisheit ausgeglichen wird, sorgt für ständigen Wandel. Weibliche Energie ohne das ausgleichende Männliche hingegen führt zu Trägheit. Infolgedessen haben Frauen, die Anführerinnen wurden, mit männlicher Autorität und männlichen Eigenschaften regiert.

Eines der wenigen Beispiele für wahre weibliche Herrschaft sind die Aborigines, die die Energie von Lemurien verankert haben, um auf der Erde in einem separaten Experiment gleichzeitig mit Atlantis zu leben. Bei ihnen handelt es sich überwiegend um eine Kultur der rechten Gehirnhälfte mit den höchsten göttlich-weiblichen Qualitäten, von Teilen, Frieden und Mitgefühl bis hin zu Weisheit und Kontinuität. Kontinuität wird über Geschichten gefördert und dadurch, dass eine kollektive Verantwortung für das Land übernommen wird. Traditionell wurden Entscheidungen bei ihnen friedlich und gemeinsam getroffen.

Echtes Gleichgewicht

Bis 2032 werden die männliche und weibliche Energie
auf dem Planeten im Gleichgewicht sein.

Der silberne Strahl

Die Bewegung in Richtung Gleichgewicht begann im Jahr 2008, als der silberne Strahl des Göttlich-Weiblichen zum ersten Mal seit 10.000 Jahren auf diesen Planeten zurückkehrte. Dieser Strahl lässt die Eigenschaften Teilen, Zusammenarbeit, gegenseitige Unterstützung, Einsatz für das Wohl des Ganzen und weniger für das des Einzelnen, Sprechen aus dem Herzen, Zuhören, um zu verstehen, und innere Weisheit allmählich aufleuchten.

Wir bewegen uns rasch auf eine Zeit zu, in der die Geschlechter gleichberechtigt sind. Männer und Frauen werden als gleich und doch unterschiedlich betrachtet. Jeder wird das tun, was ihn bereichert und was ihm Seelenzufriedenheit beschert.

Die besten Eigenschaften des Göttlich-Männlichen und des Göttlich-Weiblichen werden im eigenen Innern ebenso ins Gleichgewicht gebracht wie in Beziehungen. Die Menschen werden Macht mit Weisheit entwickeln, Logik mit Intuition, eine beschützende Einstellung mit Vertrauen sowie die Fähigkeit, sich für das einzusetzen, woran sie glauben, und zum Wohle des Ganzen zusammenzuarbeiten.

Der denkende Geist und das Herz werden gleichermaßen respektiert.

Entscheidungsfindung in der goldenen Zukunft

In der goldenen Zukunft wird die Einheit maßgebend sein. Im Bewusstsein der fünften Dimension werden Gemeinschaften automatisch gemeinsam für Glück und Harmonie sorgen. Entscheidungen zum höchsten Wohl werden leicht getroffen.

Gruppen von Menschen, sei es in Gemeinden oder als Vertreter von Ländern, werden in Frieden zusammenkommen. Sie werden offen über Probleme diskutieren und einander zuhören. Alle werden die Energiefelder der anderen sehen. Daher wird alles offen und ehrlich sein, und sie werden alle auf ihr Höheres Selbst eingestimmt sein und die Absicht haben, Lösungen zu finden oder Entscheidungen zum höchsten Wohl aller zu treffen, bevor sie sich von Herz zu Herz verbinden. So werden Entscheidungen schnell und einfach getroffen und alle können zufrieden sein. Das ist die Freude der Einheit.

Religion und Spiritualität

Wir alle besteigen einen spirituellen Berg. Manche Menschen tun sich mit anderen zusammen und gehen einen Weg unter der Anleitung eines bestimmten Führers, der diesen Weg vorgegeben hat. Das sind Religionen. Jede von ihnen konzentriert sich auf einen anderen Aspekt des Aufstiegs. In ihrer reinen Form sind sie wahre Leitlinien, aber sie wurden alle verzerrt.

Religionen haben in den letzten paar tausend Jahren eine derart wichtige Rolle für die Reise der Menschheit gespielt, dass ihre Essenz in der goldenen Zukunft zwar erhalten bleiben wird, aber das menschliche Konstrukt um sie herum wird aufgelöst. Missionierende Religionen haben beispielsweise versucht, andere zu beeinflussen oder zu zwingen, sich ihnen anzuschließen. Dies wird nicht mehr geschehen, wenn wir unsere individuelle Autorität zurückgewinnen.

Immer mehr Menschen nehmen das Leuchtfeuer auf dem Gipfel des Berges bereits unbewusst wahr und machen sich auf den Weg dorthin.

Es gibt mehrere große Erleuchtete, die den Religionen jetzt helfen, spiritueller zu werden und sich auf das neue Goldene Zeitalter vorzubereiten. Zwei davon sind:

- **Maria Magdalena:** Sie war während ihrer gemeinsamen Inkarnation die spirituelle Partnerin Jesu und selbst eine Meisterin. Auf den inneren Ebenen ist sie zum Chohan des sechsten Strahls des liebevollen, hingebungsvollen Dienens geworden, um den Einfluss des Göttlich-Weiblichen in die Religion zu bringen. Sie macht Menschen Mut, alte, fest verwurzelte religiöse Ansichten loszulassen und eine eigene Verbindung zur Quelle herzustellen. Sie führt auch neue nicht invasive Heilmethoden für das neue Goldene Zeitalter ein.
- **Meister Rakoczy:** Als Inkarnation von Saint Germain ist er der Meister des elften Strahls der Klarheit, Mystik und Heilung. Seine Aufgabe ist es, Frieden und Aufklärung in die Religionen und in die Köpfe der führenden Politiker der Welt zu bringen. Er hilft uns auch, die Umweltverschmutzung in den Griff zu bekommen und uns für die jetzt verfügbaren höheren Energien zu öffnen.

Es gibt auch ein Team von drei großen spirituellen Meistern, die daran arbeiten, die spirituelle Frequenz der Menschheit zu erhöhen:

- **Die heilige Teresa von Avila**, die eine Inkarnation als spanische Karmeliternonne hatte, war Mystikerin und spirituelle Schriftstellerin und führte ein kontemplatives und enthaltsames Leben. Sie ist jetzt eine aufgestiegene Meisterin der höheren Hierarchie und bringt Einheit in die Religionen.
- **Die heilige Katharina von Siena**, die als Laienmitglied des Dominikanerordens inkarniert und auch Mystikerin und Autorin war. Sie wurde für ihre Heiligkeit und Askese verehrt und hatte auch spirituelle Visionen. Jetzt ist sie Herrin des Karmas

für den zwölften Strahl und hilft, das spirituelle Licht innerhalb der Menschheit zu entwickeln.

- **Die heilige Klara von Assisi**, die einst eine Anhängerin von Franz von Assisi war und den Orden der Klarissen gründete. Sie ist die Zwillingsflamme von Lord Kuthumi, dem Weltlehrer. Als aufgestiegene Meisterin der höheren Hierarchie bringt sie der Menschheit spirituelles Bewusstsein.

VISUALISIERUNG EINER GOLDENEN ZUKUNFT DER EINHEIT

- Schließe deine Augen und entspanne dich.
- Stell dir einen spirituellen Berg vor, der bis in den Himmel reicht.
- Es gibt viele Wege auf den Berg und die Menschen nehmen diese Wege oder machen sich auf eigene Faust auf den Weg.
- Du erkennst, dass alle Menschen, ganz unabhängig von ihrem Weg, etwas von Liebe, Harmlosigkeit und Einheit in sich haben.
- Sie alle teilen, kümmern sich umeinander und helfen einander freiwillig.
- Überall gibt es Frieden und Akzeptanz.
- Und oben angekommen, treten sie alle in ein herrliches goldenes Licht ein.

Kapitel 22

Gaben und Talente

Im Goldenen Zeitalter von Atlantis war jeder telepathisch begabt und hellsichtig. In der Tat konnten Videos aus dem Dritten Auge einer Person an eine andere gesendet werden. Wenn du beispielsweise wissen wolltest, wo dein Sohn war, konntest du ihm vielleicht telepathisch eine Frage schicken und dann ein Bild von ihm erhalten, wie er glücklich mit einer Gruppe von Freunden segelt. Die Atlanter konnten auch andere und sich selbst heilen und einige konnten mit Wesen aus anderen Sternensystemen kommunizieren. Die Art, wie sie die Kristalltechnologie einsetzten, war fantastisch und jenseits unserer Vorstellungskraft.

Sie nutzten 90 Prozent ihrer erweiterten Gehirnkapazität. Wir nutzen nur zehn Prozent unseres kleineren Gehirns.

Im nächsten Goldenen Zeitalter werden wir alle die Gaben, Talente und Kräfte wiedererlangen, die wir im Goldenen Atlantis hatten, und weit über sie hinaus in noch viel höhere Frequenzen vordringen.

2032 und kurz danach

Bis 2032 werden fast alle der fünften Dimension angehören und ihre zwölf Chakras fest verankert haben. Manche werden sich auf den oberen Ebenen der vierten Dimension befinden, aber ihre Herzzentren werden offen sein. Die allgemein hohen Frequenzen um sie herum werden ihnen helfen, sehr schnell in die fünfte Dimension aufzusteigen. Am signifikantesten ist, dass unsere Standpunkte sehr unterschiedlich sein werden, denn unser aller Herzen werden offen sein und wir werden uns mit den geistigen Reichen verbinden.

Unsere Gaben und Kräfte sind dann in den zwölf DNA-Strängen enthalten, die sich allmählich verbinden und aktiviert werden, wenn unsere zwölf Chakras voll funktionsfähig sind. Dies wird es uns ermöglichen, uns psychisch und spirituell für einige genetisch kodierte Talente zu öffnen, während wir andere schnell entwickeln.

Telepathie

Kurz nach 2032 werden die meisten Menschen telepathische Fähigkeiten haben, Geist mit Geist verbinden und Botschaften voneinander empfangen können. Dies geschieht bereits, wenn auch oft unbewusst. Menschen sagen: »Ich habe gerade an dich gedacht, da hast du angerufen.« Oder: »Du hast gerade gesagt, was ich gedacht habe.« In der Tat stellen sie sich telepathisch auf die andere Person ein.

Es besteht schon jetzt ein großes Interesse an der Kommunikation zwischen den Arten, und bald werden wir alle anfangen, mit Tieren geistig zu kommunizieren. Wenn Menschen mit ihren Haustieren sprechen und sagen: »Mein Hund weiß genau, was ich will«, haben sie bereits eine telepathische Verbindung mit ihrem

Hund. Telepathisch mit dem Tierreich zu kommunizieren, wird unser Leben bereichern.

Auch die telepathische Kommunikation mit Außerirdischen und den Engelreichen wird immer besser. So viele Menschen kontaktieren mich und erzählen mir, dass sie den starken Eindruck bekommen haben, etwas tun zu müssen. Sie sagen vielleicht »Mir ist in den Sinn gekommen, dass ich ein Buch schreiben muss«, und dann fließen viele Ideen dafür in sie ein. Oder: »Mir kam gerade der Gedanke, dass ich eine bestimmte Person besuchen muss.« In der Regel passiert etwas Bedeutendes, wenn sie das tun, weil ihr Engel ihnen mitgeteilt hat, dass sie dorthin gehen sollen.

Jede telepathische Kommunikation ist rein,
weil es keinen geistigen Wirrwarr und keine Gedankenformen gibt,
die sie verzerren könnten.

Hellhören

Dies ist anders als Telepathie, weil man wirklich eine menschliche Stimme hören kann.

Das ist mir erst zweimal passiert. Als ich zum ersten Mal mit meinen Hunden in den Wäldern meiner Gegend spazieren ging, sah ich eine Person, die ich irgendwie erkannte, an deren Namen ich mich aber nicht erinnern konnte. Plötzlich sagte eine klare Stimme laut ihren Namen! Es war verblüffend! Ich grüßte sie, und sie erzählte mir, sie habe den Drang verspürt, dorthin zu gehen. Ihre Freundin hatte einen anderen Ort vorgeschlagen, aber sie hatte das starke Gefühl gehabt, dass es dieser Wald sein musste. Wir wurden gute Freundinnen, und ich habe das Gefühl, dass die geistigen Reiche entschlossen waren, mich auf diese Möglichkeit aufmerksam zu machen.

Der andere Anlass war wirklich interessant und ganz anders. Eines Tages hatte ich gerade mein Telefon in die Hand genommen, um einen Anruf zu tätigen, als ich plötzlich »einschlief«. Ich hatte mich tatsächlich in eine andere Dimension begeben, obwohl ich immer noch in meinem Wohnzimmer war.

In dieser Dimension sagte mein Vater, der vor über 20 Jahren verstorben war, so deutlich, als sei er im Raum: »Diana, wie geht es dir?« Interessanterweise war seine Stimme sehr liebevoll, und das angesichts unserer Vergangenheit.

Ich antwortete: »Gut, danke.« Erst dann wurde mir klar, dass mein Vater auf der anderen Seite war. Ich fragte schnell nach seinem Befinden und bekam die Antwort, es gehe ihm gut. Doch dann knackte es in der Leitung und er zog davon.

Dann kehrte ich in diese Dimension zurück und niemand war im Raum. Ich dachte: *Ich vermisse dich, Papa.* Das überraschte mich, denn ich war der Ansicht gewesen, ich hätte das Vergangene vergeben, aber jetzt wurde mir klar, dass ich schon seit Jahren wütend auf ihn war! Plötzlich erinnerte ich mich an gute Dinge über ihn und meine Einstellung ihm gegenüber veränderte sich. Die Worte »Ich liebe dich, Papa« kamen mir in den Sinn. Es fühlte sich wie eine lebensverändernde Erfahrung an.

Hellhören kann wirklich wichtig sein. Ich habe mit Menschen gesprochen, die normalerweise nicht hellhörig sind, aber eine Stimme gehört haben, die sie vor Gefahren warnte.

Hellfühlen

Das ist die Fähigkeit, mit der man sich auf die Empfindungen, den Schmerz oder die Emotionen einer anderen Person einstellen kann. Viele Menschen tun dies unbewusst und nehmen diese Energie auf, ohne es zu wissen. Auf den Ebenen der fünften Dimension stimmst du dich einfach ein und empfindest Mitgefühl, ohne die Energie der anderen Person in deinen eigenen Emotional- oder physischen Körper aufzunehmen.

Hellsehen

In seiner reinsten Form bedeutet dies, Bilder von etwas zu sehen, das außerhalb der bewussten Wahrnehmung liegt oder in der Zukunft geschieht. Diese Fähigkeit wird sich immer mehr verbreiten, wenn wir unsere angeborenen Talente nach und nach annehmen, und bald nach 2032 wird fast jeder in der Lage sein, Auren zu sehen. Das bedeutet, alles wird transparent und ehrlich sein, denn nichts kann verborgen bleiben, wenn deine Energiefelder sichtbar sind.

Wenn wir anfangen, durch die Dimensionen zu schauen, werden wir uns auch der Engelreiche bewusst. Vielen Menschen wurde von Kindheit an gesagt, dass es keine Engel oder Feen gibt und es sich dabei nur um Erfindungen ihrer Fantasie handelt. In bestimmten Ländern wurde dies der gesamten Bevölkerung vermittelt. Jetzt werden die Menschen überall schnell erwachen, wenn sie diese Wesen mit eigenen Augen sehen. Wenn du einen Engel selbst gesehen hast, kannst du seine Existenz nicht mehr leugnen! Es wird zu einiger Verwirrung führen, ja sogar Schocks hervorrufen, wenn diese Gesellschaften einen plötzlichen, tiefgreifenden Bewusstseinswandel erleben.

Wenn wir anfangen, unsere Geistführer und geistigen Helfer sowie aufgestiegene Meister und Wesen aus anderen Sternensystemen zu sehen, wird dies eine große Offenbarung sein, die das Verständnis und die Frequenz auf der Erde massiv erhöht.

Glaube und Vertrauen werden wachsen, wenn wir alle unseren eigenen Schutzengel sehen und erkennen, wie viel Hilfe uns zur

Verfügung steht. Und viele Menschen werden sich der Erzengel bewusst sein, die uns führen und unterstützen. Wir werden auch die Drachen der Luft, der Erde, des Feuers und des Wassers sowie Drachen aus anderen Reichen sehen, die alle auf uns achtgeben. Viele werden Einhörner sehen, große reine Lichtwesen, die oft als weiße Pferde mit einem Horn aus Licht erscheinen, und erkennen, wie viel sie dazu beitragen, unsere Frequenzen hochzuhalten. Wenn wir im Garten arbeiten oder in der Natur spazieren gehen, werden wir uns auch der Naturgeister und aller Elementarreiche bewusst sein.

Intuition

Intuition ist eine Funktion des Dritten Auges: erkennen, ohne dass man tatsächlich ein Bild sieht. Sie kann wie ein Blitz oder ein inneres Wissen kommen und wird immer ausgeprägter, wenn wir erkennen, wie wichtig es ist, sich selbst zu vertrauen.

Hellwissen

Dabei wird plötzlich eine spirituelle Information, ein Konzept oder eine Offenbarung heruntergeladen. Diese Inspirationen werden anerkannt und respektiert, wenn die Frequenz immer höher wird.

Heilung und Selbstheilung

Da die Chakras der fünften Dimension in jedem Menschen etabliert sind, werden wir alle in der Lage sein, auf heilende Energie aus den geistigen Reichen zuzugreifen. Jeder, der sich dafür entscheidet, kann auch Heilung geben. Doch wie es jetzt geschieht, werden viele beschließen, sich auf andere Gaben zu konzentrieren und diese zu entwickeln.

Immer mehr Menschen werden um ihrer eigenen Selbstheilung willen höhere Frequenzen durchbringen.

Künstlerische und kreative Talente

Wie bei allen anderen Talenten werden sich unsere künstlerischen und kreativen Kanäle mit zunehmender Frequenz erweitern und Inspiration wird hindurchströmen. Das wird für viele eine Befreiung sein.

Channelling

Die Menschen werden mehr und mehr mit den höheren Reichen der Geistführer, Engel und Sternwesen in Kontakt kommen. Inspiration, Erfindungen und Informationen kommen häufig durch.

Bis 2050

Alle Menschen werden telepathische Fähigkeiten haben. Telefone werden absolut überflüssig sein, denn die Kommunikation zwischen Menschen und anderen Lebewesen wird klar und eindeutig sein. Jeder wird hellsichtig sein. Daher herrschen völlige Transparenz, Ehrlichkeit und Integrität, verbunden mit Gefühlen wie Vertrauen und Sicherheit.

Künstlerische und kreative Leistungen werden außergewöhnlich sein.

Es wird zwar Heiltempel geben, aber die meisten Menschen werden in der Lage sein, sich selbst zu heilen, sodass die Massen kerngesund sein werden.

VISUALISIERUNG: DEINE GESCHENKE IN EMPFANG NEHMEN

- Nimm dir einen Moment Zeit, um dich zu entspannen, schließe die Augen und atme ganz ruhig.
- Stell dir vor, wie du mit deiner Familie oder deinen Freunden telepathisch kommunizierst – klar und ehrlich.
- Was sendest du aus und was empfängst du? Wie fühlt sich das an?
- Du verstehst, wie sich deine Mitmenschen fühlen, und hast daher Mitgefühl für sie.
- Sei dir bewusst, dass du auf eine für dich schöne und angenehme Weise in die geistigen Bereiche hineinsehen kannst.
- Öffne dich, um Anleitung aus dem Engelreich zu erhalten.
- Dein Körper ist kerngesund.
- Du weißt, dass du dich selbst heilen kannst, wenn es jemals zu einem Ungleichgewicht kommt oder du dich verletzt.
- Öffne die Augen und bringe dies in dein physisches Leben.

Kapitel 23

Kräfte und der vollkommene Mensch

Auf dem Höhepunkt des Goldenen Zeitalters von Atlantis konnten Menschen Objekte levitieren, teleportieren und manifestieren. Diese Kräfte werden in der goldenen Zukunft wieder ganz normal werden.

Kräfte

Levitation

Unter Levitation versteht man derzeit die Fähigkeit, in seinem physischen Körper in der Luft zu schweben. Bis 2040 werden immer mehr Menschen in der Lage sein, ihre Energiefelder so zu steuern, dass sie aufsteigen und sich dann fortbewegen können. Diese Kraft wird für kurze Distanzen genutzt, beispielsweise wenn du einen Fluss ohne Brücke überqueren oder zum Haus deines Nachbarn gleiten möchtest. Doch je zugänglicher dies wird, desto mehr Menschen werden es vorziehen, ihren Körper zu trainieren, indem sie gehen.

Teleportation

In der goldenen Zukunft werden die Menschen in der Lage sein, sich zu teleportieren, also ihren physischen Körper in Zeit und Raum zu entmaterialisieren und woanders neu zu materialisieren. Im Verlauf dieses Prozesses löst sich die Zellstruktur des Körpers in einen atomaren Energiestrom auf. Du wirst zu reinem Licht und kannst entlang der Ley-Linien reisen. Anschließend kannst du dich an deinem gewünschten Ziel neu materialisieren. Dieser Prozess überwindet die Schwerkraft.

Derzeit tun dies einige Menschen unbewusst. Meist erzählt dir jemand, dass du aufgetaucht bist und mit ihm oder ihr gesprochen hast, aber du kannst dich nicht daran erinnern. In der goldenen Zukunft wird denjenigen, die teleportieren, bewusst sein, was sie da tun.

Apportation

Apports sind Dinge, die man von einem Ort zum anderen transportieren kann, ohne sie physisch zu holen und zu tragen. Dies wird zu einer ganz alltäglichen und sehr nützlichen Kraft werden. Wenn du beispielsweise im Garten arbeitest, kannst du aus der Ferne eine Kelle in deine Hand apportieren, ohne aufstehen zu müssen. Wenn du Hunger hast, kannst du Früchte von einem Zweig direkt in deine Hand ziehen.

Manifestation

Viele Menschen werden in der Lage sein, Objekte zu manifestieren, also Dinge aus der nicht manifestierten Welt in die physische Welt zu ziehen. In jeder Gemeinschaft bilden sich Gruppen von Menschen, die sich auf diese Kraft spezialisiert haben, um Dinge zu manifestieren, die für das Kollektiv benötigt werden. Dies kann alles sein, von Stühlen bis hin zu Fahrzeugen. Die Menschen verbinden sich von Herz zu Herz in der Absicht, etwas zum höchsten Wohl aller zu erschaffen, und nutzen dann die Kraft ihres Nabelchakras, um die Vision, die sie in sich tragen, in ihr Seelensternchakra zu ziehen. Von dort wird sie in einer sehr hohen Frequenz ausgestrahlt, um eine physische Realität herbeizuführen. Diese Technik wird Teil des natürlichen Wohlstands werden, den wir genießen.

Gedankenkontrolle

Alle, auch kleine Kinder, werden in Gedankenkontrolle unterrichtet, und sie werden sie praktizieren, um ihre Kräfte weiterzuentwickeln. Eine hoch entwickelte Kontrolle, auch über ihre Energiefelder, wird es den Menschen ermöglichen, mit ihrem Körper auf eine Weise umzugehen, die wir uns noch gar nicht vorstellen können.

Gleichzeitig verleiht die Fähigkeit, mit den Energien des Universums zu arbeiten und sie zu manipulieren, außergewöhnliche Kräfte. Jeder wird die Integrität und das hohe Bewusstsein haben, die dies ermöglichen.

El Morya, der vollendete Mensch

Manu, der vollendete Mensch, ist nach vorn getreten und hat diese Rolle übernommen. Der große Meister El Morya ist der Manu für die sechste Wurzelrasse der Menschheit. Das bedeutet, dass seine Zellen, seine Chakras und seine Energiefelder die Schlüssel und Codes für den nächsten Schub der menschlichen Evolution enthalten. Mit zwölf DNA-Strängen, die verbunden und aktiv sind, trägt er unglaubliche Gaben und Kräfte in sich und verbindet sich mit der kosmischen Weisheit. Er demonstriert alles, was wir sein können.

El Morya ist einer der mächtigen Erleuchteten und stammt vom Merkur, dem Planeten der höheren Kommunikation und Wahrheit. Er versteht die Prüfungen der menschlichen Inkarnation und hat viele Einweihungen durchlaufen. Aus diesem Grund wurde er als Manu für den nächsten Schritt in unserer Weiterentwicklung ausgewählt.

Er hat sich schon immer für die Abläufe im Kosmos interessiert und als Hohepriester in Atlantis die Sterne und Planeten studiert. Er war ein fortgeschrittener Astronom und Astrologe. Er hatte ein tiefes Verständnis dafür, wie wir und unser Planet von den Bewegungen des Universums beeinflusst werden. Er arbeitete mit dem Universalengel Butyalil zusammen, der die Gesamtverantwortung für die kosmischen Strömungen trägt und dafür sorgt, dass alles in göttlicher Ordnung ist.

Als Atlantis unterging, brachte El Morya seinen Stamm in das Gebiet, das heute als Irak bekannt ist. Hier gründete er die mesopotamische Zivilisation, die sich entlang des Euphrat ansiedelte. Er ermöglichte den Mesopotamiern die Entwicklung ihrer Schrift, die sie auf Tontafeln festhalten lernten. Er untersuchte und entdeckte auch die kosmischen Eigenschaften von Wasser und erkannte, dass es Karma umwandeln und auflösen und Christuslicht tragen kann. Mit diesem Wissen brachte er die Idee der Taufe voran.

Ein weiteres sehr bedeutsames Leben verbrachte er als Melchior, einer der Heiligen Drei Könige. Die anderen beiden waren Meister Kuthumi und Djwhal Khul. Sie alle waren hoch entwickelte und ausgebildete Magier mit bedeutenden Kräften. Als Astrologe konnte Melchior die Geburt Jesu vorhersagen. Die Heiligen Drei Könige reisten dann zu seinem Geburtsort und kamen vor Maria und Josef dort an, damit sie Jesus unterstützen konnten, als er inkarnierte, um seine Mission zu erfüllen, nämlich das Christuslicht auf die Erde zu bringen.

In einem anderen bemerkenswerten Leben war El Morya Abraham, der die jüdische Religion gründete. Dieser Aspekt seiner Seele ist ein großer Drachenmeister, der andere zu Drachenmeistern ausbildet. Als Abraham ist er nun Herr des Karmas vom zehnten Strahl.

Er war auch Akbar der Große, ein weiser Herrscher, der für seine religiöse Toleranz bekannt war und Talent und Loyalität unabhängig von der ethnischen Zugehörigkeit belohnte. In diesem Leben half er, Indien zu vereinen.

Er war König Artus und auch König Salomo. Beide wurden wegen ihrer Weisheit respektiert.

In Zusammenarbeit mit Lord Kuthumi veranlasste er Madame Blavatsky, die Theosophische Gesellschaft zu gründen.

Derzeit ist er Meister des ersten Strahls des göttlichen Willens und der göttlichen Schöpfung, des leuchtend roten Strahls der Macht und Zielgerichtetheit. Eine der wichtigen Lektionen, die er uns über diesen Strahl vermittelt, besteht darin, unserem göttlichen Willen zu folgen und nicht unseren Wünschen.

Er ist außerdem Mitglied des Intergalaktischen Konzils, dessen Aufgabe es ist, den Willen der Menschen zu stärken, damit die Menschheit das neue Zeitalter aktiv mitgestalten kann. Er ist sehr damit beschäftigt, uns dabei zu helfen, alte dreidimensionale Strukturen aufzubrechen, und bietet uns gleichzeitig Möglichkeiten zum Aufstieg, indem er uns Einblicke in höhere Möglichkeiten für die goldene Zukunft gewährt.

Er arbeitet mit den Erzengeln Michael und Faith zusammen, um die männliche und weibliche Energie im Einzelnen auszugleichen und uns auf die neue goldene Zukunft vorzubereiten. Er bringt auch die göttlich-männliche und göttlich-weibliche Energie auf der Erde ins Gleichgewicht.

Darüber hinaus ist er Mitglied der Weißen Bruderschaft. Weiß steht für Reinheit und Wahrheit. Es gibt mehrere Zweige der Weißen Bruderschaft, darunter die Katharer, die Essener, die Rosenkreuzer und andere. El Morya versteht die mysteriösen Lehren der Großen Weißen Bruderschaft, die die Geheimnisse des vollkommenen Friedens und des ewigen Lebens birgt.

Er hat zwei ätherische Rückzugsorte auf den inneren Ebenen über der Erde, einen über Kalkutta und den anderen über Kaschmir. An diesen Orten kannst du dich auf eine innere Reise begeben, um dich leichter mit ihm zu verbinden.

Stell dir vor, El Morya besucht deine Gemeinde. Was würdest du gern mit ihm besprechen?

Gaben und Kräfte, die wir bis 2050 haben werden

Bis 2050 werden alle die höheren Ebenen der fünften Dimension erreicht und ihre zwölf Chakras vollständig etabliert haben. Alle werden levitieren, kurze Strecken über dem Boden schweben und Gegenstände zu sich hinziehen können. Alle werden fokussiertes Denken nutzen, um Objekte aus der nicht manifesten Welt in die physische Welt zu bringen. Dies wird immer nur zum höchsten Wohl aller geschehen.

In Gemeinden bilden sich Gruppen mit der reinen Absicht, die gemeinschaftlichen Bedürfnisse ins Physische zu bringen. Wir werden beispielsweise Baumaterialien mithilfe von Klang- und Gedankenkontrolle manifestieren. Gemeinsam werden wir in der Lage sein, wunderbare und nützliche Dinge für alle zu schaffen.

Wir werden auch Klang- und Kristalltechnologie nutzen, um das Wetter zum Wohl aller zu steuern. Wir werden die Kräfte der Kristalle umfassend verstehen und sie erneut so programmieren, dass sie der Menschheit helfen.

Bis 2050 wird alles biologisch abbaubar sein, und wir werden die Möglichkeit haben, Müll und Abfälle zu dematerialisieren. Da wir alle Artikel in ökologische, wiederverwendbare Materialien einpacken, die wir noch nicht erfunden haben, entsteht auf jeden Fall nur sehr wenig Abfall. Wir werden neue Möglichkeiten haben, das ganze Jahr über frische Lebensmittel zu produzieren und bisher ungeahnte Kühlmethoden, sodass keine schwerfälligen Kühl- oder Gefrierschränke mehr erforderlich sind.

Wir werden unsere Kraft nutzen, um die Erde und die Meere zu reinigen. Trinkwasser wird ebenso wie das Wasser in Flüssen und Meeren mit hoch entwickelten Frequenzwellen gereinigt, die durch Kristalle geleitet werden. Und wir werden auch in der Lage sein, reines Wasser aus seinen Elementen zu erzeugen.

Unser aktuelles Internet wird ein Witz sein! Das kostenlose, fortschrittliche Quanteninternet wird allen zugutekommen. Es wird die sofortige und zuverlässige Übertragung enormer Informationsmengen auf Hochfrequenzwellenlängen ermöglichen, auf die wir noch keinen Zugriff haben. Und das wird große Vorteile für die Menschheit haben. Es werden nur spirituelle, erfreuliche, wahrheitsgemäße und inspirierende Inhalte übermittelt, in denen sich das Bewusstsein der Menschen widerspiegelt.

Bis 2050 werden die meisten Menschen neue, leichtere Körper haben, und alle Kinder werden über die größere Gehirnkapazität des perfektionierten Menschen verfügen, weil ihre zwölf DNA-Stränge miteinander verbunden sind. Bis dahin werden auf der Erde gewaltige Veränderungen stattgefunden haben, die unsere derzeitige Vorstellungskraft übersteigen. Jedes einzelne Ding wird auf einer viel höheren Frequenz sein.

Im Jahr 2050 wird die Welt nicht mehr wiederzuerkennen sein.

VISUALISIERUNG: DEINE TALENTE IN DER GOLDENEN ZUKUNFT ERLEBEN

- Sitze ruhig da und schließe die Augen.
- Stell dir vor, dass du bereits in der goldenen Zukunft lebst.
- Ihre zwölf Chakras strahlen wunderschön und deine zwölf DNA-Stränge sind miteinander verbunden.
- Spüre, dass du levitieren kannst. Kommt dir das bekannt vor?
- Spüre nun, wie du dich von einem Ort zum anderen teleportierst. Wie fühlt sich das an? Wie nutzt du es?
- Stell dir nun eine Gruppe um dich herum vor. Gemeinsam manifestiert ihr etwas für eure goldene Gemeinschaft. Sieh, wie dies geschieht.
- Sei dir bewusst, dass eine Gabe oder Kraft, die dir vertraut vorkommt, bereits in dir verankert ist.
- Öffne die Augen und lächle.
- Du lebst in einer Welt, in der du die Kraft deines denkenden Geistes nutzen kannst, um Materie zu verändern oder materielle Dinge anzuziehen. Was machst du mit dieser Fähigkeit?

Teil III

Vorbereitung auf die fünfte Dimension

Kapitel 24

Deine spirituelle Grundlage für den höheren Aufstieg

Wir Menschen haben die Macht, aus dem Übergang in diese wunderbare Zukunft etwas zu machen, das langsam und schmerzhaft vonstattengeht, oder ihn schnell und einfach herbeizuführen. Das liegt ganz bei jedem Einzelnen von uns.

In diesem Teil behandle ich die Lektionen, die du in jeder Kammer jedes Chakras verstehen, erleben oder meistern musst, um dich nicht nur auf die goldene Zukunft, sondern auch auf den höheren Aufstieg in die oberen Ebenen der fünften Dimension vorzubereiten. Ich schlage vor, du liest sie sorgfältig durch, denn während du sie erkundest, entscheidest du dich vielleicht, in deinem Leben anderen Beschäftigungen nachzugehen.

Allein schon konzentriert und mit einer höheren Absicht über die Lektionen dieser spirituellen Zentren zu sprechen oder nachzudenken, führt oft dazu, dass sich die entsprechenden Kammern öffnen und erwachen. Die Schwingung deiner Gedanken oder Worte kann ausreichen, um jegliche Energie zu wandeln, die aufgelöst werden muss. Wenn du außerdem auf jede Kammer achtest, schaltet der Erzengel, der für dieses Chakra verantwortlich ist, möglicherweise das Licht in diesem bestimmten Raum ein.

Bitte, während du die Lektionen liest, darum, dass dir alles dargelegt wird, was du erleben oder verstehen musst. Die Lehre oder Erkenntnis wird auf perfekte Weise bei dir ankommen. Wenn du mit ehrlicher Absicht bittest, werden deine Seele und deine Monade dafür sorgen, dass sie in dein Leben kommt. Möglicherweise spürst du, dass du diese Tür bereits in einer anderen Inkarnation geöffnet hast.

Wenn du schließlich bereit bist, deine lodernden fünfdimensionalen Chakras vollständig zu erwecken, wird dir Erzengel Metatron dabei helfen. Eines seiner unglaublichen Aufstiegswerkzeuge ist der Metatronwürfel. Er kann ihn als Schlüssel verwenden, um verschlossene Türen aufzubrechen und die dahintersteckende Energie aufzulösen und auszuräumen. Der Metatronwürfel kann dann aktiviert werden, um ein Chakra mit einem Licht zu erfüllen, dessen Frequenz höher ist, als was es je zuvor erlebt hat. (Ein Bild des Metatronwürfels findest du auf im Kapitel »Der Metatronwürfel«.)

Wenn du ein ausreichendes Lichtniveau erreicht hast, und sei es auch nur für einen Moment, kann die Chakrasäule der sechsten und manchmal sogar die der siebten Dimension in deinen Körper gleiten.

Das liegt daran, dass wir uns jetzt auf eine Frequenz zubewegen, die höher ist als je zuvor, und dass diejenigen, die sich auf dem höheren Aufstiegsweg befinden, darauf vorbereitet werden, der Welt den Weg zu leuchten.

Das Erdsternchakra

Ein starkes spirituelles Fundament ist genauso wichtig wie das solide Fundament eines Wolkenkratzers! Du brauchst es, um aufzusteigen.

Dein spirituelles Fundament der fünften Dimension ist dein Erdsternchakra. Es liegt etwa 30 cm unter deinen Füßen und wird von Erzengel Sandalphon überwacht. Wenn es sich zum ersten Mal verankert, ist es schwarz und weiß, und wenn es sich etabliert, wird es grau und schließlich wie flüssiges Silber, die Farbe des vollendet Göttlich-Weiblichen. Silber spiegelt auch das neundimensionale Licht von Erzengel Sandalphon wider.

Dein Erdsternchakra erdet dich vollständig in Gaia und enthält deinen fünfdimensionalen Bauplan. Bei deiner Geburt ist deine Lebensaufgabe darin einprogrammiert. Es enthält also deine Bestimmung und dein göttliches Potenzial.

Lady Gaia, der große Engel, der für die Erde zuständig ist, und unser Planet selbst tragen göttlich-weibliche Energien in sich. Daher ist die spirituelle Grundlage, die dich ein Leben lang tief mit der Erde verbindet, weiblich. Hier liegt deine Kundalini, deine Lebenskraft.

10.000 Jahre lang wurde die Kundalini des Planeten von Sanat Kumara als männliche Energie in der Wüste Gobi bewahrt. In Vorbereitung auf das neue Goldene Zeitalter verlegten die Maya-Ältesten sie im Jahr 2008 an den Rückzugsort von Erzengel Sandalphon am Atitlansee in Mittelamerika. Sie wandelten sie mit göttlicher Alchemie in eine weibliche Energie um. Dieser Ort wurde ausgewählt, um die Kundalini unterzubringen, weil Mittelamerika mit dem Planeten Venus in Verbindung steht, wo die göttlich-weibliche und reine Liebesessenz dieses Universums bewahrt wird. Dadurch kann unsere planetare Kundalini mit Liebe aus dem kosmischen Herzen erfüllt werden.

Das Göttlich-Weibliche ist der Weg zum Frieden auf der Erde und auch in deinem persönlichen Leben.

Die Kundalini des Planeten ist Teil der göttlich-weiblichen Blaupause, die in deinem spirituellen Fundament bewahrt wird.

Dieses Chakra wird von Erzengel Sandalphon sorgfältig überwacht und trägt dazu bei, dass deine Schwingung im Einklang mit der Frequenz des Planeten steigt.

Es ist von entscheidender Bedeutung, diese spirituelle Grundlage bei so vielen Menschen wie möglich zu etablieren, damit sich Frieden ausbreiten kann und die Massen für das neue Goldene Zeitalter in die fünfte Dimension aufsteigen können.

Dein spirituelles Fundament ist auch dein Tor zu Hohlerde, dem Paradies der siebten Dimension, in dem Lady Gaia wohnt. Hier wirst du von Lady Gaia für diese Inkarnation eingeladen. Es ist die Verbindung zwischen deinem spirituellen und deinem irdischen Selbst, denn nur wenn dein spirituelles Selbst geerdet ist, kann sich dein Sternentorchakra öffnen.

Wenn dein Erdsternchakra etabliert ist, führt es dich zu dem Ort, an dem du sein sollst.

Planetare und kosmische Erdsternchakras

Das Erdsternchakra unseres Planeten liegt in London. Es ist fast vollständig geöffnet, braucht aber einen Schwall göttlich-weiblichen Lichts, um seine Frequenz vollständig zu erhöhen. Es ist mit Hohlerde verbunden, wo sich eine goldene Kristallpyramide befindet, die eine Lichtquelle der siebten Dimension darstellt. Hier hält der mächtige Meister Serapis Bey die Verbindung zu jedem einzelnen Erdsternchakra aufrecht. Es ist, als halte er die Schnüre von Millionen silberner Luftballons in der Hand, die an das Ladegerät, die goldene Kristallpyramide, angeschlossen werden. Wenn jedes einzelne Erdsternchakra etabliert ist und Milliarden davon silbern leuchten, wird unser Planet wirklich strahlen.

Der kosmische Erdstern ist Neptun, und der Teil, der bereits aufgestiegen ist, heißt Toutillay. Hier wird der kosmische Bauplan für dieses Universum aufbewahrt, ebenso wie viele Schlüssel für den vollständigen Aufstieg dieses Universums in die fünfte Dimension. Wenn dein spirituelles Fundament vollständig aktiviert ist, kannst du dich mit Toutillay verbinden und auf Wissen und Weisheit aus Lemurien und Atlantis zugreifen.

So errichtest du dein spirituelles Fundament

Dein Erdsternchakra enthält 33 Lektionen oder Kammern. Einige davon hast du möglicherweise schon in anderen Inkarnationen gelernt. Du wirst überrascht sein, wie einfach und selbstverständlich viele davon sind. Begib dich jetzt auf die Reise. Und während du dir die Lektion jeder einzelnen Kammer sorgfältig durchliest, wird Erzengel Sandalphon bei dir sein und dir helfen, das Gelernte zu heilen, zu erhellen, zu aktivieren oder zu integrieren.

- **Kammer 1:** Um die erste Kammer zu erwecken, nimmst du aktiv wahr und würdigst, auf was für einem wunderschönen und außergewöhnlichen Planeten wir leben.
- **Kammer 2:** Suche aktiv nach der Schönheit, die überall ist. Würdige und genieße sie.
- **Kammer 3:** Sei dir, wenn du gehst, bewusst, dass du dem Planeten deine Energie gibst und gleichzeitig Energie von ihm empfängst. Denke an den Film *Avatar*, in dem die Fußstapfen der Na'vis aufleuchten, wenn sie sich liebevoll mit Pandora, ihrem Planeten, verbinden. Wir haben eine ähnliche wechselseitige Verbindung mit der Erde.
- **Kammer 4:** Bringe Licht durch deine zwölf Chakras nach unten ins Erdsternchakra und lass es bewusst in die Erde strömen. Oder, noch besser, mach aus deinen Chakras eine Lichtsäule, welche sich bis in die Erde erstreckt und diese Kammer öffnet.
- **Kammer 5:** Die Erde liebt dich. Sie möchte dir etwas geben. Und diese Kammer öffnet sich, wenn du dir erlaubst, ihre Liebe anzunehmen.
- **Kammer 6:** Alles, was auf der Erde wächst, erfüllt einen Zweck und ist ein Geschenk. Respektiere alles Grün, ob du seinen Zweck nun verstehst oder nicht. Wenn du Unkraut jätest, tu es freundlich. Achte die Produkte der Erde, und segne deine Nahrung, damit sich diese Kammer öffnet.
- **Kammer 7:** Diese Lektion lernt man, wenn man den Boden umgräbt und seine Energie und Textur spürt. Wenn du in einer Wohnung wohnst und keinen Zugang zur Erde hast, kannst du Kräuter oder Pflanzen in Töpfen ziehen, um mit der Erde in Kontakt zu kommen. Oder du hast dies vielleicht in einem anderen Leben getan.

- **Kammer 8:** Bäume sind weise fühlende Wesen, die über viel Wissen verfügen und uns auf viele praktische Arten dienen. Berühre sie, wenn du kannst. Nimm sie wahr und würdige sie im Geiste.
- **Kammer 9:** Pflanze Bäume. Wenn du dazu körperlich nicht in der Lage bist, sammle Eicheln, Kastanien, Buchen, Haselnüsse oder andere Baumfrüchte und verteile sie, wo du kannst.
- **Kammer 10:** Genieße die Erfahrung, barfuß im Gras zu gehen. Dies ist eine wunderbare Möglichkeit, sich mit der Erde zu verbinden, und erweckt das Licht in dieser Kammer.
- **Kammer 11:** Blumen tragen das Wesen der göttlichen Liebe in sich. Wo immer sie sind, strahlen sie Licht und Schönheit aus, um die Frequenz in ihrer Umgebung zu erhöhen. Die Lektion dieser Kammer besteht darin, Blumen als das anzuerkennen und zu ehren, was sie wirklich sind. Bedanke dich gleichzeitig im Geiste bei den Feen, die sich um sie kümmern.
- **Kammer 12:** Alles Wasser trägt das Christuslicht und verbreitet es überall. Die Meere sind riesige Reservoire der Liebe und Weisheit, die dazu beitragen, die Frequenz des Planeten hochzuhalten. Wenn du Wasser zu schätzen weißt und würdigst, wird diese Kammer reines Licht ausstrahlen.
- **Kammer 13:** In der Luft liegt *Prana*, der lebensspendende Atem der Quelle. Es ist deine Verbindung zu Gott. Indem du dies erkennst, öffnest du die Tür zu dieser Kammer.
- **Kammer 14:** Feuer ist ein dynamisches und kraftvolles Element. Es kann niedere Energien bis auf die Zellebene umwandeln. Diese Kammer öffnet sich, wenn du seine verwandelnden Eigenschaften wirklich würdigen kannst.
- **Kammer 15:** Die Erde ist unsere Mutter. Sie bietet uns ein wahres Füllhorn an Genuss. Um diese Kammer zu erwecken,

stimme dich auf sie ein und sei dankbar für die ganze Fülle, die sie dir bietet.

- **Kammer 16:** Tiere kommen wie wir von den Sternen, und zwar mit einer Seelenmission und einer Lebensaufgabe. Sie haben sich inkarniert, um mit der rechten Gehirnhälfte Erfahrungen zu machen, zu lernen und zu lehren. Verstehe und respektiere diese erstaunlichen Wesen, und sieh sie als das, was sie wirklich sind.
- **Kammer 17:** Reptilien inkarnieren aus allen Universen. Sie steigen über die geistige Ebene des Neptuns herab und bringen ihre ursprünglichen göttlichen Baupläne mit. Viele verbreiten die siebendimensionale Energie von Hohlerde, wohin sie auch gehen. Wenn man sie mit höherer Wahrnehmung betrachtet und würdigt, springt diese Kammer auf.
- **Kammer 18:** Vögel sind Boten der Engel und nur dazu da, uns etwas beizubringen, denn sie haben nichts zu lernen. Diese Kammer ist völlig wach, wenn du sie würdigst und dir ihrer Botschaften bewusst bist.
- **Kammer 19:** Staune über das Grün der Natur und den unglaublichen Prozess der Fotosynthese, der es Blättern ermöglicht, Sonnenlicht für ihre Ernährung zu nutzen und Sauerstoff freizusetzen.
- **Kammer 20:** Felsen und Steine sind weise Hüter der alten Geschichte und tragen die Geheimnisse des Wachstums unseres Planeten in sich. Wenn du sie wirklich bewunderst, öffnet sich diese Kammer.
- **Kammer 21:** Kristalle sind konzentrierte Formen von Licht, die Energie verstärken, einschließlich die der Heilung. Sie sammeln Informationen, speichern sie und geben sie weiter. Die Türen dieses Raumes öffnen sich weit, wenn du erkennst, wer

sie wirklich sind, und Heilung an den Ort sendest, an dem sie ausgegraben wurden.

- **Kammer 22:** Wir leben in einem erstaunlichen und vielfältigen Universum. Die Millionen Sterne und Planeten sind alle miteinander verbunden. Alle strahlen Licht aus und teilen es. Wenn du akzeptierst, dass jeder Einzelne Einfluss auf die Erde ausübt und für dein Leben relevant ist, öffnet sich dieser Teil des Erdsternchakras auf magische Weise.
- **Kammer 23:** Delfine sind die Weisen der Ozeane. Sie sind die Hohepriester und Hohepriesterinnen der Wasserwelten, die das uralte Wissen und die unendliche Weisheit des Goldenen Zeitalters von Atlantis in sich tragen. Die Informationen, die diese Krafttiere haben, übersteigen alles, was wir derzeit verstehen können. Erkenne dies und akzeptiere die Lehren der Freude, des Friedens, der höheren Heilung und der Einheit, die Delfine ausstrahlen, um dich auf die Lektion dieser Kammer einzustimmen.
- **Kammer 24:** Alle Meereslebewesen dienen den Ozeanen in irgendeiner Weise. Einige verbreiten das Christuslicht, andere reinigen das Wasser, und einige wenige bringen das Wissen und die Weisheit der Sterne ein. Wenn du weißt, dass jedes Einzelne einen erstaunlichen Zweck erfüllt, kannst du dich auf die Geheimnisse dieser Kammer einlassen.
- **Kammer 25:** Jeder Mensch ist auf Einladung von Lady Gaia auf der Erde. Manche sind unglaublich hoch entwickelte Wesen, getarnt in einem Körper aus Fleisch und Blut. Andere sind Neulinge, die sich erst an eine fremde Welt gewöhnen. Jeder Einzelne gibt unter oft schwierigen Umständen sein Bestes. Was auch immer er tut oder wie auch immer sie auftritt, akzeptiere und würdige sie alle.

- **Kammer 26:** Dieser Abschnitt des Erdsternchakras leuchtet auf, wenn du die Einheit akzeptierst – dass alles und jeder ein Teil Gottes ist. Dazu gehören auch Menschen und Situationen, die du nicht magst, denn alle bringen dir etwas über die Liebe bei.
- **Kammer 27:** Die Sonne steht für die göttlich-männliche Kraft in diesem Universum. Wenn du sie das nächste Mal siehst, danke ihr ganz bewusst und würdige sie.
- **Kammer 28:** Der Mond steht für die göttlich-weiblichen Eigenschaften dieses Universums. Wenn du ihn das nächste Mal siehst, danke ihm ganz bewusst und würdige ihn.
- **Kammer 29:** Die Pyramiden wurden unter der Aufsicht von Erzengeln von großen Meistern erbaut. Sie enthalten große Weisheit und entsprechendes Wissen. Das gilt insbesondere für die sechs kosmischen Pyramiden – in Ägypten, Mexiko, Tibet, Mesopotamien, Peru und Griechenland. Diese sechs sind kosmische Computer, Generatoren und Umspannwerke für universelle Energie. Einige wurden zwar physisch zerstört, sind aber weiterhin im Ätherischen aktiv. Alle stehen mit unterschiedlichen Sternensystemen in Verbindung und sind Portale für deren Licht. Wenn du das verstehst, erhellst du diese Kammer in deinem Erdsternchakra.
- **Kammer 30:** Berge sind uralte fühlende Wesen. Wie alle Lebewesen geben sie Töne von sich. Manche Gipfel singen hohe, klare Engeltöne, die so rein sind, dass sie weithin Harmonie ausstrahlen. Gleichzeitig wirken sie reinigend und erhöhen die Frequenz. Kristalle und Edelsteine in den Bergen singen ihre eigenen Lieder, die den harmonischen Bereich ergänzen. Würdige diese schroffen Felsen, denn das ist die Lektion dieser Kammer.

- **Kammer 31:** Wälder gelten als Lunge des Planeten. Sie sind auch Archivare, die alte Weisheiten bewahren und verankern. Sie stabilisieren Länder energetisch. Darüber hinaus sind sie Portale, die das Licht von anderen Sternen und Planeten hereinlassen und speichern, bis wir bereit sind, es anzunehmen. Erkenne dies an. Dann hast du die Lektion dieser Kammer gelernt.
- **Kammer 32:** Wir schwingen auf einer bestimmten Frequenz und sind auf Dutzenden anderer Frequenzen von geistigen Wesen umgeben und durchsetzt. Die Engelreiche und die erleuchteten Bereiche schwingen schneller als wir. Deshalb liegen sie möglicherweise außerhalb des Bereichs, in dem wir sehen und hören können. Dennoch sind sie unter uns und versuchen, uns zu helfen. Dieser Teil deines Erdsternchakras erwacht, wenn du das erkennst und die geistige Welt ebenso würdigst wie die Engelenergie in dir selbst.
- **Kammer 33:** Es gibt viele Dimensionen jenseits des Physischen. Und dieses Chakra öffnet sich vollständig, wenn du dies akzeptierst.

VISUALISIERUNG ZUM ERRICHTEN EINES STARKEN SPIRITUELLEN FUNDAMENTS

- Schließe die Augen, atme tief durch und entspanne dich.
- Konzentriere dich auf dein silbernes Erdsternchakra unter deinen Füßen.
- Sieh, wie sich die Wurzeln von dort aus nach unten bewegen und eine tiefe Verbindung zum Herzen von Lady Gaia herstellen.

- Spüre, wie eng du mit der Erde verbunden bist.
- Ziehe die wunderschöne, sanfte göttlich-weibliche Energie in dein Erdsternchakra.
- Spüre, wie diese mitfühlende, fürsorgliche und liebevolle Energie zur Grundlage für das Fortkommen auf deiner spirituellen Reise wird.
- Sieh oder spüre die Quelle eines wunderschönen spirituellen Lichts, das von deinem Erdstern aufsteigt und durch dein Chakrasystem direkt zu deinem Sternentor wandert.
- Schau hinauf zu den Sternen, die am dunklen Himmel funkeln, und spüre, dass ihre Weisheit auf dich wartet.
- Spüre oder höre die Musik der Sphären und lass ihren Einfluss auf dich wirken.
- Konzentriere dich erneut auf deinen Erdstern, und stelle fest, wie er sich verändert hat.

Kapitel 25

Ein solides Unterstützungssystem aufbauen

Ein solides Unterstützungssystem ist nicht nur gut für deine Gesundheit und dein Wohlbefinden. Dass du dich sicher, geborgen und ausgeglichen fühlst, ist wichtig für dein spirituelles Leben. Es ist Teil der Vorbereitung auf die goldene Zukunft, in der Menschen zusammenarbeiten, um zu helfen.

Aufbau eines Unterstützungssystems in der Praxis

Mehrere Elemente bilden das praktische Gerüst deines Tages. Deine Familie, Freunde und Nachbarn sind in schwierigen Zeiten deine wichtigsten Helfer. Im neuen Goldenen Zeitalter liegt der Fokus auf partnerschaftlichen, fürsorglichen und intensiven Beziehungen. Je mehr du dich an der Bildung einer lokalen, fürsorglichen Gemeinschaft beteiligst und eine solche fördern kannst, desto sicherer fühlst du dich und desto besser kann sich dein Basischakra entspannen. Das Bilden von Freundschaftsgruppen, das Kennenlernen deiner Nachbarn und das Beitragen zum gemeinschaftlichen Zusammenhalt sind nicht nur soziale Vorzüge, sondern fördern auch dein spirituelles Wachstum.

Auch dein Privatleben und dein Wohnort haben einen großen Einfluss auf dich. Auch dein Job und dein berufliches Umfeld wirken sich auf deine Zufriedenheit aus. Das Gleiche gilt für deine Hobbys.

Wenn du dich in diesen Bereichen deines Lebens entspannt und wohlfühlst, kann sich dein Basischakra frei drehen.

Dein Basischakra ist das Erdgeschoss deines Aufstiegswolkenkratzers, während dein Erdsternchakra dein Fundament ist.

Das Basischakra

Sicher und verwurzelt

Dein Basischakra liegt am unteren Ende deiner Wirbelsäule. Seit 10.000 Jahren konzentrieren sich die Basischakras der Menschheit darauf, die Sicherheit der Menschen zu gewährleisten, indem sie Antennen ausfahren, um ihr Überleben zu sichern. Sie wollten sich immer vergewissern, dass die Familie in Sicherheit war, oder hielten Ausschau nach Arbeit oder Obdach. Wenn sie sich auf der Suche nach Gefahren zu schnell drehten, wurden die Menschen ängstlich. Bewegten sie sich zu langsam, wurden sie depressiv. Wenn sie sich verspannten, verspannte sich die Basis der Wirbelsäule und es kam zu Schmerzen im unteren Rücken.

Jetzt etablieren immer mehr Menschen ihr fünfdimensionales Basiszentrum, das ein wunderschön leuchtendes Platinlicht ist.

Das Beschäftigen mit irdischen Angelegenheiten hilft dir, dein Basischakra zu festigen, während spirituelle Praktiken es ihm ermöglichen, sich reibungslos mit deinem Erdstern zu verbinden. Deine Chakras sind ineinandergreifende Zahnräder. Je müheloser sie zusammenarbeiten, desto mehr Licht kann durch all deine Systeme fließen.

Wenn sich in deinem Leben etwas nicht richtig anfühlt, steckt dieses Zentrum fest. Überlege, welche Änderungen du vornehmen kannst, denn deine Wurzel spiegelt die praktische Grundlage deiner Inkarnation wider. Erzengel Gabriel ist dafür zuständig, und eine seiner Aufgaben besteht darin, dir zu helfen, klare Entscheidungen zu treffen. Wenn du eine triffst, die dein Leben bereichert, wird er dir bei ihrer Verwirklichung helfen.

Dein fünfdimensionales Basischakra möchte Gleichgewicht in deinem Leben und eine hochfrequente Versorgung für dich.

Gutes Essen, sauberes Trinkwasser und angemessene Bewegung tragen das Ihre dazu bei, deine Energie auf allen Ebenen zu festigen – körperlich, geistig, emotional und spirituell. Sie untermauern alles, was du auf der Erde tust, und wirken sich ganz besonders auf deine Basis aus. Das Berühren der Erde, beispielsweise beim Gehen und besonders barfuß, hilft, dieses Zentrum zu verankern und zu reinigen. Wenn du allerdings auf Asphalt oder Beton gehst, kannst du die Lebenskraft von Gaia nicht in dich aufnehmen.

Das Umarmen eines Baumes oder das Sitzen darunter mit dem Rücken zum Stamm wirkt unmittelbar beruhigend und erhöht die Frequenz dieses Chakras. Dadurch kann es sich entspannen und im Rhythmus mit deinen anderen Chakras drehen.

Wenn die Platinwurzel an Ort und Stelle ist, entspannt sich dein Rücken und Energie fließt in deine Fußchakras, die sich öffnen, um Unterstützung und Weisheit aus deinem Erdstern zu erhalten. Deine Wurzel nimmt auch einen Lichtfluss aus deinen höheren Chakras auf.

Planetare und kosmische Basischakras

Das Basischakra unseres Planeten liegt in der Wüste Gobi im Süden der Mongolei an der Grenze zu China.

Das kosmische Basischakra ist Saturn und der bereits aufgestiegene Aspekt des Saturn wird Quichy genannt. Die Hauptstadt unseres Sonnensystems liegt auf dem Saturn und wird vom Rat der Neun regiert, einem fortgeschrittenen Gruppenbewusstsein. Es gibt in Wirklichkeit zwölf Meister des Saturn, aber drei liegen außerhalb der Reichweite unserer Frequenz. Der Rat der Neun hilft dabei, die spirituellen Gesetze unseres Universums zu verwalten.

Die folgenden mächtigen Erleuchteten beeinflussen uns über unsere Basischakras:

- **Meister Marko**, der die höchste galaktische Konföderation in unserem Sonnensystem vertritt, hilft, die positiven Energien des Saturn über die Basischakras der Menschheit hervorzubringen. Dabei handelt es sich um Eigenschaften wie Kraft, Disziplin, Fleiß und Engagement. Außerdem um die Fähigkeit, mit Veränderungen umzugehen, sowie um die Verantwortung, die mit Reichtum und Ruhm einhergeht.
- **Lord Hilarion** ist der Verhandlungsführer für die Erde im Rat des Saturn. Er hilft, dass wir uns bei unserer spirituellen Reise treu bleiben.
- **Meister Merlin** vertritt ebenfalls den Rat des Saturn. Seine Aufgabe ist es, der Menschheit zu helfen, die für Magie und Alchemie erforderliche Disziplin zu fördern. Dies wird dringend erforderlich sein, wenn wir uns der goldenen Zukunft nähern,

in der Gedankenkontrolle nicht nur für Magie und Alchemie, sondern auch für Heilung und Manifestation entwickelt wird.

Die Blütenblätter oder Kammern des Basischakras

Dieses Chakra hat nur zwei Kammern, die jeweils dem geerdeten und ausgeglichenen Leben auf dem Planeten gewidmet sind. Um dich auf den Aufstieg vorzubereiten, zielen sie darauf ab, deine männliche und deine weibliche Energie ins Gleichgewicht zu bringen.

Wie bereits erwähnt, hat das planetare Bewusstsein im letzten Jahrhundert es uns allen unmöglich gemacht, vollkommen weise, ausgeglichene und liebevolle Eltern zu haben. Du kannst jedoch deine eigenen inneren Chakras erschaffen. Das wird dich in die Lage versetzen, dein Wurzelchakra ganz in die fünfte Dimension zu bringen.

Stell dir einfach vor, du hättest eine Mutter, die sich sicher und unabhängig fühlt. Sie ist zuversichtlich und mit sich selbst zufrieden. Sie ist immer liebevoll, fürsorglich, unterstützend, freundlich und mitfühlend.

Auch dein Vater fühlt sich sicher und unabhängig. Auch er ist zuversichtlich und hat ein gutes Selbstwertgefühl. Er ist immer stark, beschützend, unterstützend, zuverlässig und stolz auf dich.

Du kannst weitere Eigenschaften hinzufügen, die dir wichtig sind, etwa Konsequenz, Logik, Ruhe oder Vertrauenswürdigkeit. Mit diesen ausgeglichenen Eltern im Kopf bringen dich deine Selbstgespräche in Harmonie und ins Gleichgewicht. Du fühlst dich zuversichtlich, sicher und vertrauensvoll. Und dein Basischakra leuchtet platinfarben.

Die Reise zur Meisterschaft

Dein Basischakra wird oft als Sitz der Seele beschrieben. So wie dein Erdsternchakra im Einklang mit deinem Sternentor arbeitet, steht auch dein Basischakra mit deinem Seelenstern in Verbindung. Wenn deine Basis vollständig fünfdimensional ist, dehnt sie sich aus, bis sie deinen Seelenstern einschließt. Dann erleuchtet die Energie deiner Seele deine Basis und verankert sich darin. Du kannst Erleuchtung erlangen und dein Aufstieg beschleunigt sich.

Dein Platin-Basischakra

Wenn dein Basischakra allmählich Platinlicht ausstrahlt, hast du volles Vertrauen in das Universum, das für deine Sicherheit sorgt und alle deine Bedürfnisse befriedigt. Dieser Glaube und dieses Gefühl der Sicherheit machen es dir möglich, in Freude und Harmonie zu fließen, was wiederum gute Bedingungen für dich anzieht. Du übernimmst Verantwortung für dein Leben und wendest Selbstdisziplin an. Dies sind Eigenschaften für die Meisterschaft und ermöglichen deinen Aufstieg. Du bist auch in der Lage, gute geistige Übungen zu entwickeln.

Während dieses Zentrum immer strahlender wird, fließt Licht durch alle deine Chakras. Das hilft dir, deine Antakaranabrücke zur Quelle zu bauen. Du nimmst Verbindung zu den Meistern des Saturn auf und bekommst Führung von diesen Erleuchteten. Du kommst auch Erzengel Gabriel näher, und er hilft dir, dich mit der heiligen Weisheit der Delfine zu verbinden.

Delfine sind die Weisen des Planeten und die Hüter des kosmischen Wissens. Sie sind die Hohepriester und Hohepriesterinnen der Ozeane und helfen, die Frequenz des Wassers hochzuhalten. Das Intergalaktische Konzil hat ihnen die Weisheit und das Wissen des Goldenen Zeitalters von Atlantis eingepflanzt und sie speichern es wie ein Computer. Sie laden es für dich herunter, wenn du dafür bereit bist.

Erzengel Gabriels Botschaft

Erzengel Gabriel und seine Zwillingsflamme, Erzengel Hope, strahlen ständig Licht in dein Basischakra, um dich zu stärken und zu erhalten. Erlaube dir, es anzunehmen.

Erzengel Gabriel hat eine Botschaft für dich:

Sei auf dem Planeten, aber nicht von ihm.

Weil deine spirituelle Grundlage auch äußerst praktischer Natur ist, bittet Erzengel Gabriel dich, dir dessen, was auf deiner persönlichen Reise und auch in der Welt um dich herum geschieht, bewusst zu sein. Gib jedoch keine Energie in etwas, das deine fünfdimensionale Essenz nicht unterstützt. Genieße die Erfahrungen, die das Leben dir bietet. Mach das Beste aus diesen Chancen. Bleibe jedoch immer in Verbindung mit deinem spirituellen Wissen.

VISUALISIERUNG: DEIN BASISCHAKRA INS GLEICHGEWICHT BRINGEN

- Sieh dich selbst in den reinen, hohen Bergen der Mongolei in China, dem Basischakra des Planeten.
- Deine weise Mutter steht wie eine Hohepriesterin vor dir und sagt dir alle unterstützenden Dinge, die du hören musst.

- Dann sagt dir dein weiser Vater wie ein Hohepriester alle unterstützenden Dinge, die du von ihm hören musst.
- Sieh, wie du groß, stark, fröhlich und selbstbewusst dastehst.
- Das Portal zu Saturn und Quichy öffnet sich und der Rat der Neun wendet sich dir zu. Welche Botschaft haben sie für dich?
- Nimm dir nach deiner Rückkehr Zeit zum Entspannen und schwimme mit Delfinen im wunderschönen, klaren blauen Wasser.
- Sieh oder spüre schließlich, wie dein Basischakra strahlendes Platinlicht aussendet.

Kapitel 26

Deine Seelenfamilie anziehen und höhere Sexualität annehmen

Wir bewegen uns rasch auf die goldene Zukunft zu, in der wir alle zum ersten Mal seit dem Untergang von Atlantis wahre Liebe erleben können. Wir haben jetzt die Gelegenheit, gute Familienbeziehungen aufzubauen, und können endlich unsere Seelenfamilie kennenlernen und von ihr genährt werden. Wir bewegen uns in Richtung freudiger, respektvoller Sexualität oder sogar des transzendenten Ausdrucks sexueller Liebe.

All dies geschieht, wenn wir die Frequenz unseres Sakralchakras erhöhen und die männliche und weibliche Energie ins Gleichgewicht bringen.

Das Sakralchakra

Dein Sakralchakra enthält 16 Lektionen. Dabei geht es um Beziehungen, vor allem innerhalb der Familie, und um Sexualität. Wenn du auf einer dreidimensionalen Ebene eine Beziehung anziehst, ist es normalerweise nur eine physische Verbindung. In der fünften Dimension strebt dieses Chakra nach transzendenter Liebe.

In dieser und wahrscheinlich auch in vielen anderen Inkarnationen haben die meisten von uns niedere Gedanken ausgesendet und empfangen. Diese Gedanken haben Schnüre hervorgebracht, die dieses Zentrum blockiert haben. Wir sind bereit, dass diese endlich umgewandelt werden. Es ist auch an der Zeit, Wut sowie individuelle und kollektive sexuelle Schuldgefühle auszuräumen. Hier eine Vergebungsaffirmation, die dir helfen soll:

Ich vergebe mir alle niederen Gedanken, Worte oder Taten in diesem oder jedem anderen Leben. Ich vergebe anderen ihre niederen Gedanken über mich, die Schnüre zu mir gebildet haben.

Derzeit findet eine massive Räumung dieses Zentrums statt, weil unsere Aufmerksamkeit auf Enthüllungen aller Art gelenkt wird. Wenn Lichtarbeiter es unterlassen, zu urteilen, und stattdessen Liebe und Licht in die kollektive Wolke aus Beziehungsungleichgewicht und sexueller Schuld senden, wird dies die Frequenz des Sakralchakras erhöhen. Indem wir dies gemeinsam tun, beschleunigen wir einen Wandel im kollektiven Bewusstsein des Planeten hin zu einem Bewusstsein der gegenseitigen Gesundheit und Ermächtigung zwischen Männern und Frauen. Dies wird sich auf alle ausweiten und die Welt verändern.

Wenn du reine Liebe zum Ausdruck bringst, strahlt dein Sakralchakra in einem herrlichen, zarten gold-rosa Licht der fünften Dimension,und du ziehst stärkende, liebevolle und respektvolle Beziehungen an.

Wenn die Sakralchakras der Menschheit fünfdimensional werden, werden immer mehr Menschen ihre Seelenfamilien anziehen. Bis 2032 werden Babys in ihre Seelenfamilien geboren und nicht in Familien, die karmische Lektionen bei ihnen auslösen. Beziehungen werden auf bedingungsloser Liebe, Freude und gegenseitigem Respekt basieren. Alle werden frei und unabhängig sein.

Das Sakral- und das Nabelchakra

Im Goldenen Zeitalter von Atlantis war das Sakralchakra vom darüber liegenden Nabelchakra getrennt.

Nach dem Untergang, als die zwölf Chakras der fünften Dimension durch sieben niederfrequentere ersetzt wurden, wurde der Nabel zurückgezogen. Das verbleibende dreidimensionale Sakralchakra hatte einige seiner Eigenschaften. Doch jetzt wird uns das Nabelchakra in seiner ganzen Pracht zurückgegeben.

Diese beiden Chakras sind zwar derzeit getrennt und enthalten jeweils 16 Lektionen, aber sie sind in einer riesigen Kammer verkapselt, welche die 33. Lektion enthält.

Planetare und kosmische Sakralchakras

Das Sakralchakra der Erde ist Honolulu. Das kosmische Sakralchakra ist Sirius, und der aufgestiegene Teil ist Lakumay. Kürzlich gab es ein Upgrade, und jetzt wird der goldene Globus, der das Christuslicht der neunten Dimension enthält, auf Sirius bewahrt, während das Christuslicht der elften Dimension auf Lakumay verfügbar ist. So kann die gesamte transzendente Liebe nach Honolulu strömen und sich von dort auf der ganzen Welt und unter den Lebewesen auf der Erde ausbreiten.

Sie heilt die Sakralchakras der Menschheit, sodass wir bis 2032 reine Liebe durch Sexualität zum Ausdruck bringen können.

Erzengel Gabriel

Der mächtige reinweiße Erzengel Gabriel ist für die Entwicklung deines Sakralchakras zuständig. Er bringt Liebe, Freude, Klarheit, Hoffnung und Reinheit in dieses Chakra und hilft, die Frequenz dort zu erhöhen. Er bringt es auch in die perfekte Yin-Yang-, also männlich-weibliche Balance.

Bitte ihn, dir zu helfen, es ins Gleichgewicht zu bringen, und spüre, wie er dort ein Yin-Yang-Symbol platziert.

Die Lektionen des Sakralchakras

Hier sind die Lektionen, die wir lernen müssen, um Beziehungen, Sexualität und wahre Liebe auf eine höhere Oktave zu bringen. Vergiss nicht, dass du einige davon möglicherweise schon in anderen Inkarnationen gelernt hast.

Je mehr Menschen ihre zwölf fünfdimensionalen Chakras verankern, desto deutlicher wird, wenn dieses Chakra aus dem Gleichgewicht geraten ist. Die Prüfungen der ersten fünf Kammern richten sich an diejenigen, die sich auf sich selbst konzentrieren. Wenn du sie durchliest, tauchen möglicherweise Gedanken oder Bilder auf. Urteile nicht darüber, sondern lass sie einfach auftauchen, denn das ist Teil des Heilungsprozesses.

Möglicherweise findest du in einigen oder all diesen Räumen ein verletztes inneres Kind. Ein verletztes Kind kann manipulativ, bedürftig, gierig oder ängstlich werden. Es fühlt sich möglicherweise nicht ausgefüllt oder hat Angst vor emotionaler Bindung. Und ein verletztes Kind kann grausam sein. Pädophile und Stalker hängen hier fest. So unsympathisch ein verletztes Kind auch zu sein scheint, es braucht Liebe, Aufmerksamkeit und Verständnis. Also, was immer bei dir hochkommt, nimm dir einen Moment Zeit, um deinem inneren Kind zuzuhören und es zu umarmen.

Kammer 1: In der ersten Kammer geht es darum, Sexualität zu nutzen, um Kontrolle auszuüben. Wenn du jemals »Nein« zum Liebesspiel gesagt hast, weil du wütend oder verletzt warst oder um von deinem Partner Geld oder einen Gefallen zu bekommen, findest du hier möglicherweise ein verletztes Kind.

Kammer 2: Impotenz bedeutet wörtlich Ohnmacht. Wenn du dich in irgendeinem Bereich deiner Beziehung machtlos fühlst, kann dies zu Impotenz führen, egal ob du ein Mann bist oder eine Frau. Und hier steckt ein junger Mensch fest, der dich braucht, um ihn zu stärken.

Kammer 3: Wenn du dich emotional bedürftig fühlst oder das Gefühl hast, nicht die Liebe und Aufmerksamkeit zu bekommen, die du brauchst, ist hier ein Kleinkind, das immer noch umsorgt werden möchte.

Kammer 4: In dieser Kammer geht es um Selbstliebe, wobei du mehr daran interessiert bist, deine Liebesbedürfnisse zu befriedigen, als dein Herz für deinen Partner zu öffnen. Hier besteht die Lektion darin, Egoismus und Egozentrik zu überwinden.

Kammer 5: In dieser Kammer suchst du eher die Belohnung durch ein Gefühl als einen Ausdruck von Liebe.

Wenn du diese fünf Lektionen gelernt hast, machst du weiter. Es ist jedoch möglich, dass deine Reise weitergeht, aber immer noch Energie in einer bestimmten Kammer feststeckt.

In den nächsten drei Kammern geht es darum, deine emotionalen Bedürfnisse ins Gleichgewicht zu bringen.

Kammer 6: Hier bietest du anderen emotionalen Trost, denn das ist es, was du selbst brauchst. Du kannst in einer Beziehung alles geben – in der Hoffnung, eine Gegenleistung zu erhalten. Du bist warmherzig und liebevoll, aber dahinter steckt deine Bedürftigkeit. Hier hängen emotionale Retter fest.

Kammer 7: Dies ist eine Übergangskammer. Sie bringt dich dazu, jemand anderen nicht mehr zu umsorgen, um etwas zurückzubekommen, sondern wirklich in der Lage zu sein, andere mit Liebe zu umsorgen.
Kammer 8: Auch dies ist eine Übergangskammer, in der du von der Unsicherheit über deine Sexualität (und möglicher Abstinenz oder einem unangemessenen Ausdruck) zu einem Gefühl der Sicherheit, Selbstakzeptanz und Geborgenheit übergehst. Das ist jetzt besonders wichtig, denn die Geschlechter und Geschlechterrollen, die wir momentan innehaben, werden in Vorbereitung auf das Goldene Zeitalter immer fliesender.
Wenn du die Lektionen der ersten acht Kammern gelernt hast, wird die Frequenz deines Sakralchakras ansteigen, weil du wirklich freundlicher und liebevoller wirst, deine Freundschaften pflegst und dich um andere kümmerst. Du wendest dich nun den höheren Lektionen zu.
Kammer 9: Wenn du bis hierher durch dein Sakralchakra gelangt bist, steigt es allmählich auf und beginnt zu leuchten. Diese Kammer strahlt Fürsorge und Zärtlichkeit aus, sodass du Menschen anziehst, die wissen, wie man liebt. Ihr kümmert euch umeinander, und das bereichert sowohl deine Freundschaften als auch deine Partnerschaften.
Kammer 10: Du wirst sensibler, herzlicher, mitfühlender und zärtlicher in deinen Beziehungen.
Kammer 11: Du gehst liebevoll auf andere zu.
Kammer 12: Jetzt bist du wirklich in der Lage, Liebe zu geben, ohne etwas zurückzuhalten und ohne eine Gegenleistung zu erwarten.
Kammer 13: Du teilst Liebe. Du gibst und empfängst gleichermaßen.

Kammer 14: Du bringst transzendente Sexualität und reine Liebe zum Ausdruck.
Kammer 15: Beim körperlichen Sex besteht deine Absicht darin, eine Seele hereinzubringen. Wenn du keine Kinder hast oder ungewollt schwanger geworden bist, hast du diese Lektion möglicherweise in einem anderen Leben gelernt.
Kammer 16: Bei dieser Erfahrung geht es darum, ein Baby mit Liebe zu tragen oder Teil eines erweiterten Netzwerks zu sein, das die schwangere Person liebevoll unterstützt. Auch diese Lektion hast du möglicherweise schon in einem anderen Leben erfahren.
Die 33. Kammer, die das Sakral- und das Nabelchakra einschließt, ist die Hellfühligkeit, mit der du dich auf die Gefühle anderer einstimmst.

Im Goldenen Zeitalter von Atlantis wurden einige Menschen androgyn, wenn sie alle Lektionen des Sakralchakras gelernt hatten. Damals ging es in diesem Zentrum nur um den Ausdruck reiner spiritueller Liebe. Daher hatten die Menschen nur Sex, wenn sie ein Kind haben wollten. Dies ist für die meisten Menschen heute unvorstellbar, aber es ist Teil des fünfdimensionalen Plans für die goldenen Zukunft.

VISUALISIERUNG ZUR HEILUNG DES SAKRALCHAKRAS

- Suche dir einen ruhigen Ort, wo du ungestört bist.
- Schließe dann die Augen, atme ganz ruhig, entspanne dich und fühl dich aufgehoben in diesem Augenblick.

- Sei dir eines reinweißen Lichts bewusst, während Erzengel Gabriel vor dir steht und bereit ist, dich zu unterstützen.
- Spüre alle Schnüre aus diesem und allen anderen Leben in deinem Sakralchakra. Es kann voll davon sein oder es sind nur ein paar davon da. Schneide sie ohne jedes Urteil vorsichtig ab.
- Zieh dann vorsichtig alle ihre Wurzeln heraus und lege sie auf einen Haufen.
- Erzengel Gabriel ruft seine Feuerdrachen herbei. Sei dir einer Armee reinweißer Drachen bewusst, die sich wie funkelnde Diamanten nähern und Feuer spucken.
- Sie wirbeln um dich herum, wobei sie alle Schnüre und alle niederen Energien um dich herum verbrennen und umwandeln.
- Sieh dich selbst, wie du deine Familienmitglieder und Partner aus Vergangenheit und Gegenwart liebevoll an den Händen hältst.
- Spüre, wie dein Sakralchakra in einem sanften, strahlenden Rosa leuchtet.

Kapitel 27

Die Einheit umarmen

Einheit vereint uns mit allen Lebensformen und dem Unendlichen. Sie erkennt an, dass es nicht sie und uns gibt, sondern nur das Eine, und ist ein Schlüssel für den höheren Aufstieg.

Diese Qualität ist die Lektion des herrlichen, außergewöhnlichen und kraftvollen Nabelchakras.

Das Nabelchakra

Aus diesem Chakra strahlst du Wärme, Willkommen, Freundschaft, Selbstwertgefühl und Zusammengehörigkeit aus. Im Goldenen Zeitalter von Atlantis war es die besondere Energie dieses Chakras, die es den Menschen dieser Zivilisation möglich machte, das Göttliche in allen Wesen anzunehmen. Sie kommunizierten als Einheit und begrüßten einander auf der Seelenebene.

Wenn das Nabelchakra erneut aufgebaut wird,
wird das Einheitsbewusstsein auf die Erde zurückkehren.
Wir werden in herzlichen Gemeinschaften leben,
in denen wir willkommen sind.

Planetare und kosmische Nabelchakras

Das Nabelchakra des Planeten liegt auf den Fidschi-Inseln, fast 5000 Kilometer vom planetaren Sakralchakra in Honolulu entfernt, ebenfalls im Südpazifik.

Das kosmische Nabelchakra ist die Sonne. Wenn dein persönliches Chakra orange leuchtet, steht es in direkter Verbindung mit der Sonne und darüber hinaus mit Helios, der Großen Zentralsonne. Helios ist ein Sternentor, ein gewaltiges Tor zur Quelle. Wenn es sich öffnet, fließt die Energie der Quelle nach unten zu Helios und dann zur Sonne, wo ihre Frequenz herabgestuft wird, bevor sie auf die Fidschi-Inseln gebeamt und auf der ganzen Welt verbreitet wird.

In Helios übernimmt Erzengel Metatron das gegenwärtige Bewusstsein der Menschheit, verwandelt es in einem alchemistischen Prozess in etwas, das weit über unser Verständnis hinausgeht, und erschafft die hochfrequente Lichtmaterie, aus der das Neue für das neue Goldene Zeitalter hervorgehen wird. Wenn ich an ein Ei denke, finde ich die göttliche Alchemie, die es in ein Küken verwandelt, unvorstellbar großartig. Was Erzengel Metatron für uns erschafft, ist das Ergebnis einer ebenso großen Metamorphose.

Erzengel Metatron erschafft auch die Lichtcodes der Einheit sowie die Codes der Macht, die in den Nabelchakras der Menschheit etabliert werden.

Die Codes der Einheit

Die Codes der Einheit
sind bereits in uns verschlüsselt.

Sie strahlen die warme, einladende Energie aus, die es uns ermöglicht, das Göttliche in uns allen zu umarmen, sodass wir uns auf der Seelenebene verbinden. Wir werden mit dem Höheren Selbst des jeweils anderen kommunizieren, uns mit Erleuchteten und Engelwesen verbinden und das gesamte Universum noch einmal mit erleuchteten Augen sehen.

Wenn dies geschieht, ziehen wir automatisch Christuslicht in einer neundimensionalen Frequenz an.

Christuslicht wird dein Nabelchakra mit transzendenter Liebe, Weisheit, Frieden und Schutz füllen.

Die Codes der Macht

Die Sonne trägt die Codes der Macht in sich, die das reine göttlich-männliche Licht enthalten. Dazu gehören rohe Kraft und Stärke, Belastbarkeit und Mut sowie männliche Qualitäten wie Selbstvertrauen, Unabhängigkeit, Logik, Konzentration, Disziplin, Durchsetzungsvermögen und inspirierte Führung. Dies alles strahlt in das Nabelchakra, entzündet die darin enthaltenen Codes der Macht und macht es bei verantwortungsvollem Einsatz sehr kraftvoll und effektiv.

Gegen Ende von Atlantis wurde diese Macht jedoch missbraucht. In der Tat war es die Nutzung dieses Chakras zum persönlichen Vorteil, die den Untergang von Atlantis verursachte. Aus diesem Grund war das Nabelchakra eines der fünf Chakras, die damals zurückgezogen wurden. Es hat 10.000 Jahre gedauert, bis die Frequenz der Menschheit so weit angestiegen war, dass uns nun wieder vertraut werden kann, es zum höchsten Wohl zu nutzen.

Die Macht des Nabelchakras kann genutzt werden, um deinen Mut, deine Wahrheit mit Weisheit auszusprechen, zu stärken, damit du ein helles spirituelles Licht werden kannst.

Sie kann dich befähigen, die Verantwortung dafür zu übernehmen, viele in das neue Goldene Zeitalter zu führen.

Sie kann dir dann bei der Neuprogrammierung der DNA helfen.

Sie kann dir helfen, deine Visionen oder persönlichen Wünsche zu verwirklichen. (Letzteres hat dazu geführt, dass es zurückgezogen wurde.)

Es ist an der Zeit, dass Lichtarbeiter die besonderen Eigenschaften des Nabelchakras wiederherstellen, während wir uns auf das neue Goldene Zeitalter zubewegen.

Erzengel Gabriel

Erzengel Gabriel ist sowohl für die Entwicklung des Sakralchakras als auch für die des Nabelchakras verantwortlich. Wie ich bereits erklärt habe, handelte es sich dabei im Goldenen Zeitalter von Atlantis um zwei separate Zentren. Und als die Schwingung jener Zivilisation verfiel, wurde das Nabelchakra zurückgezogen, und die Codes der Einheit und Macht standen uns nicht mehr zur Verfügung.

Jetzt gilt: Je tiefer die Codes der Einheit in dir verankert sind, desto herzlicher und freundlicher wirst du. Wenn du mit Akzeptanz lebst, das Beste in anderen suchst und vollkommen in Frieden und Harmonie bist, wird dieses Chakra klar und strahlt Gelassenheit aus.

Wenn dies geschieht, wirkt Erzengel Gabriel durch dich und aktiviert deine erfinderischen und fantasievollen Talente. Du hast vielleicht noch nie zuvor gemalt, aber jetzt spürst du plötzlich das Verlangen, die Pinsel hervorzuholen. Möglicherweise wirst du überwältigt von der Sehnsucht, Töpferwaren herzustellen, einen Wandteppich zu besticken oder etwas anderes Schönes zu schaffen.

Wenn dieses Chakra Liebe ausstrahlt, hilft dir Erzengel Gabriel, deine kreativen und künstlerischen Fähigkeiten zum Ausdruck zu bringen.

Die Lektionen des Nabelchakras

Derzeit enthält das Nabelchakra 16 Kammern oder Lektionen, genau wie das darunterliegende Sakralchakra. Diese beiden sind in der großen 33. Kammer eingeschlossen, in der es um das Hellfühlen geht.

Wenn wir uns den Bauplan für den vollkommen vollendeten Menschen wirklich zu eigen machen, werden sich Nabel- und Sakralchakra noch einmal trennen und zu eigenständigen, unglaublichen Chakras werden. Doch wie bei allen spirituellen Zentren durchlaufen wir in jedem Einzelnen eine spirituelle Reise. Die Reise des Nabelchakras führt von der Trennung bis zur Einheit.

Wenn du etwas über die ersten paar Lektionen dieses Chakras liest und sie erkundest, findest du vielleicht dein verlorenes und einsames inneres Kind, und dies ist deine Chance, es von seinem Wert zu überzeugen und ihm zu helfen, sich sicher zu fühlen. Dies gilt vor allem dann, wenn du dich jemals einsam fühlst. Einsamkeit war für die westliche Welt eine Lernerfahrung, vor allem seit der industriellen Revolution.

Vergiss nicht, dass Erzengel Gabriel immer bei dir ist, während du mit diesem Zentrum arbeitest. Vielleicht möchtest du ihn bitten, in jeder Kammer ein Licht zu platzieren, bevor du sie betrittst.

Kammer 1: Du fühlst dich von anderen und der Welt isoliert.
Kammer 2: Du ziehst dich von Freunden, Familienmitgliedern und anderen zurück.
Kammer 3: Du bist kalt oder distanziert, sodass andere dich als unerreichbar und abgehoben wahrnehmen.
Kammer 4: Entweder hast du sehr enge Grenzen, weil du Angst vor dem Leben und den Menschen hast, oder du bist völlig grenzenlos und weißt nicht, wo du anfängst oder andere aufhören.
Kammer 5: Es fällt dir schwer, mit anderen in Kontakt zu treten. Du hast das Gefühl, dass du nicht zu anderen passt oder dazugehörst.
Wenn einer der oben aufgeführten Punkte auf dich zutrifft, solltest du dein inneres Kind beruhigen und trösten. Lass deine weisen inneren Eltern mit dir reden. Oder rufe aufgestiegene Wesen herbei, und höre genau zu, wenn sie dir sagen, dass du einzigartig, besonders und liebenswert bist, und zwar genau so, wie du bist.
Kammer 6: Sobald du diese Lektion erreicht hast, entwickelst du allen gegenüber freundliche, warmherzige und fürsorgliche Gefühle.
Kammer 7: Du gehst auf andere zu und heißt sie willkommen.
Kammer 8: Du bist allen gegenüber warmherzig, fürsorglich und verständnisvoll.
Kammer 9: Du dienst anderen, indem du sie emotional nährst. Beispiele hierfür können sein, für sie eine Mahlzeit zu kochen, ein Bad für sie einzulassen oder sie zu dir nach Hause einzuladen. Du bist gastfreundlich.
Kammer 10: Wenn diese Kammer geöffnet ist, siehst du das Beste in anderen. Aktiv erkennst du ihre guten Eigenschaften.
Kammer 11: Du bist kontaktfreudig und triffst dich mit anderen.

Kammer 12: Deine Familie ist dir wichtig und du förderst ihren Zusammenhalt. Dies kannst du beispielsweise tun, indem du einzelne Personen anrufst und über Neuigkeiten aus der Familie auf dem Laufenden hältst oder mit ihnen allen eine Telefonkonferenz abhältst, einen Tag der offenen Tür veranstaltest oder zu einem Familientreffen einlädst.
Kammer 13: Du hilfst beim Aufbau und bei der Pflege der Gemeinschaft. Selbst einfache Dinge wie das Aufsammeln von Müll oder das Plaudern mit den Nachbarn tragen zum Licht in dieser Kammer bei.
Kammer 14: Du bist offen und sorgst dafür, dass sich jeder zugehörig fühlt. Wo immer du bist, ziehst du Menschen an.
Kammer 15: Du organisierst Gemeindefeste, bei denen alle die Möglichkeit haben zusammenzukommen, oder nimmst daran teil.
Kammer 16: Du hörst zu, ohne zu urteilen, und bietest bedingungslose Beratung und Unterstützung.
In der 33. Kammer, die das Sakral- und das Nabelchakra einschließt, geht es um das Hellfühlen.

Wenn immer mehr Menschen fünfdimensional werden und die Lektionen des Nabelchakras akzeptieren, bilden sich kooperative, liebevolle Gemeinschaften. Kulturen auf der ganzen Welt verstehen und würdigen die Vielfalt. Wir alle werden den Reichtum und die Vielfalt der Menschen auf der Welt liebevoll erkennen.

Wenn sich das Nabelchakra ausdehnt, fühlen wir uns zu unserer göttlichen Mission hingezogenen, und um uns herum bildet sich ein spirituelles Unterstützernetzwerk.

Die Erinnerung an die im Goldenen Atlantis erlebte Einheit ist in unser aller Nabelchakra aufgezeichnet. Wenn das neue Goldene Zeitalter näher rückt, wird dieser Teil unserer Blaupause aktiviert und trägt dazu bei, uns alle als Einheit zusammenzubringen. Dies wird die Menschheit vollständig in die fünfte Dimension katapultieren.

In seiner höchsten Ausdrucksform geht es in unserem Nabelchakra um Einheit und Einigkeit mit dem Unendlichen. Dies ist ein Schlüssel zum höheren Aufstieg.

VISUALISIERUNG FÜR EINHEIT

- Finde einen Ort, an dem du ganz in Ruhe und ungestört sein kannst.
- Schließe die Augen und entspanne dich.
- Rufe elf goldene Solardrachen von Helios herbei und spüre, wie sie auf dich zukommen.
- Spüre, wie sie dich umgeben, wie sie in goldenem Licht schimmern und Liebe ausstrahlen.
- Bitte sie, alles zu verbrennen, was dich von anderen trennt – alle Gedanken, Überzeugungen, emotionalen Narben oder Erfahrungen aus diesem oder anderen Leben.
- Sei dir bewusst, dass sie dich spiralförmig umkreisen, dass sie deine Energiefelder reinigen, deine Frequenz erhöhen und die Welt um dich herum mit ihrem goldenen Feuer reinigen.
- Sieh, wie goldene Fäden von dir ausgehen und jeden einzelnen Menschen sowie jedes Tier auf dem Planeten berühren.

Kapitel 28

Mit dem Wissen, der Weisheit und der Kraft der Erde Verbindung aufnehmen

Im Zentrum unseres Planeten liegt ein gewaltiges Chakra der siebten Dimension namens Hohlerde. Es ist unvorstellbar riesig und eine Welt in der Welt. Hier, in einer großen Pyramide, ist die Geschichte, das Wissen und die Weisheit von allem, was je auf diesem Planeten passiert ist, gespeichert.

Dazu gehören Informationen über die fünf Goldenen Zeitalter, die uns vorausgegangen sind: das Zeitalter von Angala, als dieser Planet geboren wurde, das Goldene Zeitalter Afrikas, bekannt als Petranium, die Zeitalter von Mu und Lemurien, beide im Pazifik, und schließlich das Zeitalter, das gerade zu Ende gegangen ist: Atlantis.

In Hohlerde liegen auch die Schlüssel zu den alten Kulturen, die einen besonderen Einfluss auf unseren Planeten hatten, die Kräfte der zwölf einflussreichsten Portale und ihre Energien sowie alle Informationen über das Tier-, Vogel- und Meeresreich, einschließlich der ätherischen Gegenstücke aller Lebewesen, die sich jemals auf dem Planeten inkarniert haben. In Hohlerde ist das gesamte bekannte Wissen über die Reiche der Elementarwesen, Engel und Devas verschlüsselt sowie die heiligen Geheimnisse von Zeit und Geschwindigkeit, anderer Dimensionen, Sterne, Planeten und Galaxien, der heiligen Geometrie, von Licht, Klang, Alchemie, Einheit und vielem mehr.

Vollständige Informationen über das Wissen und die Weisheit, die in Hohlerde gespeichert sind, einschließlich der Klang- und Farbschlüssel, um darauf zuzugreifen, findest du in *Schlüssel zur höheren Welt*, einem Buch, das ich gemeinsam mit Kathy Crosswell geschrieben habe.

Zugang zu all diesen Informationen,
Weisheiten und Kräften der Erde hast du über dein
fünfdimensionales Solarplexuschakra.

Das Solarplexuschakra

Das Solarplexuschakra ist sehr empfindlich. Es steuert deinen Magen, deine Leber, deine Milz und deinen Darm. Die meisten Menschen wissen, dass sie die Nahrung nicht richtig aufnehmen, wenn sie beim Essen angespannt sind. Dieses spirituelle Zentrum verarbeitet nicht nur Nahrung, sondern auch Lebenserfahrungen. Es ist der Sitz des Instinkts, des Bauchgefühls und der Reaktionen und ein zielgenauer Leitfaden für dich. Es hilft dir, die Wahrheit zu erkennen. Das ist in dieser Zeit der massiven Desinformation wirklich wichtig.

Dieses Chakra kann dir oft ganz plötzlich bewusst machen, dass Veränderungen vorgenommen werden müssen. Es kann beispielsweise sein, dass du unbekümmert die Straße entlanggehst und plötzlich das Gefühl hast, dass es an der Zeit ist, umzuziehen oder eine Beziehung zu beenden.

Anstöße von deinem Höheren Selbst werden über dein Bauchgefühl vermittelt. Lass dir von deinem Solarplexus sagen, wem und auf was du vertrauen kannst. Es wird dich zu dem führen, was für dich richtig ist.

Auf einer dreidimensionalen Frequenz ist dieses Chakra gelb und ständig auf der Suche nach Gefahren. Es absorbiert auch die Ängste der Menschen um dich herum, vor allem diejenigen, die etwas mit deinen eigenen zu tun haben.

Wenn dein Solarplexus jedoch ganz fünfdimensional ist, entspannt es sich und strahlt das Licht der goldenen Weisheit aus. Du fühlst dich ruhig und gelassen, bist im Frieden und selbstbewusst und vertraust darauf, dass sich deine Engel und Geistführer um dich kümmern. Jetzt wandelt dein Solarplexuschakra die Ängste anderer um, ohne deren Energie aufzunehmen, und bringt bekannte und unbekannte Menschen mit Frieden in Berührung.

Wenn du dir das Recht verdient hast, Zugang zur wahren Weisheit zu bekommen, wird dein Solarplexuschakra tiefgolden mit Regenbogenlichtern.

Auf dieser Ebene suchen die wunderschönen Hochfrequenzantennen dieses Chakras nach höheren spirituellen Sichtweisen auf alle Situationen im In- und Ausland und verbreiten Frieden, um sie zu beruhigen.

Wenn du nach dem Guten in Menschen und Situationen suchst, erstrahlt dein Solarplexuschakra im Christuslicht. Niemand kann dich beeinflussen. Du bist ein Meister.

Planetare und kosmische Solarplexuschakras

Das Solarplexuschakra unseres Planeten ist ganz Südafrika. Seit Tausenden von Jahren hat dieses Land die Ängste der Welt absorbiert und umgewandelt, und es braucht uns alle, um ihm die goldene Energie des Friedens, der Harmonie und der Weisheit zu senden. Diese wird sich dann in ganz Afrika und auf dem ganzen Planeten ausbreiten.

Das Solarplexuschakra des Universums ist unser Planet Erde. In den letzten 260.000 Jahren, in denen unser Universum vierdimensional war, hat unser Planet alle im Kosmos aufkommenden Ängste absorbiert und umgewandelt. Dies war ein gewaltiges Unterfangen und ist einer der Gründe, warum die Erde von niedrigerer Energie überwältigt und dreidimensional wurde. Aus diesem Grund gibt es viel Wohlwollen uns gegenüber und viele spirituelle Hände, die uns aus dem Universum gereicht werden, um uns zu helfen, unsere rechtmäßige Position im großen Plan der Dinge wieder einzunehmen.

Erzengel Uriel

Erzengel Uriel ist für die Entwicklung des Solarplexuschakras der Menschheit verantwortlich. Er strahlt ein sattes Gold mit rubinrotem Licht aus. Er sendet Licht in dich hinein, um dein Solarplexuschakra zu heilen, und löst jeden Schock und jedes Trauma auf, an denen du möglicherweise festhältst, indem er dich in Liebe hüllt. Er kann Depressionen lindern und dir helfen, die Möglichkeiten in deinem Leben zu erkennen. Er strahlt Licht in dich hinein, um dir zu helfen, deine Angst vor dem Tod zu heilen und wunderschön hinüberzugehen. Er zieht Negativität aus den Kammern des Solarplexuschakras und goldene Energie strömt hinein. Jedes Mal, wenn du dich für Frieden statt Konflikt, Ruhe statt Aggression oder Mut statt Feigheit entscheidest, stärkst du dein Solarplexuschakra und Erzengel Uriel verbindet sich enger mit dir.

Während sich dein Solarplexuschakra entwickelt und dein wahres Selbstwertgefühl etabliert wird, kommt die Weisheit deiner Seele zum Vorschein und ermöglicht dir Zugriff auf alles, was du in früheren Leben gelernt hast. Du kannst dich auch auf den enormen Schatz an Wissen und Weisheit unseres Planeten einstimmen, der in Hohlerde lagert.

Erzengel Uriel lenkt auch die goldenen Friedensengel, die durch uns daran arbeiten, der Welt Einheit und Ruhe zu bringen. Wenn dein Solarplexuschakra fünfdimensional wird, kannst du ein wahrer Botschafter des Friedens in der Welt werden. Wenn es vollständig entwickelt ist, kannst du dich mit anderen Sternensystemen verbinden, um Wohlwollen zu verbreiten und ein Gefühl der absoluten Übereinstimmung mit dem Universum zu genießen.

Die Lektionen des Solarplexuschakras

Im Solarplexuschakra gibt es ein außergewöhnlich breites Angebot an Lektionen. Sie reichen vom Bewältigen von Angst und Feigheit bis hin zur Weiterentwicklung von Weisheit und dem Schritt in die intergalaktische Meisterschaft. Vielleicht hast du sie schon alle gelernt, aber wenn du feststellst, dass eine Kammer dunkel ist oder dort noch ein Teil von dir festsitzt, bittest du Erzengel Uriel, sie zu erhellen.

Die ersten 16 Kammern enthalten eine gewisse Angst davor, dass eine Verwandlung anstehen könnte. Glücklicherweise genügt es oft schon, mit einer Haltung der Selbstakzeptanz von den Energien und Lektionen, die wir alle lernen müssen, zu lesen, damit Erzengel Uriel seine Weisheit einfließen lassen kann! Vergiss nicht, darum zu bitten, bevor du anfängst zu lesen.

Kammer 1: In der ersten Kammer lernst du, Aggressionen oder Konflikte zu meistern. Hör auf, über dich selbst zu urteilen, und denke daran, dass fast jeder Wut in sich trägt, die über Generationen und Leben hinweg unterdrückt wurde. Sie entsteht auch aus der Angst deines inneren Kindes, dass du nicht gut genug bist, nicht anerkannt wirst, in der Falle sitzt oder nicht gewinnen kannst, sowie aus vielen anderen Ängsten. Nimm dir einen Moment Zeit, um den Teil von dir zu finden, der wütend ist, und höre ihm zu. Bitte Erzengel Uriel, diese Kammer mit goldener Weisheit zu erhellen.

Kammer 2: Feigheit. Wir alle haben Angst vor etwas, vor dem Schritt ins Unbekannte bis hin zu Veränderung, Schmerz, Konsequenzen, Ablehnung und/oder dem Tod. Hier wirst du auf die Probe gestellt, um zu sehen, ob du mutig und tapfer handelst oder schüchtern, schwach und feige bist. Wenn du diese Prüfungen bestanden hast, fühlst du dich stärker und sicherer, und dein Licht scheint heller. Bitte Erzengel Uriel, dich zu stärken.

Kammer 3: Verlustangst. In dieser Kammer lagert unsere menschliche Angst vor Verlust. Das kann der Verlust eines Freundes, eines Partners oder eines Kindes, eines Arbeitsplatzes, eines Zuhauses oder eines Autos sein. Zu erkennen, dass einem nichts jemals genommen wird, es sei denn, es geschieht aufgrund einer Seelenvereinbarung und dient dem höchsten Wohl, kann dir helfen, Anhaftungen loszulassen. Denke daran, dass sich im Laufe deines Lebens Verluste anhäufen können, und bitte Erzengel Uriel, dir dabei zu helfen, sie loszulassen. Bitte ihn, diese Kammer mit goldenem Frieden zu füllen.

Kammer 4: Wenn du dich ängstlich oder unsicher fühlst, siehst du dich mit den Lektionen der vierten Kammer konfrontiert und bist aufgefordert, diese Ängste zu überwinden und ruhig und zentriert zu bleiben. Sie entstehen aus Überzeugungen und Vorstellungen, und es kann hilfreich sein, sich auf positive Bilder zu konzentrieren. Bitte dann Erzengel Uriel, sie mit Gold zum Leuchten zu bringen.

Kammer 5: Viele Menschen verhalten sich zurückhaltend und ziehen schwierige Bedingungen an, indem sie sich das schlechteste aller möglichen Ergebnisse vorstellen. Wenn ein Teil von dir in dieser Kammer feststeckt, solltest du aktiv das beste Ergebnis für jede Situation in deinem Leben visualisieren und dies regelmäßig tun, bis es zu einer neuen Gewohnheit wird.

Kammer 6: Ein Tyrann oder ein Opfer sein – dies sind gegensätzliche Ergebnisse derselben Überzeugung. Beides kommt daher, dass sich dein inneres Kind unzulänglich fühlt. Wenn es also in dieser Kammer dunkel ist, führst du ein positives Selbstgespräch und bittest Erzengel Uriel um Unterstützung.

Kammer 7: Wenn du geistig oder emotional von einer anderen Person abhängig bist, entweder weil du ihre Unterstützung brauchst oder dir ihre Meinung wichtig ist, beispielsweise in einer co-abhängigen Beziehung, bleibt die Energie in dieser Kammer stecken. Mach dich also so selbstständig wie möglich und sorge dafür, dass du gleichzeitig mit anderen zusammenarbeiten kannst.

Kammer 8: Die Lektion dieser Kammer besteht darin, ein gesundes Selbstwertgefühl zu entwickeln, mit anderen Worten, dich selbst realistisch und ehrlich wahrzunehmen. Hier kann es gegensätzliche Extreme geben. Eines besteht im Aufblähen deines Selbstbildes. Das Gegenteil ist ein geringes Selbstwertgefühl, das dazu führt, dass du negative Selbstgespräche führst. Wenn das der Fall ist, solltest du dich selbst mehr wertschätzen und glauben, dass du es verdient hast.

Kammer 9: In dieser Kammer geht es um den Selbstwert, das heißt die Überzeugung, dass man als Mensch einen angeborenen Wert hat.
Kammer 10: Hier lernst du, so weit an dich selbst zu glauben, dass du das Richtige und Angemessene tust oder sagst. Baue dein Selbstvertrauen auf, um das Licht in dieser Kammer zu entzünden.
Kammer 11: Arroganz entsteht durch eine geringe Selbstachtung und mangelndes Selbstwertgefühl. Lass sie los!
Kammer 12: Mangelndes Vertrauen in Menschen. Wenn ein Teil dieser Kammer dunkel ist, erkunde, was dir als Kind passiert ist, und formuliere es neu. Schau dir dann an, wie du dir selbst vertraust.
Kammer 13: Lerne, Vertrauen in das Leben zu haben. Achte darauf, wie oft Menschen oder das Universum dich unterstützen.
Kammer 14: Lass Vorsicht und Misstrauen vollständig los, damit dieses Licht leuchten kann. Dies kannst du tun, indem du stets nach dem Besten in anderen suchst.
Kammer 15: Das Ego möchte etwas erreichen, weil es den Wunsch hat, ausgezeichnet zu werden. Hier lässt du diesen Wunsch los und strebst danach, etwas zu erreichen, weil du helfen möchtest.
Kammer 16: Hier lässt du dich von anderen beeinflussen oder dir das Gefühl geben, dass sie besser sind als du. Steh in deiner Macht.
Und jetzt beginnen die Kammern in deinem Solarplexuschakra im fünfdimensionalen Licht zu erstrahlen. Weiter geht es:
Kammer 17: Du akzeptierst dich so, wie du bist.
Kammer 18: Du setzt dich für die Rechte anderer ein.
Kammer 19: Du vertraust anderen, weil du das Beste in ihnen siehst. Wenn du das tust, kannst du dich auf sie verlassen.

Kammer 20: Unabhängigkeit. Hier stehst du als Meister in deiner Macht.
Kammer 21: Liebe empfangen. Öffne dich für die Liebe von Menschen und Tieren. Erzengel Uriel kann auch die Liebe der Quelle in diese Kammer strahlen. Also mach die Türen weit auf.
Kammer 22: Dir selbst vertrauen. Während du alle Lektionen dieses Chakras lernst, vertraust du voll und ganz deiner eigenen Intuition und deinen Entscheidungen.
Kammer 23: Demut. Die Lektion dieser Kammer besteht darin, ein gutes Selbstwertgefühl zu haben, damit man anderen zuhört und ihren Bedürfnissen und Gefühlen Aufmerksamkeit schenkt.
Kammer 24: Innerer Frieden. Du hast ein Gefühl der Gelassenheit und Ruhe entwickelt, das du dir bewahrst, egal, was um dich herum passiert.
Kammer 25: Frieden verbreiten. Diese Kammer ist so golden, dass sie automatisch Frieden um dich herum ausstrahlt.
Kammer 26: Andere stärken. Du bringst andere aktiv voran und machst es ihnen möglich, sich gut mit sich selbst zu fühlen.
Kammer 27: Teilen zum höchsten Wohl. Hier werden Menschen und Gemeinschaften voneinander abhängig.
Kammer 28: Die Lehre dieser Kammer ist Harmlosigkeit, eine hoch entwickelte Eigenschaft. Wenn du sie entwickelst, fühlen sich alle Menschen und Tiere bei dir sicher.
Kammer 29: Heilung deiner früheren Leben. Nimm dir vor, dir selbst und anderen zu vergeben, und spüre dann, wie sich der Faden deiner Leben durch Zeit und Raum zieht. Bitte Erzengel Uriel, deine Zeitlinie zu heilen und zu verwandeln.
Kammer 30: Weisheit mit dem Selbstvertrauen, das sie mit sich bringt.

Kammer 31: Weisheiten aus deinen früheren Leben voranbringen. Diese Kammer erstrahlt in tiefem Gold, wenn die Weisheit der Vergangenheit für dich verfügbar wird.
Kammer 32: Verbindung mit der intergalaktischen Weisheit aufnehmen. Bestätige, dass du bereit bist, Downloads von Lichtwesen zu erhalten.
Kammer 33: Ein intergalaktischer Meister sein. Du stehst in deiner wahren Macht, kennst deinen wahren Wert und bist mit allem verbunden, was ist.

VISUALISIERUNG FÜR DEN FRIEDEN

- Sieh oder spüre, wie dein Solarplexuschakra tiefgoldenes Licht ausstrahlt.
- Nimm dir einen Moment Zeit zum Einatmen.
- Stell dir vor, wie du vor Erzengel Uriel kniest.
- Er berührt dich mit dem Schwert des Friedens und der intergalaktischen Meisterschaft.
- Spüre, dass du von seinen Friedensengeln umgeben bist.
- Weise sie an, Frieden auf der ganzen Welt zu verbreiten.

Kapitel 29

Dein höheres Herz erwecken

Dein Wesen ist Liebe. Das war schon immer so und wird auch immer so sein. Liebe ist der Glühfaden einer Glühbirne, die weiß glühend und perfekt ist. Lediglich Staub und Schmutz auf dem Glas trüben das Licht. Das weiß glühende Zentrum ist wie das reinweiße Zentrum deines fünfdimensionalen Herzens, das über das kosmische Herz direkt mit der Quelle verbunden ist. Du kannst die Verbindung herstellen und sie deutlich sehen, indem du das Glas der Glühbirne reinigst.

Dies geschieht dadurch, dass man die göttliche Liebe im Herzen jedes Menschen sieht und erkennt, dass alles andere Ego ist.

Die Reise des Herzens führt von
der Selbstbezogenheit zur reinen Liebe.

Das Herzchakra

Im Herzchakra gibt es 33 Kammern. Die äußeren sind grün. Dort ist dein Herz verschlossen und du machst Erfahrungen mit Egozentrik und lernst die entsprechenden Lektionen. Es hilft, die Türen zu öffnen und die Flamme der Liebe in jeden Raum zu bringen. Wie weit du auch fortgeschritten bist, es kann, wie bei allen Chakras, immer noch einige Lektionen geben, die du noch nicht vollständig gemeistert hast. Wenn du dich für die Liebe öffnest, begibst du dich nach innen in rosa Kammern. Und wenn deine Liebe spiritueller wird, in violett-rosa Kammern, bis du in den innersten reinweißen Kammern deines höheren Herzens ankommst.

Der Wunsch, Liebe zu finden, ist die treibende Kraft hinter jeder einzelnen Situation oder Meinungsverschiedenheit zwischen Menschen. Jetzt können wir sie endlich alle finden.

Planetare und kosmische Herzchakras

Das Herzchakra unseres Planeten befindet sich in Glastonbury, Großbritannien.

Das Herzchakra des Universums ist der Planet Venus. Das Glastonbury-Torportal zur Venus wurde von Jesus geöffnet und aktiviert, der jetzt der Überbringer der kosmischen Liebe ist. Tausende Menschen spüren die Liebesenergie, die durch dieses Portal strömt, und werden nach Glastonbury gezogen, um ihre eigenen Herzzentren zu aktivieren.

Venus, das kosmische Herz, empfängt die Frequenzen der göttlichen Liebe direkt aus der Quelle. Sie schimmern weiß. Der Planet ist ein Transformator, der diese Liebe auf Frequenzen herunterbricht, die wir akzeptieren können. Wenn du dich in der Meditation oder im Schlaf mit dem kosmischen Herzen verbindest, beschleunigt das deine Reise zur Liebe.

Erzengel Chamuel

Erzengel Chamuel überwacht die Evolution und Entwicklung des Herzchakras. Meist präsentiert er sich als reines Weiß mit einem

Hauch von zartem Rosa. Er strahlt dir die höchste Frequenz der Liebe entgegen, die du annehmen kannst.

Spirituelle Wesen, die mit deinem Herzzentrum arbeiten

Wenn du mit diesem Chakra arbeitest, ist es hilfreich, die folgenden Engelwesen anzurufen:

dein Einhorn

einen wunderschönen rosa Drachen

Erzengel Chamuel, den Engel des Herzens

Erzengel Metatron, der für den gesamten Aufstiegsprozess verantwortlich und eng mit der Öffnung des Herzens verbunden ist.

Bitte sie, bevor du etwas über die Reise durch dein Herzzentrum liest, ihre Energie darauf zu konzentrieren, deinen Weg durch die Kammern zu erhellen. Hier ist eine Anrufung, die dir helfen soll, sie zu dir zu ziehen:

Ich rufe jetzt einen wunderschönen rosa Drachen zu Hilfe, um alle dichten Energien zu verbrennen, die aus den unteren Kammern meines Herzens freigesetzt werden.

Ich rufe mein geliebtes, reines und schönes Einhorn zu Hilfe, um alle Kammern meines Herzens zu reinigen und zu erhellen.

Ich rufe Erzengel Chamuel zu Hilfe, um alle Lektionen zu integrieren, die ich noch nicht vollständig verinnerlicht habe, damit mein Herz reine Liebe annehmen kann.

Ich rufe Erzengel Metatron herbei, damit er den Metatronwürfel vor jeder Kammer gegen den Uhrzeigersinn dreht, um alle darin verbliebenen Blöcke herauszuziehen.

Wenn dies abgeschlossen ist, bitte ich Erzengel Metatron, den Metatronwürfel im Uhrzeigersinn zu drehen, um die Kammern neu zu codieren und sie mit herrlichem Licht der sechsten oder siebten Dimension zu füllen.

So sei es.

Vertraue darauf, dass dies jetzt in der richtigen göttlichen Reihenfolge geschieht und dass dein Einhorn, Erzengel Chamuel, Erzengel Metatron und ein leuchtend rosa Drache ihre Energie auf dieses Chakra konzentrieren, während es aufsteigt.

Die Reise durch das Herz

Das menschliche Herzzentrum wächst und entwickelt sich im Laufe des Lebens. Sei bereit, dich selbst zu prüfen, während du die Schritte zur reinen Liebe durchläufst, und nutze die Gelegenheit, alles zu klären, loszulassen und zu vergeben, woran du festhältst. Geh mit deiner Flamme der Liebe in die erste Kammer.

- **Kammer 1:** Hier untersuchst du alle unfreundlichen Taten, die du begangen hast oder vielleicht noch begehst. Verzeih dir die Vergangenheit, und nimm dir vor, immer freundlich zu sein.
- **Kammer 2:** Wenn dein Herz verschlossen ist und du gefühllos oder kalt bist, lässt du sie aufleuchten und öffnest die Türen und Fenster zur Liebe.
- **Kammer 3:** In dieser Kammer pflegst du deine Gefühle von Verletzung oder Wut. Diese könnten eine Beziehung oder einen anderen Aspekt deines Lebens auf irgendeine Weise ruiniert haben. Frage dich, wie lange du bereit bist, deine Inkarnation durch das Festhalten an vergangenen Gefühlen zu ruinieren.
- **Kammer 4:** Das grünäugige Monster Eifersucht bedeutet, dass du dich nicht liebenswert genug fühlst. Sollte sich in dieser

Kammer grüner Schleim befinden, dann putze ihn weg und öffne dein Herz.

- **Kammer 5:** Wenn du in dich selbst versunken bist und nicht auf andere zugehen kannst, ist diese Kammer geschlossen. Mach die Türen auf und interessiere dich für andere Menschen.
- **Kammer 6:** Hier steckt die Angst fest, dass es nicht genug für dich gibt. Du bist also gierig. Fang an, Dinge wegzugeben, und beobachte, wie immer mehr zu dir zurückfließt.
- **Kammer 7:** Hier ziehst du dich in dich selbst zurück. Wenn du das erkennst, bemühe dich, deine Rüstung abzulegen und andere an dich heranzulassen.
- **Kammer 8:** Wenn du Einsamkeit erlebst, steckt die Energie in dieser Kammer fest. Sei warmherzig und freundlich, und du wirst Menschen anziehen, die auf deiner Wellenlänge sind.
- **Kammer 9:** Wenn du dich selbst oder Dinge zurückhältst oder gemein bist, bleibt die Tür zu dieser Kammer geschlossen, denn du blockierst den Fluss des Lebens. Erkenne dies und sorge ganz bewusst dafür, dass jeder Bereich deines Lebens in Fluss kommt.
- **Kammer 10:** Dies ist die letzte der unteren Kammern. Hier bist du traurig oder unglücklich. Wenn das der Fall ist, verbinde dich mit der Natur und nimm ihre Heilung entgegen.

Jetzt fangen die Blütenblätter an, sich zu öffnen.

- **Kammer 11:** Du empfindest Liebe zu Tieren und bringst sie zum Ausdruck.
- **Kammer 12:** Du liebst die Natur.
- **Kammer 13:** Du empfindest Liebe für Kinder und bringst sie zum Ausdruck.
- **Kammer 14:** Du empfindest Liebe für deinen Partner und bringst sie zum Ausdruck.

- **Kammer 15:** Du empfindest Liebe für deine Familie oder die Familie einer anderen Person und bringst sie zum Ausdruck.
- **Kammer 16:** Du empfindest Liebe für andere und bringst sie zum Ausdruck.
- **Kammer 17:** Du liebst dich selbst so, wie du wirklich bist.
- **Kammer 18:** Du kannst dich in andere hineinversetzen.
- **Kammer 19:** Du empfindest Mitgefühl für andere.
- **Kammer 20:** Du kümmerst dich um andere Menschen.
- **Kammer 21:** Du vergibst anderen.
- **Kammer 22:** Du vergibst die gesamte Erfahrung auf der Erde, alles, was du jemals getan oder gefühlt hast, und alles, was dir angetan wurde, sowie jede menschliche Unmenschlichkeit.
- **Kammer 23:** Du vergibst dir selbst.
- **Kammer 24:** Du bist warmherzig.
- **Kammer 25:** Du bist herzlich und gastfreundlich.
- **Kammer 26:** Du bist großzügig.
- **Kammer 27:** Du gibst ohne Bedingungen.
- **Kammer 28:** Du empfindest Liebe für die gesamte Menschheit.
- **Kammer 29:** Du empfindest bedingungslose Liebe und gibst sie weiter.
- **Kammer 30:** Du bewegst dich auf die transzendente Liebe zu.
- **Kammer 31:** Du verbindest dich mit dem kosmischen Herzen.
- **Kammer 32:** Du erfährst kosmische Liebe.
- **Kammer 33:** Das ist wahre Einheit.

Wenn du aus deinem höheren Herzen lebst, strahlst du vor Liebe, und alle fühlen sich wohl in deiner Gegenwart. Dein Licht beeinflusst den Kosmos.

VISUALISIERUNG, UM ZUM HÖHEREN HERZEN ZU GELANGEN

- Bestätige, dass du jedem und jeder Situation vergibst, der und die keine Liebe ist.
- Spüre oder sieh, wie Erzengel Chamuel vor dir steht.
- Seine Hände liegen auf deinem Herzchakra.
- Reine Liebe strömt direkt in dein Herz.
- Alles, was du sehen, spüren oder fühlen kannst, ist Liebe.
- Atme in dein Herz.
- Spüre, wie es reine Liebe in die Welt hinausstrahlt.

Kapitel 30

Dir selbst gegenüber wahrhaftig bleiben

Im Bewusstsein der fünften Dimension sagst du automatisch deine Wahrheit. Wenn jeder um dich herum hellsichtig ist und deine Energien sehen kann, hat es keinen Sinn, etwas anderes als offen und ehrlich zu sein! Auf dieser Frequenz bist du ehrenhaft, mutig, stark und höchst integer. Diese Eigenschaften sind für die Meisterschaft von entscheidender Bedeutung, und wir sind aufgefordert, sie jetzt zu praktizieren, um uns auf das neue Goldene Zeitalter vorzubereiten. Wenn alle Menschen auf der Welt auf diesem Niveau der Ehrenhaftigkeit leben, wird es absolutes Vertrauen und umfassende Sicherheit geben.

Die Reise zur Wahrheit

Das Halschakra enthält 22 Kammern oder Lektionen, die dich auf dem Weg zu Ehre und Mut leiten. Während du dich mit diesen Lektionen beschäftigst, wird deine Aura klar und ehrlich und du öffnest dich für spirituelle Gaben, einschließlich Heilung, bis du absolutes Gottvertrauen hast. Dies ist das Chakra der höheren Kommunikation.

In den letzten Jahren hat eine Entwicklung stattgefunden, weil sich das Halszentrum ausgedehnt und das Alta-Major-Chakra mit seinen elf Kammern integriert hat, was, in Übereinstimmung mit so vielen anderen Chakras, 33 Lektionen ergibt.

Das Alta-Major-Chakra

Ich habe vor fast 40 Jahren zum ersten Mal vom Alta-Major-Chakra gehört, und zwar in einem Vortrag von Ruth White, die Gildas channelt. Niemand hatte je zuvor von diesem Chakra gehört, und die Veranstalter des Vortrags waren skeptisch und wollten wissen, warum niemand etwas davon wusste. Da der Aufstieg der Menschheit damals noch in einem sehr frühen Stadium war, war dieses Chakra vorher weder offensichtlich noch verfügbar gewesen, und Ruth brachte die Informationen durch.

Das Alta-Major-Chakra liegt an der Schädelbasis, wo diese mit dem Hals verbunden ist. Wenn du dreidimensional bist, enthält es einen Großteil der Programmierung, die dich an die Illusion der alten Matrix anschließt. Wenn du geistig erwachst, müssen diese alten Überzeugungen gelöscht werden, was etwa so ist, als würde man eine Computerfestplatte löschen, damit völlig neue Informationen heruntergeladen werden können. Es ist jedoch nicht ganz so einfach wie das Löschen einer Computerfestplatte, weil viele Menschen, Religionen, Regierungen und andere daran interessiert sind, den Status quo aufrechtzuerhalten. Oft braucht es Mut, um die Illusion loszulassen und sich der Wahrheit der eigenen Göttlichkeit bewusst zu werden.

Das Alta-Major-Chakra wird oft als Sitz des Bewusstseins bezeichnet und steht mit dem Sitz der Seele im Basischakra in Verbindung. Es wurde lange für ein eher unbedeutendes Aufstiegschakra gehalten, aber während das Alte aufgelöst wird und es fünfdimensional wird, erweist es sich als wunderbar.

Das fünfdimensionale Alta-Major-Chakra liefert die fehlenden elf Kammern oder Lektionen des höheren Halschakras und bringt die Lektionen hier auf eine ganz neue Ebene.

Vor all den Jahren beschrieb Ruth White es als braun. Wie bei allen Chakras hat sich die Farbfrequenz weiterentwickelt und nun ist es tief blaugrün oder petrol.

Blau bringt Wahrheit, Stärke, Schutz, Heilung und Frieden, während Grün die Farbe der Natur, des Wachstums und des Neuanfangs ist. Diese besondere blaugrüne Schwingung ist eine der neuen Farben, die eingeführt werden, um den Aufstieg der Menschheit zu unterstützen.

Der Alta-Major-Aspekt des Halschakras ist ein Knotenpunkt und steht energetisch mit dem höheren Herzen in Verbindung. Er verbindet auch die Krone, das Dritte Auge und die Basis, indem er die Kundalini aktiviert, damit sie freier fließen kann.

Planetare und kosmische Halschakras

Das Halschakra der Erde ist Luxor in Ägypten. Das kosmische Halschakra ist Merkur, bei dem es um Kommunikation geht. Und der bereits aufgestiegene Teil von Merkur ist als Telephony bekannt.

Erzengel Michael

Erzengel Michael schwingt auf einer tiefblauen Ebene und spiegelt die höchsten Aspekte des Halschakras und das Blau im Petrol des Alta-Major-Bereichs wider. Er trägt sein Schwert der Wahrheit, um niedere Energien wegzuschneiden, und seine Engel werden dich immer beschützen, wenn du darum bittest. Er ist immer bei dir, wenn du an deinem höheren Halschakra arbeitest.

Die Reise durch das höhere Halschakra

Die Reise durch das Halszentrum umfasst 22 Schritte und die durch das Alta Major elf. Insgesamt kommt man also auf 33, die Schwingung des Christusbewusstseins.

Alle Halskammern sind außergewöhnlich empfindlich. Daher brauchst du auf deiner Reise durch sie zusätzlichen Schutz.

Dies ist eine Reise zu einem höheren Bewusstsein, und du sollst mit den inneren Kammern beginnen und dich rund um die Spirale nach außen vorarbeiten, damit die empfindlichsten Energien in ihrem verletzlichen Zentrum geschützt sind.

Halte außerdem, bevor du anfängst, die Lektionen dieses Zentrums zu lesen und zu integrieren, einen Moment inne und bitte Erzengel Michael sowie einen tiefblauen Drachen und dein Einhorn mit folgenden Worten, deine Erkundung zu schützen und die Frequenz für dich aufrechtzuerhalten:

Ich rufe jetzt Erzengel Michael zu Hilfe,
damit er mich auf dieser Reise mit seinem tiefblauen
Schutzlicht umgibt; einen tiefblauen Drachen, der mir den Weg
frei macht und mich beschützt, und ein reinweißes Einhorn,
das meine Frequenz hochhalten soll.

Wie bei allen Chakras hast du einen Teil dieser Reise möglicherweise schon in früheren Leben zurückgelegt.

- **Kammer 33:** Das Wissen um die kosmische Einheit. Vielleicht hattest du dieses Wissen schon einmal, vielleicht in einem früheren Leben, als du an einem ruhigen Abend die Sterne betrachtet hast.
- **Kammer 32:** Das Gefühl der Einheit wird um die Einheit mit der Natur und dem Kosmos erweitert.
- **Kammer 31:** Du bringst die Energie des kosmischen Herzens in diese Kammer. Nimm dir einen Moment Zeit, um dies ganz bewusst zu tun.
- **Kammer 30:** Du greifst auf höhere Codes zum Aufstieg zu. Erzengel Michael wird sie herunterladen, wenn du ihn darum bittest und bereit dafür bist.
- **Kammer 29:** Du gewinnst völlig neue Perspektiven auf das Leben und die Meisterschaft.
- **Kammer 28:** Du verbindest dich mit höheren Wesen – mit Engeln, Meistern und hoch entwickelten Wesen aus anderen Sternen- oder Planetensystemen.
- **Kammer 27:** Du erinnerst dich an wichtige Details deiner Seelenreise. Möglicherweise förderst du sowohl Weisheit als auch Wissen.
- **Kammer 26:** Du erinnerst dich an wichtige Ereignisse aus deinen früheren Leben.
- **Kammer 25:** Du heilst deine früheren Leben vollständig. Hier geht es um tiefere Vergebung.
- **Kammer 24:** Du vertraust deiner Intuition in dem Maße, in dem du sie in Worte fassen kannst.
- **Kammer 23:** Du lädst inspirierte Konzepte herunter, um sie zu teilen.
- **Kammer 22:** Du hast absolutes und uneingeschränktes Vertrauen in Gott.

- **Kammer 21:** Du lernst, Vertrauen in dich selbst zu haben.
- **Kammer 20:** Du bist ein Botschafter des Lichts und hältst zu diesem Zweck die Flamme der Wahrheit hoch.
- **Kammer 19:** Du übst inspirierte Führung mit Integrität aus.
- **Kammer 18:** Du erkennst, wer du wirklich bist, und würdigst deine göttliche Pracht.
- **Kammer 17:** Du lehrst Wahrheiten, telepathisch und ebenso verbal.
- **Kammer 16:** Du sprichst immer mit Hochachtung und Integrität.
- **Kammer 15:** Du bist offen und auf eine höhere Wahrheit ausgerichtet.
- **Kammer 14:** Du bist in der Lage, für dich selbst zu sprechen.
- **Kammer 13:** Du kannst dich für andere einsetzen und tust es auch.
- **Kammer 12:** Du weißt, wer du bist.
- **Kammer 11:** Du akzeptierst deine wahre Großartigkeit.
- **Kammer 10:** Wenn du sprichst, bevollmächtigst du andere aktiv.
- **Kammer 9:** Du kommunizierst telepathisch.
- **Kammer 8:** Du sagst die göttliche Wahrheit, egal was andere sagen oder tun.

Schau dir nun die unteren Lektionen dieses Chakras an, und nutze die Gelegenheit, diese Ängste abzubauen:

- **Kammer 7:** Du schließt dich der Meinung anderer an und lässt dich dahingehend beeinflussen, die Wahrheit falsch darzustellen. Wenn du merkst, dass dies der Fall ist, hältst du inne und entscheidest, was für dich richtig ist.

- **Kammer 6:** Du hältst dich zurück, weil du Angst hast, missverstanden, angezweifelt oder verfolgt zu werden. Dabei handelt es sich um Überzeugungen aus der Kindheit oder aus früheren Leben. Es ist an der Zeit, deine Macht einzufordern und deine Wahrheit auszustrahlen.
- **Kammer 5:** Du lernst, deiner inneren Stimme und der deines Schutzengels zu vertrauen.
- **Kammer 4:** Hier besteht die Lektion darin, zuzuhören und wirklich hinzuhören, damit du die Botschaft verstehst.
- **Kammer 3:** In dieser Kammer weigerst du dich zuzuhören. Wenn du glaubst, dass dies der Fall ist, setze dich jeden Tag ganz ruhig hin und sei empfänglich. Möglicherweise bekommst du nicht sofort eine Anleitung oder Eindrücke, aber wenn du beharrlich darauf bestehst, wirst du sie bekommen. Dann wird das Licht in dieser Kammer leuchten.
- **Kammer 2:** Du erzählst absichtlich Unwahrheiten oder verdrehst die Wahrheit. Dies ist entweder eine Manipulation oder ein Schutz für dein inneres Kind. Es ist Zeit, dich bewusst davon zu verabschieden.
- **Kammer 1:** Du lügst oder bist unehrlich, um dich selbst zu schützen. Ändere dies, denn wenn du deine Wahrheit sagst, leuchtet diese Kammer auf. Dies spiegelt sich in deiner Aura wider, und die Menschen werden anfangen, dich zu respektieren und dir zu vertrauen.

Dein Halschakra strahlt jetzt ein schimmerndes, durchscheinendes, tiefes Blau mit einem Hauch von Grün aus. Jeder betrachtet dich als ehrenhaft und vertraut dir.

VISUALISIERUNG: ERZENGEL MICHAELS SCHWERT DER WAHRHEIT

- Rufe einen tiefblauen Drachen herbei und bitte ihn, einen Wirbel aus schützender blauer Energie um dich herum zu erzeugen.
- Bitte dein Einhorn, dir beizustehen und deine Frequenz hochzuhalten.
- Bitte Erzengel Michael, dich mit Ehre, Integrität und Wahrheit zu berühren.
- Nimm dir einen Moment Zeit, um diese Energien zu spüren und zu würdigen.
- Erzengel Michael berührt deinen Hals sanft mit seinem flammenden Schwert der Wahrheit.
- Spüre, wie alte Muster, die dich zurückhalten, weggeschnitten werden.
- Vielleicht spürst du, wie eine reine blaue Flamme aufleuchtet und dein Halszentrum erfüllt.
- Sieh dich selbst, wie du deine Wahrheit sagst.
- Spüre einen Energieschub, wenn sich die blaue Flamme ausdehnt und deinen ganzen Körper umgibt.

Kapitel 31

Deine geistigen und außersinnlichen Gaben aktivieren

Manche Seher, weise Menschen mit fortgeschrittenen geistigen und übersinnlichen Fähigkeiten, können in eine Kristallkugel schauen und alles sehen, was sie wissen müssen, Vergangenheit, Gegenwart und Zukunft. Wenn du ganz fünfdimensional bist, wird das Dritte-Auge-Chakra in der Mitte deiner Stirn zu deiner ganz persönlichen Kristallkugel.

Das Dritte-Auge-Chakra

Dieses komplexe und kraftvolle Chakra hat 96 Kammern und jede enthält eine Lektion. Wir gehen hier nicht alle diese Lektionen durch! Allerdings ist dieses Chakra in sieben Ebenen unterteilt und die werden wir uns ansehen.

Es ist ein wenig so, als würde man einen siebenstöckigen Wohnblock erkunden. Möglicherweise hast du auf jeder Etage einige Wohnungen besichtigt, aber andere hast du noch nicht erkundet. Möglicherweise hast du einen Teil des Wissens entweder in früheren Inkarnationen oder früh in dieser integriert.

Möglicherweise bist du übersinnlicher, als dir bewusst ist, ohne vollständig telepathisch oder hellsichtig zu sein. Auf die gleiche Weise empfängst du möglicherweise kosmische Downloads, ohne das Bewusstsein der Fülle zu genießen.

Dies ist ein sehr starkes Chakra und seine Kraft kann zum persönlichen Vorteil oder zur Kontrolle missbraucht oder auf das höchste Wohl konzentriert werden. Im ersteren Fall behindert es deinen Aufstieg und den des Planeten. Im letzteren Fall wirst du zu einem Leuchtturm des Lichts und hast einen gewaltigen Einfluss auf den Aufstieg der Erde.

Planetare und kosmische Dritte-Auge-Chakras

Das planetare Dritte-Auge-Chakra ist Afghanistan. Dein Drittes Auge ist mächtig. Das Gleiche gilt für die Berge Afghanistans mit ihrem Reichtum an Kupfer, Gold, Edelsteinen, Öl und Mineralien.

Es wird prognostiziert, dass dieses Land der letzte Ort auf dem Planeten sein wird, an dem es Frieden gibt. Es spiegelt die Dritte-Auge-Chakras der Menschheit wider, und je schneller wir alle das Licht in diesem Zentrum entzünden, desto schneller können wir den Weltfrieden genießen.

Das Dritte Auge des Kosmos ist Jupiter, dessen aufgestiegener Aspekt Jumbay genannt wird. Es gibt ein Portal von Afghanistan zu Jupiter und Jumbay. Wenn dieses Land also in die fünfte Dimension aufsteigt, wird es nicht nur Frieden auf der Erde geben, sondern Glück und Wohlstand werden sich auf dem gesamten Planeten ausbreiten.

Erzengel Raphael

Erzengel Raphael, der smaragdgrüne Engel der Heilung und des Wohlstandes, überwacht die Entwicklung der Dritte-Auge-Chakras der Menschheit, des Planeten und des Universums. Seine Zwillingsflamme ist der Engel Maria, die wundersame Heilerin, die alle göttlichen weiblichen Eigenschaften in sich trägt, vor allem Liebe und Mitgefühl.

Die sieben Ebenen des Dritte-Auge-Chakras

Es gibt sieben Ebenen in diesem Zentrum und jede davon muss vollständig gemeistert und zum Wohle aller auf deiner Reise zum höheren Aufstieg genutzt werden.

1. Illusion

Auf der ersten Ebene geht es darum, durch die Illusion auf die Wahrheit zu schauen. Alles, was nicht aus Liebe und reinstem Licht besteht, ist Illusion. Desinformationen und Verschwörungstheorien gibt es mittlerweile im Überfluss. Was für eine perfekte Möglichkeit, zwischen Wahrheit und Illusion zu unterscheiden! Ich bin Jungfrau und eine der großen Lernaufgaben aller Jungfrauen ist Einsicht und Urteilsvermögen. Also habe ich Jahre damit verbracht, daran zu arbeiten! Ich verstehe die Dramatik einiger Theorien, aber ich lerne, alles zu ignorieren, was nicht der Wahrheit entspricht. So viele dunkle Dinge, von Krieg über Krankheit bis hin zu Scheidung, scheinen sehr real zu sein und fühlen sich sehr schmerzhaft an, besonders wenn man sie durchlebt. Wie können sie eine Illusion sein?

Die Quelle ist Liebe und göttliches Licht. Das ist Wahrheit. Du bist Teil der Quelle. Liebe und göttliches Licht sind also dein Wesen und die eines jeden Menschen und jedes Tieres auf der Welt. Liebe wird in diesem Fall als »vollständige Akzeptanz ohne Agenda oder Urteil« definiert und göttliches Licht ist die höchste

Frequenz spirituellen Wissens und entsprechender Informationen. Wenn du das in jemandem oder sogar in einem sehr gefährlichen Tier siehst, wird er oder es dir mit der Liebe in seinem reinen Wesen antworten.

Erst wenn du dich vom flammenden Herzen der Quelle entfernst, schaust du durch die verzerrte Linse der Illusion.

Wenn du etwas siehst, das nicht Liebe oder reines Licht ist, ist es eine Projektion von etwas in dir selbst. So muss es sein, denn wenn es nicht in dir wäre, würdest du es einfach nicht sehen.

Das Universum stellt dir also immer wieder Spiegel zur Verfügung, in die du schauen und unbewusste Aspekte deiner selbst in den Menschen und Situationen um dich herum widergespiegelt sehen kannst. Je mehr du dich auf sie konzentrierst und ihnen Energie gibst, desto realer scheinen sie zu sein. Ich bekomme oft hektische Mitteilungen von Menschen, die sich eine Veränderung ihres Partners, eines Kindes, eines Elternteils, einer Kollegin oder Freundin wünschen. »Wie kann ich ihn dazu bringen, mich nicht mehr so zu behandeln?« »Wie kann ich ihr klarmachen, dass sie umziehen sollte?« »Was kann ich gegen das Verhalten meines Kindes tun?« Die Antwort ist immer dieselbe: »Die andere Person spiegelt dir etwas. Ändere dich selbst, und das Spiegelbild muss sich ändern, damit sie sich anders verhält oder aus deinem Leben verschwindet.«

Darüber hinaus sind die Qualitäten oder Verhaltensweisen der anderen Person, auf die du dich konzentrierst, Illusionen. Die Wahrheit ist, dass sich darunter ein wunderschönes göttliches Wesen verbirgt. Konzentriere dich auf den schönen göttlichen Aspekt dieser Person, damit sie ihn dir zeigen kann.

Auch Angst und Ego sind Illusionen. Die Wahrheit ist: Mit welchen Herausforderungen auch immer du konfrontiert bist, deine Seele wird sie meistern. Dein Ego kann jedoch Beulen abbekommen haben, und das ist ein Lernprozess auf dem Weg zur Liebe.

Wenn jemand versucht, dir das Gefühl zu geben, dass du anders bist als andere oder weniger wert als sie, dann vergiss nicht, dass dies die Illusion dieser Person ist.

Wenn du sie allerdings glaubst, wird sie zu deiner. Konzentriere dich einfach auf deine liebevolle Essenz. Wenn jemand zu dem Schluss kommt, dass du nicht so gut bist wie jemand anderes, ist das wieder einmal ein Test. Wenn du es ignorierst und dich auf deine göttliche Großartigkeit konzentrierst, gelangst du über die erste Ebene der Dritte-Auge-Reise hinaus.

Möglicherweise schauen mehrere Menschen in denselben Spiegel und sehen dasselbe. Es spielt keine Rolle, wie viele Leute das Negative sehen, es ist immer noch eine Illusion. Das Kollektiv kann sehr mächtig sein. Ein Großteil der Medien glaubt daran und stellt dich auf vielfältige Weise auf die Probe. Wenn jemand mit dir über Krieg, Verletzungen oder Meinungsverschiedenheiten spricht, konzentriert er sich auf Illusionen. Wechsle das Thema oder den Fernsehsender. Begib dich nicht in ihr Universum. Es ist an der Zeit, dass Lichtarbeiter darüber hinausgehen.

Du gibst dem Energie, worauf du dich konzentrierst. Also sieh das Gute und Schöne.

Die ultimative Illusion ist der Tod. Die Wahrheit ist, dass du in einem Umkleideraum die Gewänder deines physischen Körpers ablegst, bevor du im nächsten Raum wieder in Erscheinung trittst.

Wir alle haben schon gehört, dass die Welt eine Illusion ist. In der dritten Dimension haben wir als Individuen und als Kollektiv dieses Drama erschaffen. Aber es ist unmöglich, zu verstehen, bis wir in die reine Liebe und das reine Licht eintreten. Nur dann können wir sehen und verstehen, dass es aus der Trennung von der Quelle entsteht.

In dem Moment, in dem du den Schalter betätigst und den in deinem Kopf projizierten Negativfilm wirklich als das erkennst, was er ist, kannst du auf der Stelle entscheiden, einen anderen Film zu projizieren. Die Reflexionen verwandeln sich in Freude und Liebe. Deine Welt verändert sich. Wenn andere Menschen im Dunkeln leben, musst du dich ihnen nicht anschließen.

In dem fünfdimensionalen Paradigma,
dem wir uns nähern, werden wir alle in das Licht,
die Liebe und die Wahrheit eintreten.

Wenn du die Welt umgestalten möchtest,
damit sie für das neue Goldene Zeitalter bereit ist, kannst du
damit anfangen, den Wandel in deinem eigenen Bewusstsein
vorzunehmen. Dann kannst du auf die zweite Ebene
des Dritten Auges überwechseln.

2. Geistheilung

Die Gedanken, die du aussendest, können einen starken Einfluss auf andere ausüben. Je mehr Energie hinter einem Gedanken steckt, desto tiefer kann er in die Aura des Empfängers eindringen und dessen Gesundheit und Wohlbefinden negativ oder positiv beeinflussen. Allerdings sind die Gedanken der meisten Menschen zu zerstreut, um wirksam zu sein.

Bei den Lektionen auf der zweiten Ebene des Dritten Auges geht es darum, mit der Kraft deiner Gedanken eine heilende Wirkung zu erzeugen und sich zum höchsten Wohl anderer zu betätigen.

Bei der aktuellen Konzentration auf Meditation und Achtsamkeit geht es um die Entwicklung dieser Ebene des Dritte-Auge-Chakras.

Wenn du dich mental darauf fokussierst, mit Integrität und positiver Absicht einen Laserstrahl konzentrierter positiver Gedanken auszusenden, hast du die Lektionen dieser Ebene gemeistert. Dies verleiht so große Kraft, dass du damit den Aufstieg des gesamten Planeten beschleunigen kannst.

Du kannst deine Kraft konzentrieren, um den fünfdimensionalen Gesundheitsplan eines jeden Menschen an Ort und Stelle zu visualisieren. Bitte, wenn du das tust, darum, dass derjenige die Heilung aus Gnade erhält. Das bedeutet, du bittest darum, dass die andere Person nur dann profitiert, wenn ihre Seele bereit ist, sie anzunehmen.

Du kannst deine Macht auch nutzen, um etwas zu erzwingen, aber wenn es nicht dem höchsten Wohl dieser Person dient, schaffst du Karma für dich selbst. Um Gnade zu bitten bedeutet, dass deine Seele die Energie leitet.

3. Telepathie

Dies ist die Fähigkeit, ohne gesprochene Sprache direkt von Geist zu Geist zu kommunizieren. Mitteilungen können in Form von Bildern, Worten, Gedanken, Ideen, Gefühlen oder Konzepten weitergegeben werden.

Immer mehr Menschen entwickeln telepathische Fähigkeiten, ohne es überhaupt zu merken. Die meisten Mütter kommunizieren auf diese Weise mit ihren Babys und Kleinkindern. Wenn das Kind jedoch schreit und bei den Eltern Angst auslöst, blockiert dies die Aufnahmefähigkeit. Auf die gleiche Weise kommunizieren Tierliebhaber telepathisch mit ihren Haustieren und wissen intuitiv, was sie wollen. Es ist ein wechselseitiger Prozess, denn das Geschöpf nimmt deine Gedanken oft leichter auf als deine Worte. Wenn du dich jedoch zu sehr anstrengst, trübt sich dein Drittes Auge ein. Es ist viel einfacher, sich den Ätherwellen zu öffnen, wenn man entspannt ist.

Menschen oder Tiere kommunizieren auf anderen Frequenzbändern als Vögel oder Bäume, während die Engel- und Elementarbereiche ihre Botschaften in einer höheren Schwingung senden. Doch dein Drittes Auge kann sie alle herunterladen.

Übe, dich auf Menschen und Tiere sowie auf die Natur und das Engelreich einzustimmen. Lass alle Vorurteile los und vertraue deinen Eindrücken.

4. Schöpfung

Auf der vierten Ebene deines Dritten Auges geht es um Schöpfung und Manifestation. Wenn deine zwölf fünfdimensionalen Chakras aktiviert sind, kannst du mit der Kraft anderer Chakras manifestieren, aber bis vor Kurzem war das Dritte Auge das einzige geistige Zentrum, von dem aus du deine Wünsche und Absichten ins Universum senden konntest. Von hier aus kannst du nicht nur deine persönlichen Träume und Visionen, sondern auch Objekte bewusst manifestieren. Jeder Mensch verfügt über diese latente Kraft, die auf dieser Ebene des Dritten Auges entwickelt und verfeinert wird.

Manifestation basiert auf folgenden drei Faktoren:

- der Fähigkeit, dich tief zu entspannen,
- einen klaren, konzentrierten Fokus auf das zu legen, was du schaffen möchtest,
- deine Frequenz so weit wie möglich anzuheben.

Atem- und Entspannungstechniken werden immer beliebter, weil wir uns unbewusst darin üben, immer tiefer zu entspannen.

In der goldenen Zukunft werden die Menschen Gedächtnisspiele spielen, um ihr Erinnerungsvermögen zu schärfen und ihre Konzentrationsfähigkeit zu verbessern. Ist dir aufgefallen, dass Kreuzworträtsel, Sudoku und Wortspiele in den letzten Jahren immer beliebter geworden sind?

Von dieser Ebene aus kannst du auch Bilder in den entspannten Geist einer empfänglichen Person senden. Ich habe die folgende Geschichte bereits in einem anderen Buch von mir erzählt, aber sie veranschaulicht dies ganz wunderbar. Vor 40 Jahren machte ich eine Ausbildung zur Hypnotherapeutin. Eine meiner Mitstudentinnen übte an einer Freundin. Während die Freundin tief entspannt war, nahm diese Studentin sie mit auf eine innere Reise entlang eines Pfades. Sie beschloss, einen rosafarbenen Zauntritt in die Gedanken ihrer Freundin zu projizieren. Plötzlich rief diese: »Wie außergewöhnlich! Da stand plötzlich ein rosafarbener Zauntritt auf dem Weg.« Dies ist etwas, das du üben kannst, um deine Fähigkeiten zu verbessern. Es muss aber mit Integrität geschehen.

5. Hellsehen

Die fünfte Ebene deines Dritten Auges ist das Hellsehen, die Fähigkeit, in andere Dimensionen zu schauen. Das französische

Wort *Clairvoyance* bedeutet zwar wörtlich »klares Sehen«, aber vielleicht bist du auf dieser Ebene sehr bewusst und außersinnlich eingestimmt, ohne tatsächlich in der Lage zu sein, Bilder zu sehen. Vielleicht hast du beispielsweise lediglich ein starkes Gespür dafür, was in der Zukunft passieren wird oder in der Vergangenheit geschehen ist.

Wie bei allen Gaben ist es wichtig, diese zum höchsten Wohl zu nutzen, denn es gibt auch dunkle Dimensionen, auf die man sich einstimmen kann, was unselige Folgen hat. Die Türen zu diesen unteren Räumen bleiben verschlossen, wenn du reine Absichten und Gedanken hast. Nur deine eigenen Ängste oder Entscheidungen, beispielsweise das Anschauen einer dunklen Fernsehsendung, können sie öffnen.

Wenn du dich auf höhere Bereiche und Aufstiegsqualitäten konzentrierst, werden die Schleier zwischen dir und der geistigen Welt immer dünner. Möglicherweise siehst du Geister oder sogar aufgestiegene Meister sowie Elementargeister, Drachen, Engel und Einhörner.

6. Wohlstandsbewusstsein

Auf der sechsten Ebene des Dritten Auges geht es um Wohlstandsbewusstsein. Hier öffnen sich die Kammern, wenn du fünfdimensional wirst. Dann werden deine Bedürfnisse automatisch befriedigt.

Dies kann auf dezente Weise geschehen. Du bist zum Beispiel in einem Restaurant und denkst: *Ich hätte gern etwas Tomatensoße.* Und der Kellner steht sofort neben dir und fragt: »Möchten Sie etwas Tomatensoße?« Oder du sagst eines Morgens: »Ich brauche ein anderes Auto. Ich hätte wirklich gern einen blauen Peugeot.« Am selben Nachmittag gehst du bei deiner örtlichen Werkstatt vorbei, und da steht ein blauer Peugeot im Sonderangebot. Ein

Freund von mir sagte einmal, er brauche unbedingt Urlaub. Fünf Minuten später klingelte sein Telefon. Es war ein Freund, den er jahrelang nicht gesehen hatte und der ihn als seinen Gast in seine Villa in Frankreich einlud.

Auf dieser Ebene glaubst du, dass du diese guten Dinge verdienst und bist freudig dankbar dafür. Dann geschehen wie selbstverständlich weitere Wunder des Überflusses und des Wohlstands. Das Universum sieht den Wunsch deines Herzens und erfüllt ihn.

Sei bereit, die göttliche Fülle anzunehmen.

7. Hellwissen

Die siebte Ebene des Dritten Auges ist Hellwissen, göttliches Wissen oder *Gnosis*.

Dies ist die oberste Etage des siebenstöckigen Wohnblocks. Von hier hast du einen Panoramablick. Die Dinge fügen sich zusammen. Du erhältst Downloads von den Sternen. Du bekommst Zugang zu universellen Wahrheiten. Du musst nicht sehen. Du *weißt*.

VISUALISIERUNG: DEIN DRITTES AUGE ERWEITERN

- Stell dir vor, du gehst auf einen siebenstöckigen Wohnblock zu.
- Geh in den Flur im Erdgeschoss und halte Ausschau nach dem Schönen in jedem Zimmer.
- Geh von Etage zu Etage, öffne die Türen und lass die Sonne in jeden Raum scheinen.
- Konzentriere dich im zweiten Stock darauf, dass die Welt geheilt wird.

- Sende im dritten Stock ein kraftvolles und schönes Bild an jemanden.
- Konzentriere dich im vierten Stock auf einen Traum oder eine Vision.
- Schau im fünften Stock in die Räume und sieh, was in den verschiedenen Dimensionen passiert.
- Stell dir im sechsten Stock vor, dass der Wunsch deines Herzens vom Universum erfüllt wird.
- Schau vom Dach des Gebäudes zu den Sternen hinauf und spüre, wie eine Kristallkugel in deinem Dritten Auge platziert wird.

Kapitel 32

Verbindung mit dem Kosmos aufnehmen

Der Kosmos ist riesig, voller Sterne, Planeten und Galaxien. Milliarden nicht physischer Wesen in allen Formen und Größen bewohnen die Universen. Obwohl unser gesamtes Universum im Jahr 2032 fünfdimensional sein wird, haben sich einige der Himmelskörper und außerirdischen Wesen im Kosmos bereits auf noch höhere geistige Ebenen weiterentwickelt. Alle konzentrieren sich darauf, der Erde dabei zu helfen, ihren rechtmäßigen fünfdimensionalen Platz in diesem Universum einzunehmen.

Das Kronenchakra

Dein Kronenchakra oben auf deinem Kopf hat 1000 Blütenblätter. Jedes von ihnen erstreckt sich ins Universum, um dich mit 1000 Sternen, Planeten, Galaxien oder kosmischen Energieansammlungen zu verbinden.

Wenn dein Kronenchakra vollständig fünfdimensional ist, strahlst du einen goldenen Nimbus aus, den andere Menschen vielleicht sogar sehen können.

Erzengel Jophiel

Erzengel Jophiel ist für die Entwicklung des Kronenchakras verantwortlich und macht es dir möglich, kosmisches Wissen, Informationen und Weisheit in dich aufzunehmen. Dieses wird in die Kammern der Krone heruntergeladen und kommt normalerweise als vollständiges Wissen an. Es gibt keinen Zweifel. Du akzeptierst es einfach komplett.

Kosmische Helfer

Hier sind einige der kosmischen Wesen, die uns jetzt helfen wollen. Sei ihnen gegenüber aufgeschlossen und bitte sie um Hilfe, denn sie können nicht gegen deinen freien Willen handeln.

- Die Wesen vom Sirius bringen spirituelle Technologie und ein Verständnis der heiligen Geometrie mit. Der goldene Globus des neundimensionalen Christuslichts wurde kürzlich hier platziert. Der aufgestiegene Aspekt von Sirius ist Lakumay, der jetzt den goldenen Globus des elfdimensionalen Christuslichts trägt. Gemeinsam strahlen sie hohe Frequenzen transzendenter Liebe auf dich aus, wenn du bereit bist, sie anzunehmen. Du kannst sie auch in deinen Geistkörpern besuchen, um darauf zuzugreifen, wenn du bereit bist.
- Herzensheilung aus der Quelle wird über die Plejaden herabgestuft. Alle siebendimensionalen Wesen dieser Konstellation tragen blaues herzheilendes Licht in ihren Energiefeldern und umhüllen dich damit, wenn du es möchtest.
- Die Wesen vom Arcturus sind hoch entwickelt und haben beinahe ein Gruppenbewusstsein, in dem das Wohl aller wichtiger ist als die individuelle Identität. Diese großartigen Wesen sind fortgeschrittene Heiler und arbeiten auf Wunsch mit dei-

nen Chakras, deinen Meridianen, deinen Energiekörpern und deiner DNA.

- Venus ist vollständig aufgestiegen und bringt die Liebe aus der Quelle auf ein Niveau, das wir akzeptieren können. Die wunderschönen Wesen von diesem Planeten können dich mit reiner Liebe berühren, wenn du darum bittest, und dich mit dem kosmischen Herzen in Verbindung bringen.
- Die Wesen von Andromeda sind sehr hoch entwickelt. Sie verbreiten höhere Liebe, und wenn auch du Fortschritte machst, kannst du über das kosmische Herz hinausgehen, um außergewöhnliche Liebe von ihnen zu empfangen. Indem sie Weisheit vom Orion und Frieden von Nigellay, dem aufgestiegenen Teil des Mars, in ihre Energiefelder ziehen, können sie deine Frequenz wirklich erhöhen.
- Neptun ist der Planet der höheren Spiritualität. Die Weisheit und das Wissen sowohl aus Lemurien als auch aus Atlantis sind in dem Teil von ihm enthalten, der aufgestiegen ist und Toutillay genannt wird. Viele von denen, die hier ihre Energie herunterstufen, haben die ursprünglichen Baupläne, mit denen sie von der Quelle gesegnet wurden. Die Wesen dieses Planeten berühren dich mit göttlicher Reinheit und Weisheit.
- Saturn ist der Planet der Disziplin und Ordnung. Hier gelten die geistigen Gesetze des Universums. Sein aufgestiegener Aspekt wird Quishy genannt. Nur mit Selbstdisziplin kannst du ein Meister werden oder wahre Macht mit Weisheit entwickeln. Die Wesen vom Saturn sind bestrebt, dich mit diesen höheren Möglichkeiten zu berühren.
- Wesen von Lyra treffen jetzt ein, weil sich das große Sternentor zwischen dieser Konstellation und dem Mond öffnet. Sie kommen, um dich auf die Einhornenergie vorzubereiten, während

die Wesen vom Mond die Codes der göttlich-weiblichen Weisheit und Liebe in sich tragen, die sie dir besonders bei Vollmond zuflüstern.

- Die Wesen der Sonne tragen die Codes der göttlich-männlichen Energie und des Glücks in sich und geben sie an dich weiter.
- Die Sonne jenseits unserer Sonne heißt Helios, bekannt als die Große Zentralsonne. Hier kreiert und speichert Erzengel Metatron alle Lichtcodes für dieses Universum. Die Wesen von hier berühren diejenigen, die dafür bereit sind, mit den Codes des Göttlich-Männlichen sowie mit universellem Wissen und entsprechender Weisheit.
- Die Wesen von Merkur und seinem aufgestiegenen Teil, Telephony, sind auf die höheren kosmischen Kommunikationsnetzwerke eingestimmt und helfen dir gern, dich mit Integrität an die höheren Übertragungen anzuschließen.
- Die Wesen vom Jupiter bringen das Wohlstandsbewusstsein mit, während die Wesen von Jumbay, seinem aufgestiegenen Aspekt, es dir möglich machen, alle deine spirituellen Vorstellungen zu erweitern und dein Potenzial auszuschöpfen.
- Die Wesen von Uranus und seinem aufgestiegenen Aspekt Curonay helfen dir, dich mit der Weisheit aller Sterne, Planeten und Galaxien zu verbinden, von denen du Informationen herunterladen kannst.
- Die Meister des Orion verfügen über die Weisheit des Universums. Die Wesen dieser Konstellation helfen dir, Wissen zum höchsten Wohl aller zu nutzen.
- Marsianer stehen zwar in dem Ruf, aggressiv zu sein, tragen aber in Wirklichkeit mit Respekt und Würde dazu bei, die göttliche Ordnung im Universum aufrechtzuerhalten. Die Wesen

von Nigellay, dem aufgestiegenen Aspekt des Mars, geben die Eigenschaften des spirituellen Kriegers an dich weiter. Sie sind sowohl Beschützer als auch weise und mächtige Anführer. Sie flüstern dir zu, dass du deinen Teil dazu beitragen sollst, alle Wesen des Universums in Liebe zu verbinden.

VISUALISIERUNG: SICH DER KOSMISCHEN WEISHEIT ÖFFNEN

- Konzentriere dich auf dein Kronenchakra und stell dir vor, dass du eine Krone mit 1000 nach oben gerichteten Zacken oder Fühlern trägst.
- Möglicherweise hast du das Gefühl, dass einer oder mehrere davon mit Sternen, Planeten oder kosmischen Energien in Verbindung stehen.
- Erlaube dir, Wissen und Weisheit zum höchsten Wohl zu empfangen.
- Mach eine Pause, während dies bewusst oder unbewusst in dein Kronenchakra integriert wird.
- Sieh, wie das gesamte Universum in Liebe verbunden ist.
- Visualisiere einen goldenen Nimbus, der dein Kronenchakra umgibt.

Kapitel 33

Ewiger Friede

Reines Weiß enthält das gesamte Farbspektrum. Es strahlt Reinheit aus. Es ist auch die Farbe der Liebe aus der Quelle und des ewigen Friedens.

Du musst dir die Eigenschaften verdienen, die reines weißes Licht in deinen Energiefeldern erzeugen. Wenn du das tust, bist du auf einer solchen Ebene des Friedens und strahlst in deiner Umgebung aus, dass du vollkommen harmlos bist. Dann fühlen sich Menschen und Tiere in deiner Umgebung absolut entspannt und sicher.

Ewiger Frieden bedeutet, dass du dauerhaft in diesem harmlosen Zustand lebst. Wenn du durch Buschland voller hungriger Löwen laufen würdest, würdest du unversehrt bleiben. Wenn du in reiner weißer Unschuld lebst, befindest du dich buchstäblich in deiner göttlichen Essenz, einer sehr hoch entwickelten Frequenz.

Es gibt zwei Engel des Friedens: Erzengel Uriel, der Frieden mit Weisheit und Harmonie auf dem goldenen Strahl verbreitet, und Erzengel Christiel, der den Frieden auf dem reinweißen Strahl der Liebe und Freude ausstrahlt.

Das Kausalchakra

Dein Kausalchakra liegt über deinem Kronenchakra und ist als dein persönlicher Mond bekannt, denn es schimmert weiß und enthält göttlich-weibliches Licht. Es ist auch direkt mit dem Mond verbunden. Es ist das Chakra des höheren Geistes und enthält das Bewusstsein der Stille, des Friedens, der Liebe, der Freude und der Wahrheit.

Dieses geistige Zentrum ist eine einzige riesige Kammer. Zugang dazu erhält man, wenn man die entsprechenden Qualitäten entwickelt hat. Es ist das Tor zu den Reichen der Engel. Wenn dieses Chakra aktiviert ist, öffnen sich seine mit Perlen besetzten Tore, und du kannst den siebten Himmel oder die siebendimensionale Welt der Engel, Einhörner und höheren Geistwesen betreten. Dann trittst du in die wundersame Welt der Engel und Erzengel ein, die Verbindung mit dir aufnehmen und dir ihre Hilfe anbieten, wenn du sie brauchst. Wenn du nicht vergisst, darum zu bitten, ist ihre Hilfe sofort und offensichtlich verfügbar.

Du kannst dich auch noch enger mit deinem Schutzengel verbinden, der dich ständig führt und auch die Synchronizitäten koordiniert, die es dir ermöglichen, den Menschen zu begegnen und in die Situationen zu geraten, die das Schicksal für dich vorgesehen hat.

Möglicherweise erkennst du sogar die unterschiedlichen Schwingungen der Erzengel, wenn du täglich Verbindung mit ihnen aufnimmst.

Wenn dein Kausalchakra an Ort und Stelle ist, nimmst du allmählich auch Verbindung zu den Einhörnern auf, die als »die Reinsten der Reinen« bekannt sind. Sie werden oft als reinweiße ätherische Pferde mit einem spiralförmigen Lichthorn gesehen. Wie alle Wesen der Engelreiche können sie jede beliebige Form annehmen und in jeder Farbe erscheinen, doch ihr Wesen ist die göttliche Reinheit.

Viele Einhörner treten in die Energiefelder der Erde ein, indem sie Lyra verlassen und über den Mond in die Kausalchakras der Menschen und durch das Tor in das Engelreich rund um die Erde gelangen. Millionen von Einhörnern haben sich auf diese Weise mit unserem Planeten und der Menschheit verbunden.

Wenn du dich spirituell weiterentwickelst,
gibt es so viele Möglichkeiten, der Welt zu dienen,
ohne dass du dir dessen überhaupt bewusst bist. Das Öffnen
deines Kausalchakras ist eine davon.

Planetare und kosmische Kausalchakras

Das Kausalchakra unseres Planeten ist Tibet, jenes Land der Stille, der Weisheit und des Friedens. Der Hohepriester Zeus führte seinen Stamm dorthin und brachte die Energien des wahren Friedens mit, die schließlich zum Buddhismus weiterentwickelt wurden. Die große kosmische Pyramide, die hier von Zeus erbaut und von Erzengel Christiel nach dem Untergang von Atlantis überwacht wurde, wurde zwar physisch zerstört, aber energetisch enthält sie die Schlüssel und Codes für Frieden auf der Erde.

Diese Pyramide bietet einen der Zugangspunkte zu den Hallen von Amenti in Hohlerde, einer riesigen Bibliothek, in der die Aufzeichnungen aller spirituellen Errungenschaften der Meister aus dem gesamten Kosmos enthalten sind. Sie wird von der Schildwache des Anubis beschützt.

Das kosmische Kausalchakra ist der Mond, und dieser steht mit dem diamantweißen, kreuzförmigen Sternentor von Lyra in Verbindung, hinter dem sich das Einhornreich befindet.

Erzengel Christiel

Erzengel Christiel ist für die Entwicklung dieses transzendenten Chakras verantwortlich. Wie viele andere universelle Wesen ist er erst kürzlich erneut in dieses Universum gekommen, um die gegenwärtige Transformation zu unterstützen und vor allem der Erde zu helfen. Sein Einstiegspunkt ist das Sternentor von Lyra, das Tor zum Einhornreich. Er strahlt reines Weiß aus und trägt, wie sein Name schon sagt, die höchsten Frequenzen des Christuslichts. Sein ätherischer Rückzugsort über der Erde ist Jerusalem. Der seiner Zwillingsflamme, Erzengel Mallory, liegt oberhalb von Bethlehem.

Er gelangt auch über den Mond auf unseren Planeten. Wenn du an Erzengel Christiel denkst, während du den Vollmond betrachtest oder auch nur an ihn denkst, erhellen seine Energie und die der Einhörner dein Kausalchakra. Das macht es auch Engeln möglich, leichter mit dir in Kontakt zu treten. Zu diesen Zeiten kann Erzengel Christiel Lichtschlüssel und Codes für dich herunterladen, die dir dann helfen können, die ätherische DNA in deinem Kausalchakra neu zu strukturieren. Diese sickern schließlich in das Physische ein und können tiefgreifende Auswirkungen auf dich haben.

Friedensdrachen

Drachen gehören komplett zum Reich der Engel. Ihre Flügel machen deutlich, dass ihr Herz weit offen ist. Es gibt zwar einige, die nicht auf einer Ebene schwingen, die es ihnen ermöglicht, im siebten Himmel zu leben, aber manche leben dort.

Dazu gehören die silbernen Monddrachen, die die göttlich-weiblichen Energien des Mondes in sich tragen, und die weißgoldenen Drachen von der Lyra, die die Codes des Einhornreichs bieten. Sie sind Befreiungsexperten und können niedrigere Energien umwandeln und höhere erhellen.

Hier eine Invokation, die du vielleicht verwenden möchtest, um eine Verbindung zu ihnen herzustellen:

Ich rufe jetzt einen silbernen Monddrachen und einen Drachen von Lyra zu Hilfe, um alle dichte Energie aus meinem Kausalchakra auszureinigen.
Ich rufe mein geliebtes Einhorn zu Hilfe, damit es die Kammer reinigt und erhellt, wenn sie sich öffnet.
Ich rufe Erzengel Christiel an, er möge mir helfen, alles zu integrieren, was ich für Frieden brauche.
So sei es.

VISUALISIERUNG FÜR EWIGEN FRIEDEN

- Nimm dir einen Moment Zeit zum Entspannen und konzentriere dich auf deine Atmung.
- Sieh oder spüre dein Kausalchakra wie einen reinweißen Mond über deinem Kopf.
- Stell dir vor, dass du ganz still in seinem Innern wartest.
- Erzengel Christiel tritt ein und umarmt dich mit seinen weißen Federflügeln.
- Entspanne dich in den Frieden und die Stille hinein.
- Spüre, wie deine Aura ein tiefes, gelassenes Weiß annimmt.
- Die mit Perlen besetzten Tore öffnen sich weit und du betrittst die Engelreiche.
- Genieße die Begegnung mit Engeln und Einhörnern.
- Spüre, wie ihre Liebe und ihr Frieden dich berühren.

Kapitel 34

Die Reise zur Seelenweisheit

Deine Seele war auf einer sehr langen Reise durch viele Dimensionen, auf verschiedenen Planeten und in verschiedenen Universen und hat dabei Gaben, Talente, Wissen und Weisheit gesammelt. Jede Erfahrung wurde gemacht, um die Liebe zu verstehen, und alle sind in deinem Seelensternchakra aufgezeichnet.

Das Seelensternchakra

Dieses herrliche magentafarbene Chakra mit 33 Kammern hat zwei Teile. Erzengel Zadkiel ist dafür zuständig, die Energie im unteren Bereich umzuwandeln, während Erzengel Mariel die oberen Kammern überstrahlt. Hier bekommst du Zugang zu den wahren Schlüsseln zur Meisterschaft und bewegst dich in eine viel höhere Schwingung, um die Reise zur Verschmelzung mit deiner Monade zu beginnen. In diesem Chakra gibt es Tore zu Gaben, Wissen und Weisheit aus früheren Leben und zu deiner ganzen Weisheit aus dem Goldenen Zeitalter von Atlantis.

Planetare und kosmische Seelensternchakras

Der Seelenstern des Planeten ist Agra, Indien, wo Shah Jahan das Taj Mahal als Denkmal der Liebe zu seiner Frau errichtete.

Das kosmische Seelensternchakra ist Orion, das Sternbild der Weisheit.

Die Reise durch das Seelensternchakra

Die Erfahrungen in den unteren Kammern dieses Chakras bieten wirklich wichtige Lektionen in Sachen Liebe. Als Elternteil machst du sie automatisch. Falls du jedoch keine eigenen Kinder hast, kannst du diesen Weg mit dem Kind oder Tier einer anderen Person beschreiten. Oder du hast diese Lektionen möglicherweise in einem früheren Leben gelernt. Manche Menschen machen solche Erfahrungen, indem sie dienen, etwa in der Krankenpflege oder bei der Wohltätigkeitsarbeit. Diese unteren Kammern können sogar vollständig geöffnet sein, bevor du in dieses Leben inkarnierst.

Während du dich auf die Reise durch die unteren Kammern machst, richten dein Einhorn, Erzengel Zadkiel und ein Drache der gold- und silbervioletten Flamme ihre Energie gezielt auf dieses Chakra.

Du kannst diese Invokation nutzen, um sie zu dir zu rufen:

Ich rufe jetzt einen Drachen der gold- und silbervioletten Flamme zu Hilfe, um alle dichten Energien in meinem Seelensternchakra zu klären.
Ich rufe mein geliebtes Einhorn herbei, damit es mir hilft, die Kammern zu reinigen und zu erhellen, wenn sie sich öffnen.
Ich rufe Erzengel Zadkiel herbei, damit er mir hilft, alles umzuwandeln, was keine höhere Liebe ist.
Ich bitte Erzengel Mariel um göttliche Hilfe, um durch das Seelensternchakra aufzusteigen.
So sei es.

Kammer 1: In der ersten Kammer ist das Lehrstück, sich selbst zu lieben. Dabei geht es darum, sich selbst so zu akzeptieren, wie man ist, bedingungslos und ohne jedes Urteil. Wenn du etwas Selbstkritisches denkst oder sagst, bitte Erzengel Zadkiel, es umzuwandeln und durch Selbstachtung zu ersetzen.

Kammer 2: Sieh deine Eltern als verletzliche Menschen, die mit ihrer Konditionierung und ihrem Bewusstsein ihr Bestes geben oder gegeben haben, und liebe sie.

Kammer 3: Erkenne, dass Tiere wunderschöne Geister in physischen Körpern sind, genau wie du, und liebe sie.

Kammer 4: Öffne in dieser Kammer dein Herz für die Liebe zu deinen Geschwistern, Cousinen und Cousins oder nahen Verwandten. Bleibe aktiv in Verbindung mit ihnen.

Kammer 5: Liebe dein jugendliches Ich. Nur wenige Teenager haben einen leichten Übergang. Also verzeih dir alles, was in dieser Zeit deines Lebens vielleicht passiert ist.

Kammer 6: Hilf anderen und diene ihnen in Liebe. Wenn du das nicht bereits tust, wird das Universum dir entsprechende Möglichkeiten bieten, sobald du dazu bereit bist.

Kammer 7: Sei zufrieden und glücklich mit dir selbst, egal welcher Geschlechterzugehörigkeit. Erfreue dich an dem, was du bist.

Kammer 8: Wenn du verliebt bist, siehst du, wie sich deine eigenen schönen Aspekte in deinem Gegenüber widerspiegeln. Das gibt dir das Gefühl, liebenswert, schön und besonders zu sein. Nimm diese Teile von dir ganz bewusst wahr und liebe sie.

Kammer 9: Erlebe die Freude, einen anderen Menschen glücklich zu machen.

Kammer 10: Liebe deine Eltern für alles, was sie getan haben, um dich auf diese Stufe zu bringen. Würdige ihre guten Eigenschaften und auch diejenigen, die dich dazu gebracht haben, zu wachsen.

Kammer 11: Erlebe, wie du deinem eigenen Kind oder einer Seele, auf die du Einfluss nehmen kannst, liebevoll dienst.

Kammer 12: In dieser Kammer gelangst du auf eine neue Ebene der Selbstliebe.

Kammer 13: Ob du nun Mutter oder Vater bist oder eine enge Beziehung zu einem Baby hast: In dieser Lektion geht es darum, diese Seele zu lieben. Vielleicht bist du sofort voller Liebe, weil du einen alten Freund begrüßen kannst. Vielleicht hattest du aber auch noch nie zuvor eine Verbindung zu dieser Seele. Sie ist dir also unbekannt.

Möglicherweise hattest du in einem früheren Leben sogar eine schwierige Beziehung zu ihr, und das kann es schwer machen, sie zu lieben. Aber du lernst die Lektion dieser Kammer, wenn du dich dafür öffnest.

Kammer 14: Bei dieser Lektion geht es darum, deinen Partner innig zu lieben. Möglicherweise hast du dies in einer anderen Inkarnation getan oder du hast dich mit einem Seelenverwandten verbunden, den du wirklich geliebt hast.

Kammer 15: Nicht jeder ist sofort bereit, Vater oder Mutter zu werden. In dieser Kammer besteht deine Prüfungsaufgabe also darin, das Elternsein liebend gern zu erlernen. Wenn du in diesem Leben keine Gelegenheit dazu gehabt hast, hattest du sie mit ziemlicher Sicherheit in anderen.

Kammer 16: Hier musst du dein höheres Herz erweitern und dem Kind erlauben, andere Menschen zu lieben.

Kammer 17: Würdige die Großeltern und erkenne, dass sie Menschen ihrer Zeit sind oder waren, mit ihren ganz eigenen Konditionierungen.

Kammer 18: Dehne deine Liebe über deine Familie hinaus aus, besonders wenn ihr eine sehr kleine Einheit seid.

Kammer 19: Lerne, für dich selbst zu sorgen, denn du kannst einen anderen Menschen erst dann wirklich fördern, wenn du dich selbst wertschätzen kannst.

Kammer 20: Wir sind alle eins und in dieser Einheit gibt es Vielfalt. In dieser Kammer liebst und würdigst du die Unterschiede zwischen deinem Kind und den Kindern anderer Menschen.

Kammer 21: Die Seele in deiner Obhut ist wertvoll. Und hier bist du in der Lage, sie anderen anzuvertrauen.

Kammer 22: Die Lektion hier ist ein wenig anders, weil du dein Kind anderen anvertraust.

Kammer 23: Wenn du und dein Partner oder deine Partnerin ein Baby bekommt, werdet ihr zu einer Dreiereinheit, und eure Beziehung zur Gemeinschaft verändert sich. In dieser Kammer etablierst du dich neu in der Gemeinschaft.

Kammer 24: Hier praktizierst du die harmonische Zusammenarbeit mit deinem Partner.

Kammer 25: Du sorgst für deine Eltern.

Kammer 26: Das größte Geschenk, das du deiner Familie und vor allem deinem Kind machen kannst, ist, glücklich zu sein. Dann können sie sich entspannen und fühlen sich frei, ebenfalls glücklich zu sein.

Kammer 27: Wenn dein Kind heranwächst, musst du lernen, die Zügel locker zu lassen und ihm mehr Unabhängigkeit zu ermöglichen.

Kammer 28: Hier musst du dich selbst akzeptieren, wenn du älter wirst.

Kammer 29: Liebe, wer du bist.

Kammer 30: Liebe andere Menschen, wie sie sind.

Kammer 31: Wenn dein Kind erwachsen wird, musst du es freilassen, damit es unabhängig sein und sein eigenes Leben führen kann.

Kammer 32: Wenn deine Eltern alt werden, musst du es ihnen überlassen, ihren Lebensabend so zu verbringen, wie sie es wollen, oder zu sterben.
Kammer 33: In der letzten Kammer geht es um dein spirituelles Wachstum und darum, dich auf den Aufstieg in den höchsten Bereich des Seelensternchakras vorzubereiten.

Erzengel Mariel erleuchtet dich jetzt mit seinem herrlichen magentafarbenen Licht.

VISUALISIERUNG: ERKUNDEN DEINER SEELENREISE

- Eine goldene Treppe führt zu einem massiven, mit Diamanten besetzten Torweg. Dieser öffnet sich zu einem schönen und wundersamen Tempel.
- Erzengel Mariel steht in der Mitte des Tempels und hält einen goldenen Schlüssel in der Hand.
- Er gibt dir den Schlüssel und du nimmst ihn entgegen.
- Er öffnet eine goldene Tür, hinter der sich die Gaben, das Wissen und die Weisheit befinden, die du auf deiner langen Seelenreise erworben hast.
- Du kannst dir so lange Zeit nehmen, wie du willst, um sie zu erkunden.
- Dann erscheinen Stufen zu deinem Sternentor und du steigst allmählich zu einer anderen herrlichen Ebene auf.

Kapitel 35

In Harmonie mit dem Unendlichen

Ein riesiger Kelch aus purem Gold über deinem Kopf, jenseits deiner nach oben ausgestreckten Arme, das ist dein Sternentor, das Chakra, für das Erzengel Metatron und der wundersame Seraph Seraphina zuständig sind.

Das Sternentorchakra

Das Sternentor hat zwölf Kammern oder Blütenblätter, die jeweils eine Aufstiegseigenschaft in sich tragen: Weisheit, Integrität, Stärke, Mut, Weitblick, Frieden, Mitgefühl, Ausgeglichenheit, Einheit, Wahrheit, Liebe und Freude. Wenn du alle diese Eigenschaften vollständig erworben hast, kannst du mit deiner Monade verschmelzen, mit deinem ursprünglichen göttlichen Funken, der wahren Essenz dessen, was du bist, mit dem, was die Summe all deiner Erfahrungen enthält. Dies ist der ultimative Aufstieg. Es ist ein Aufstieg der siebten Dimension. Dies ist die Ebene, welche die erleuchteten Meister auf der Erde erreicht haben.

Planetare und kosmische Sternentorchakras

Das Sternentor des Planeten ist die Arktis, eine Gegend, die mit Eis gereinigt wurde, damit sie die für dieses Chakra notwendige Hochfrequenzenergie speichern kann.

Das Sternentor des Kosmos ist der Planet Mars, dessen aufgestiegener Aspekt Nigellay genannt wird. Der Mars gehört der dritten Dimension an und spiegelt die kriegerische Energie wider, die wir seit Äonen auf der Erde sehen. Der Aspekt, der aufgestiegen ist, hat die Frequenz des spirituellen Führers und Friedensstifters zusammen mit der Autorität, Kraft und Weisheit, das gesamte Universum in Frieden und Zufriedenheit zusammenzuhalten. Wenn das Universum fünfdimensional wird, wird Mars/Nigellay seine wahre Macht und Pracht entfalten.

Erzengel Metatron

Der gold-orange Erzengel Metatron ist für den Aufstieg vieler Menschen sowie des Planeten und des Universums zuständig! Metatrons Würfel enthält die gesamte heilige Geometrie für den Aufstieg.

Seraph Seraphina

Es gibt 144 Seraphim der zwölften Dimension, die die Klänge der Schöpfung rund um die Gottheit singen. Sie arbeiten normalerweise nicht mit der Menschheit zusammen, und wir können uns glücklich schätzen, dass Seraphina es tut, hauptsächlich als Leiterin der intergalaktischen Ausbildungsschulen.

Die Wege zum höheren Aufstieg

Wenn du bei der Antakaranabrücke ankommst, die von deinem Seelenstern zu deiner Monade und von dort zur Quelle führt, hast du die Wahl. Du kannst für den höheren Aufstieg einen Weg nehmen oder mehrere. Viele derzeitige Aspiranten beschließen, alle Wege zu gehen. Sie alle werden dich schließlich befähigen, mit deiner ICH-BIN-Präsenz zu verschmelzen. Keiner ist besser als irgendein anderer. Sie sind einfach nur verschieden.

Der Saphirweg

Wenn du den Saphirweg nimmst, arbeitest du mit Erzengel Michael zusammen. Du konzentrierst dich auf integre Kommunikation, höheres Wissen und entsprechendes Handeln. Erzengel Michael bietet dir seinen Schutz und seine Kraft und erwartet von dir, dass du ehrenhaft, wahrhaftig und vertrauensvoll handelst.

Der Smaragdweg

Wenn du den Smaragdweg gehst, arbeitest du mit Erzengel Raphael zusammen, der dir den Weg leuchtet. Dies ist der Weg der Heilung, des Wohlstandsbewusstseins, des Wissens, der Weisheit und letztendlich der Erleuchtung. Erzengel Raphael hilft dir, alles von einer höheren Warte aus zu sehen.

Der Rubinweg

Erzengel Uriel, der Engel des Friedens und der Weisheit, begleitet dich auf dem Rubinweg. Er hilft dir, Selbstvertrauen und ein gutes Selbstwertgefühl zu entwickeln, und erwartet von dir, dass du klug handelst und kommunizierst und Frieden verbreitest. Wenn du dazu bereit bist, ermutigt er dich, intergalaktische Verantwortung zu übernehmen.

Der Regenbogenweg

Seraph Seraphina führt dich und hilft dir auf dem Regenbogenpfad, wo du ihre intergalaktischen Ausbildungsstätten auf den inneren Ebenen besuchst. Mehr über diesen Weg erfährst du im nächsten Kapitel.

Der Diamantweg

Dies ist der Weg der Reinheit, der Klarheit und der Freude. Erzengel Gabriel wirkt auf dich ein, die geistige Disziplin aufzubringen, um diesen reinen Zustand zu erreichen und andere zu inspirieren, mit dir zu gehen.

Der goldene Weg

Das ist der Weg der Engel. Hier arbeitest du mit den Engelreichen und strahlst eine goldene Energie aus, während du auf sie eingestimmt bleibst und Engelqualitäten entwickelst.

Die Antakaranabrücke

Wenn dein Seelensternchakra ganz offen und aktiv ist, bildet sich nach und nach eine Regenbogenbrücke von ihm zu deinem Sternentor, deinem ICH-BIN.

Während du diese Antakaranabrücke mit Liebe, höheren Gedanken und spiritueller Übung baust, fängt deine Monade an, die Brücke nach unten zu bauen, um dich abzuholen.

Hier ist eine Veranschaulichung dessen, was dabei passiert. Deine Monade, deine Seele und deine Persönlichkeit auf Erden sind wie eine riesige Familie. Deine Monade steht für deine Großeltern. Wenn deren Kinder erwachsen werden, reisen sie in alle Teile der Welt, um etwas über verschiedene Länder zu erfahren und sie zu erleben. Anfangs kommunizieren sie noch, aber mit der Zeit wird die Verbindung immer schwächer, reißt aber nie ganz ab. Und dann machen sich die Enkel ihrerseits auf den Weg, um den Planeten zu erkunden. Die Großeltern hoffen, dass ihre

Kinder und Enkel eines Tages zurückkehren und ihnen von ihren Abenteuern erzählen und von dem, was sie gelernt haben. Zuerst gehen die Enkel nach Hause zu ihren Eltern. Dies geschieht metaphorisch, wenn sich dein Seelensternchakra öffnet und du mit all deinen Seelenenergien in Kontakt bist. Und dann bist du bereit, dich auf den Antakaranaweg zurück zum Haus deiner Großeltern zu machen. Sobald sie wissen, dass du unterwegs bist, machen sie sich auf den Weg, um dir zu begegnen. Wenn sich die Familie wiedersieht, gibt es ein großes Fest.

Welchen Weg du auch wählst, und auch wenn du alle Wege zusammen beschreitest, musst du unbedingt sicherstellen, dass deine zwölf Chakras offen sind und sich drehen, bevor du die geistige oder dienende Arbeit leistest, um die Antakaranabrücke zu deiner Monade zu bauen. Nachfolgend findest du eine einfache Übung, um deine Chakras darauf vorzubereiten.

VISUALISIERUNG DURCH DIE CHAKRAS

Vorbereitung für das Betreten der Antakaranabrücke

- Finde einen ruhigen Platz, wo du ungestört bist, vielleicht in deinem heiligen Raum oder vor deinem Altar. Du kannst diese Übung aber auch bei einem Spaziergang im Wald, an einem Fluss, am Meer oder irgendwo in der Natur machen.
- Konzentriere dich auf dein Erdsternchakra, und sieh oder spüre, wie es sich dreht und ein helles, funkelndes Silberlicht ausstrahlt.
- Sieh oder spüre, wie sich dein Basischakra dreht und ein schimmerndes Platinlicht ausstrahlt.

- Sieh oder spüre, wie sich dein Sakralchakra dreht und ein herrliches, transzendentes rosa Licht ausstrahlt.
- Sieh oder spüre, wie sich dein Nabelchakra dreht und ein hell leuchtendes orangefarbenes Licht ausstrahlt.
- Sieh oder spüre, wie sich dein Solarplexuschakra dreht und leuchtend goldene Weisheit ausstrahlt.
- Sieh oder spüre, wie sich dein Herzchakra dreht und rosa-weiße Strahlen der Liebe aussendet.
- Sieh oder spüre, wie sich dein Halschakra dreht und ein kraftvolles Königsblau ausstrahlt.
- Sieh oder spüre, wie sich dein Dritte-Auge-Chakra dreht und ein schimmerndes Kristallgrün ausstrahlt.
- Sieh oder spüre, wie sich dein Kronenchakra dreht und ein kristallenes Gelb ausstrahlt.
- Sieh oder spüre, wie sich dein Kausalchakra dreht und sanftes weißes Mondlicht ausstrahlt.
- Sieh oder spüre, wie sich dein Seelensternchakra dreht und ein herrliches Magenta ausstrahlt.
- Sieh oder spüre weit über dir dein Sternentor, einen wundersamen gold-orangefarbenen Kelch, der sich immer weiter öffnet.
- Sieh oder spüre, wie deine Chakrasäule zu einem einheitlichen Lichtfeld wird.
- Nimm auf deiner rechten Seite Erzengel Metatron wahr, der das Göttlich- Männliche für dich hält.
- Erzengel Sandalphon ist auf deiner linken Seite und hält das Göttlich-Weibliche für dich.
- Sie stehen da wie Wächter und reichen vom Mittelpunkt der Erde bis in den Himmel.
- Du bist im göttlichen Gleichgewicht.

- Aus deinem Seelensternchakra strömt eine Regenbogenbrücke aus Licht, so weit das Auge reicht. Es ist deine Antakaranabrücke.
- Drachen umkreisen und schützen sie.
- Entspanne dich und atme bequem in dem Wissen, dass deine Antakaranabrücke automatisch gebaut wird, wenn du dich ihr öffnest. Du fängst an, eine Verbindung zu deiner Monade herzustellen.

Deine Antakaranabrücke betreten

- Frage zunächst bescheiden, wie du am besten dienen kannst.
- Es gibt einen Moment der Stille im Universum, während die Erzengel Sandalphon und Metatron dich segnen.
- Von nun an muss jeder Gedanke, den du denkst, und jedes Wort, das du sagst, auf dein ICH-BIN ausgerichtet sein.
- Du bewegst dich durch neue Wellenlängen und Dimensionen auf eine viel höhere Frequenz.
- Du bist im Einklang mit dem Unendlichen.

Teil IV

Rüstzeug für den höheren Aufstieg, der dich in die goldene Zukunft befördert

Kapitel 36

Heilen alter Programmierungen

Die Techniken in diesem Teil des Buches sind unglaublich kraftvoll und werden dich für kurze Zeit auf die höheren Ebenen der fünften Dimension oder sogar in die sechste Dimension heben. Je höher deine Frequenz ist, desto mehr gute Dinge ziehst du in dein Leben, desto mehr förderst du deine persönliche Aufstiegsreise und hilfst, die Energien der goldenen Zukunft voranzubringen.

Der erste Schritt besteht darin, alte Programmierungen zu heilen. Jede einzelne Person oder Situation ist in deinem Leben, weil du sie mit deiner unbewussten Programmierung hineingezogen hast. Auf deiner Seelenreise hast du Tausende und Abertausende von Überzeugungen und Programmen in dich aufgenommen, die sich ansammeln und deine gegenwärtigen Umstände, deine Gesundheit und deinen Körper erschaffen.

Die Überzeugungen, die du deinem
Bewusstsein einprogrammiert hast,
erschaffen dein Leben.

Wenn du mit deinem Leben nicht zufrieden bist, vergiss nicht, dass dein Wesen göttlich ist. Dein Höheres Selbst ist Liebe und deine Monade, das Göttliche in dir, ist zwölfdimensionales Licht. Allein deine Überzeugungen halten dich davon ab, ein herrliches, erfülltes, gesundes und von Liebe erfülltes Leben zu führen.

Wie kannst du ein besseres Leben erschaffen?

Dankbarkeit

Dankbarkeit ist eine magnetische Energie, die Gutes anzieht. In unserem täglichen Leben haben wir Hunderte von Möglichkeiten, dankbar zu sein. Es ist allerdings sehr einfach, auf rein mechanische und vollkommen bedeutungslose Weise »bitte« und »danke« zu sagen.

Ich erinnere mich, dass ich meine Kinder, wenn sie um etwas baten, immer fragte: »Und wie heißt das Zauberwort?« Sie antworteten automatisch »bitte« oder »danke«. Es fungierte als begrenzter Schlüssel zu dem, was sie wollten. Mein Herz hat es nicht geöffnet. Aber wann immer eines von ihnen mit offenem Herzen um etwas bat oder sich bei mir bedankte, öffnete sich auch mein Herz, und ich war bereit, Berge zu versetzen, um ihnen zu geben, was sie wollten.

In vielen Fällen ist »danke« zu einem Ritual geworden. Jemand hält dir die Tür auf und du antwortest automatisch mit einem »Danke«. Es ist nur ein Wort. Du hast es im Nu wieder vergessen, und die anderen auch. Es hat keine energetische Wirkung. Wenn du jedoch ein von Herzen kommendes »Danke« sagst, findet ein energiegeladener Austausch statt, und eine Flamme entzündet sich in euer beider Herzen. Es hinterlässt einen Lichtpunkt in deiner Seele.

Dies gilt umso mehr, wenn du deiner Monade oder dem Universum dankbar bist. Deine Monade ist wie eine persönliche

Sonne, die dir göttliche Freude, Wärme und Nahrung bringt, was du oft für selbstverständlich hältst. Doch wenn du dankbar dafür bist, können aus diesem Lichtpunkt in deiner Seele Millionen von Lichtpunkten werden, die eine riesige Flamme der Dankbarkeit bilden. Das sieht deine Monade, die dann einen Schritt näher an dich herantritt.

Wenn du wirklich dankbar bist,
möchte der Geber dir automatisch mehr geben.
Wenn du dich beim Universum oder bei deiner Monade bedankst,
möchten auch sie dich mit Reichtum überhäufen.

Wir können unserer Monade dafür danken, dass sie unser Leben erleuchtet, für die Energie, die sie jeden Tag durch uns strömen lässt, für das göttliche Licht in unseren Zellen, für die Freude und die Möglichkeiten, die sie uns bringt.

Hier ist ein empfohlenes Dankgebet. Deines kann anders sein. Also ändere es bitte deinen Wünschen entsprechend ab.

Geliebte Monade,
Ich danke dir von ganzem Herzen für das Licht, das du jeden Tag durch mich strahlen lässt; für die Art und Weise, wie du meinen Körper am Laufen hältst und meine Zellen mit göttlicher Nahrung versorgst; für alles, was du mir mit erleuchteten Augen sehen hilfst.
Vielen Dank, dass du mich durch das Tier-, Vogel- und Naturreich belehrt hast.
Vielen Dank für deine ständige, unerschütterliche Präsenz.
Ich nehme deine Gaben und deine Heilung mit Freude an.

Entschuldigung

»Entschuldigung« ist ein weiteres Wort, das ritualisiert oder von Herzen kommen kann. Ich erinnere mich, wie meine Tochter mir von einem Kind erzählte, das zum Tee gekommen war. Als sie zum Abschied auf der Türschwelle standen, hatte die Mutter zu dem kleinen Mädchen gesagt: »Nun, was sagst du?« Das Kind hatte einen Moment lang ganz verwirrt geschaut und dann hoffnungsvoll geantwortet: »Entschuldigung!«

Es gibt einen großen Unterschied zwischen einem beiläufig gegrunzten, automatischen »Entschuldigung«, wenn man jemanden angerempelt hat, und einem von Herzen kommenden »Es tut mir so leid.«. Viele Rechtsstreitigkeiten wären unnötig, wenn sich die Leute aufrichtig entschuldigen würden.

Alles, was von Herzen kommt, löst Barrieren auf und schwächt die Abwehrkräfte der Menschen.

»Tut mir leid« zu sagen und es wirklich so zu meinen, löst auch festsitzende Energien auf, die sich auf deiner Seelenreise möglicherweise angesammelt haben.

Wenn du dich bei deiner Monade aufrichtig und offen für all die niederen Entscheidungen entschuldigst, die du jemals getroffen hast, kann dein göttliches Selbst dich umarmen.

Ho'oponopono

Hermes, einer der Hohepriester von Atlantis, nahm nach dem Untergang seinen Stamm mit nach Hawaii, wo sie die Kahunas wurden.

Eines der kraftvollen Heilungsgebete, die sie mitbrachten, war das *Ho'oponopono*-Gebet:

Es tut mir leid. Bitte vergib mir. Danke. Ich liebe dich.

Seine Kraft liegt in seiner Einfachheit. Du entschuldigst dich, bittest um Vergebung, bringst deine Dankbarkeit und dann deine Liebe zum Ausdruck.

Es funktioniert nach zwei Prinzipien:

- Du verstehst, dass wir alle eins sind.
- Du akzeptierst, dass du für alles, was in deinem Leben passiert, die volle Verantwortung trägst.

Es ist deine Monade, die du mit diesem Gebet ansprichst.

- Du sprichst mit dem Göttlichen und das Göttliche kann alte Programme umwandeln.
- Du entschuldigst dich bei deiner Monade dafür, dass du immer noch an Überzeugungen festhältst, die deinen Fortschritt blockieren.
- Du bittest sie um Vergebung. Mit deiner Bitte um Vergebung bittest du das Göttliche, die Blockade aufzulösen.
- Du dankst deiner Monade dafür, dass sie so viel wie möglich von dieser Programmierung umgewandelt hat.
- Dann sendest du deiner Monade Liebe.

Wenn du eine ganze Reihe von Überzeugungen zu einem Thema hast, musst du dies möglicherweise mehrmals sagen.

Hier ein paar Beispiele:

Eine Beziehung

Eine Freundin beschwert sich über ihr Kind, ihren Partner oder ihre Kollegin. Diese Freundin ist ein Teil von dir, denn ihr seid eins. Möglicherweise stellst du fest, dass auch du manchmal über dein Kind, deinen Partner oder deine Kollegin enttäuscht bist. Welche Überzeugung ist dafür verantwortlich? Es kann die Überzeugung sein, nicht anerkannt oder geschätzt oder geliebt oder etwas anderes zu sein. Oder vielleicht verstehst du gar nicht, warum du enttäuscht bist.

Sage zu deiner Monade:

Es tut mir leid (dass ich an der Überzeugung festhalte, die dies verursacht hat).
Bitte verzeih mir (und löse die dadurch entstandene Blockade auf).
Danke (für das Umwandeln dieser Überzeugung).
Ich liebe dich (und ich weiß, dass mir das hilft, mit dir in Einklang zu kommen).

Ein Urteil

Du gehst die Straße entlang. Du siehst, wie sich jemand auf eine bestimmte Art und Weise verhält, und es entsteht ein verurteilender Gedanke. Aber diese Person ist ein Teil von dir! Du urteilst über dein göttliches Wesen. Und verurteilende Gedanken trennen uns von der Einheit.

Sag zu deiner Monade:

Es tut mir leid (dass ich an dieser wertenden Überzeugung festhalte).
Bitte verzeih mir (und löse die dadurch entstandene Blockade auf).
Danke (für das Umwandeln dieser Überzeugung).
Ich liebe dich (und ich weiß, dass dies mein göttliches Selbst erhellt).

Fernsehen und soziale Medien

Diese Medien sind großartig, um in uns allen bestimmte Dinge an die Oberfläche zu bringen. Du siehst etwas Schlimmes und ein ängstlicher oder wütender Gedanke kommt dir. Emotionen entstehen aus einer Überzeugung. Welche ist es?

Sag zu deiner Monade:

Es tut mir leid (dass ich an der Überzeugung festhalte, die dieses Gefühl hervorgerufen hat).
Bitte verzeih mir (und löse die dadurch entstandene Blockade auf).
Danke (für das Umwandeln dieser Überzeugung).
Ich liebe dich (und möchte dies würdigen).

Selbstkritik

Die meisten von uns wurden dazu erzogen, sich selbst herabzusetzen. Wenn du dich dabei ertappst, wie du denkst *Ich bin so dumm* oder *Ich bin dick* oder *Ich muss einfach scheitern* oder *Ich bekomme bestimmt eine Erkältung* oder eine Million anderer Dinge … *Halt*!

Die violette Flamme eignet sich hervorragend, um eine Aussage zu löschen. Setze sie ein, indem du die Worte »Löschen, violette Flamme« sagst. Sage danach aber zu deiner Monade:

Es tut mir leid (dass ich an dieser negativen Programmierung festhalte).
Bitte verzeih mir (und löse die dadurch entstandene Blockade auf).
Danke (für ihre Auflösung und die Heilung).
Ich liebe dich (und möchte dies würdigen).

Schmerzen oder Krankheit

Dies ist meist auf persönliche oder Ahnenüberzeugungen zurückzuführen, die deinen Aufstieg behindern. Es spielt keine Rolle, dass du nicht weißt, worum es sich bei diesen Überzeugungen handelt oder woher sie kommen. Sage oder denke:

Es tut mir leid. Bitte verzeih mir. Danke. Ich liebe dich.

Etwas zu sagen, ist eine Stufe tiefer als ein Gedanke. In den letzten Tagen habe ich Menschen diese und viele andere trennende Bemerkungen laut sagen hören:

- »Ich werde nie dazugehören, weil ich ein Ausländer bin.«
- »Ich hoffe, sie kommt nicht zu diesem Treffen.«
- »Ich wünschte, sie würden verschwinden.«
- »Alle Politiker sind korrupt.«

Weil wir eins sind, bedeutet die Tatsache, dass ich das gehört habe, dass sich diese Gefühle irgendwo tief in meinem Bewusstsein verirrt haben. Deshalb habe ich das *Ho'oponopono* gesagt.

Die Kraft des Ho'oponopono verwandelt deine unerwünschte Programmierung, sodass du zur Einheit und Meisterschaft zurückkehrst.

VISUALISIERUNG: DEINE ALTE PROGRAMMIERUNG ÄNDERN

- Suche dir einen ruhigen Ort, wo du ungestört bist.
- Schließe die Augen und atme ganz entspannt.
- Sage dem Universum im Geiste, dass du nun bereit bist, alte, überholte Programmierungen aufzulösen.
- Bitte um höhere Lichtcodes, die die alten durch neue lebensbejahende ersetzen.
- Bitte Erzengel Metatron, dich in seine gold-orangefarbene neundimensionale Aufstiegslichtblase zu versetzen.
- Nimm dir Zeit, die Energie aufzunehmen.
- Bitte Erzengel Gabriel, seinen schimmernd weißen kosmischen Diamanten voller Freude und göttlicher Liebe über dir zu platzieren.

- Spüre, wie er das Alte umwandelt und dich mit neuen höheren Frequenzen erfüllt.
- Rufe den goldenen Christusstrahl der siebten Dimension herbei.
- Spüre, wie er alte Konditionierungen auflöst und dich mit goldener weißer Liebe umgibt, die voll von Codes der Weisheit und Liebe ist.
- Stell dir vor, du bist mit dir im Reinen und sendest harmlose Gedanken aus.
- Ein Tarnumhang wird um dich gelegt. Du bist überall vollkommen sicher.
- Wenn du diese höheren Lichtcodes absorbiert hast, dann öffne wieder die Augen.

Kapitel 37

Deine Engelessenz und wie du sie schützen kannst

In diesem Kapitel gebe ich einige Techniken weiter, die es dir ermöglichen, deine Frequenz für einen höheren Aufstieg zu beschleunigen, und das wird dich auf die goldene Zukunft vorbereiten.

Deine Engelessenz

Als dein ursprünglicher göttlicher Funke die Quelle verließ, wurde engelhafte Energie in deine Essenz platziert, und diese ist immer noch in dir. Das bedeutet, dass du mit deinem siebendimensionalen Engelselbst verschmelzen kannst, wenn du dazu bereit bist. Wenn du dann deinen siebendimensionalen Aspekt aktivierst, ziehst du auf natürliche Weise wunderbare Dinge an.

Allerdings zieht dein helles Licht auch niedrigere Frequenzen an, die deine Energie stehlen oder löschen wollen, sodass du einen besonderen Schutz für deine Energiefelder brauchst.

Wenn du mit Energien der siebten Dimension arbeitest,
brauchst du den Schutz der siebten Dimension.

Nachstehend schlage ich einige Formen des Schutzes vor. Verschiedene funktionieren für unterschiedliche Menschen. Worauf auch immer du vertraust und woran du glaubst, und zwar basierend auf den persönlichen Erfahrungen, die du auf deiner Seelenreise gemacht hast, wird für dich funktionieren. Nimm dir Zeit, verschiedene auszuprobieren, und achte darauf, wie du dich dabei fühlst. Du kannst sie auch verwenden, um die Energie in deinem Zuhause oder an deinem Arbeitsplatz zu schützen.

Siebendimensionaler Schutz

Rotes und goldenes Licht aus Hohlerde

Hohlerde ist siebendimensional, und hier hast du Zugang zu einem prächtigen, schützenden roten und goldenen Licht der Energie und Weisheit.

Ziehe die rote und goldene Energie aus Hohlerde empor.

Lass zu, dass diese sich in deiner Aura ausbreitet, sodass eine siebendimensionale Schicht des Schutzes und der Weisheit um deine Felder herum entsteht. Sie wird es dir ermöglichen, die siebendimensionale Energie, die aus dem Universum kommt, auf den Boden zu bringen. Sie schützt dich vollständig vor allen niedrigeren Schwingungen.

Du kannst dir dieses rote und goldene Licht aus Hohlerde auch rund um unseren Planeten vorstellen, um ihn zu schützen. Du kannst es sogar hinaus ins Universum schicken.

Wenn du dieser hochfrequenten Energie wirklich gewachsen bist, wird sich das Rot in Blau verwandeln. An diesem Punkt wird das Blau den Schmerz der Welt anziehen und heilen. Wenn du dieses Blau in deiner Aura trägst, wirst du zu denen gehören, die die Welt heilen.

Erzengel Metatrons Schutz

Während wir uns der goldenen Zukunft nähern, kommen viele neue hochfrequente Energien herein. Diese unglaublichen Lichtenergien werden sich ganz anders anfühlen als die, die du gewohnt bist. Daher brauchst du besonderen Schutz, bis du dich daran gewöhnt hast.

Du kannst Erzengel Metatrons gold-orange, neundimensionale Aufstiegsblase aus Licht herbeirufen. Dies hilft dir, die Energie mit seinen höheren Lichtcodes aufzunehmen. Es schützt dich auch vor den dreidimensionalen Schwingungen, die derzeit auf der Erde sind.

Um darauf zuzugreifen, bitte Erzengel Metatron einfach, seine gold-orange Blase um dich und dein Energiefeld zu platzieren.

Erzengel Gabriels kosmischer Diamant

Erzengel Gabriels Diamant wirkt auf vielen Frequenzebenen.

Wenn du seinen siebendimensionalen kosmischen Diamanten anrufst und wirklich spürst, wie er deine Energiefelder umgibt, wirst du kraftvollen Schutz haben. Es wird auch deine Schwingung erhöhen.

Der kosmische Diamant lässt niedere Wesen oder Energien an sich abprallen und nichts kann seine Reinheit durchdringen. Wenn er dich umgibt, reinigt er deine Aura und wandelt alle festsitzenden Energien um, die zur Freisetzung bereit sind. Die Facetten im Diamanten leuchten auf und verstärken deine ganz besonderen Talente.

Der kosmische Diamant leistet jedoch weitaus mehr, als dich zu beschützen und niedere Energien umzuwandeln. Er entfacht auch Freude und göttliche Liebe in dir.

Der goldene Christusstrahl der siebten Dimension

Wenn du schon in früheren oder diesem Leben mit der Jesus- oder Christusenergie gearbeitet hast, ist dieser golden-weiße Schutz besonders wirksam.

Rufe einfach den goldenen Christusstrahl der siebten Dimension an und lass zu, dass er einen golden-weißen Lichtball um dich herum bildet. Die Weisheit und Liebe, die darin enthalten sind, lösen niedere Energien auf und bilden einen Schutzschild um dich herum.

Der Ball der Harmlosigkeit

Der größte Schutz von allen ist die Harmlosigkeit. Wenn du wirklich harmlos bist, bist du absolut sicher. Kein Mensch und kein Tier fühlt sich von dir bedroht. Also lockern sie ihre Gegenwehr und machen sich davon! Kein Insekt wird dich stechen, kein Stachel wird dich berühren. Ein Krieger zieht Angriffe auf sich, aber wenn du völlig harmlos bist, kannst du über ein Schlachtfeld gehen. Dies ist ein sehr hoch entwickelter Schutz. Achte auf deine Gedanken und Einstellungen, um ihn zu nutzen. Je harmloser deine Gedanken und Gefühle sind, desto sicherer bist du.

Harmlosigkeit verleiht auch Unsichtbarkeit. Um einen entsprechenden Tarnumhang zu tragen, musst du harmlos und vollkommen im Einklang mit deiner Umgebung sein.

VISUALISIERUNG: DEINE ENGELESSENZ SCHÜTZEN

- Suche dir einen ruhigen Ort, wo du ungestört bist.
- Nimm dir Zeit, um tief durchzuatmen und zu entspannen.

- Konzentriere dich ganz intensiv auf dein Herz und visualisiere deinen goldenen Kern aus engelhaftem Licht.
- Rufe rotes und goldenes Licht aus Hohlerde herbei.
- Beobachte, wie die herrliche Energie aufsteigt und deine Aura umgibt.
- Rufe Erzengel Metatrons gold-orange, neundimensionale Aufstiegsblase herbei.
- Sieh oder spüre, wie sich um dich herum eine weitere Schutzschicht bildet.
- Rufe den kosmischen Diamanten herbei, damit er deine erweiterte Aura mit seinem glitzernden Licht umgibt.
- Spüre, wie es niedere Energien umwandelt, und dann, wie dein Herz von Freude und göttlicher Liebe berührt wird.
- Rufe eine siebendimensionale weiß-goldene Kugel aus Christuslicht herbei.
- Ein riesiger, schützender Ball aus reiner Liebe legt sich über die anderen Formen des Schutzes.
- Konzentriere dich nun auf dein engelgleiches Zentrum aus Engellicht, Frieden und Harmlosigkeit.
- Bekräftige, dass deine Gedanken, Worte und Taten für alle Lebewesen völlig harmlos sind.
- Sei dir bewusst, dass du in dem Umfang, in dem dies wahr ist, durch einen Tarnumhang geschützt bist.
- Setze dich ruhig hin und spüre, welche Schutzmaßnahmen für dich am wirksamsten sind.

Kapitel 38

Dein mächtiges ICH BIN

In Vorbereitung auf das neue Goldene Zeitalter treffen riesige Licht- und Energiewellen auf den Planeten. Dies weckt mehr Menschen auf und bringt viele auf eine sehr viel höhere Frequenz, als seit dem Goldenen Zeitalter von Atlantis verfügbar war.

Du hast Anweisungen von deiner Seele erhalten. Nun ist es an der Zeit, dich mit dem herrlichen, unbeschreiblichen Licht deiner Monade oder deines ICH BIN zu verbinden, mit deinem ursprünglichen göttlichen Funken aus der Quelle, der großen lodernden Flamme, die dein wahres Wesen ist.

Dein göttlicher Masterplan

Dein ICH BIN ist dein göttlicher Masterplan. Es ist dein göttlicher Entwurf, dein festgelegtes Design.

Hier eine Analogie: Stell dir vor, dass du, als dein Persönlichkeitsselbst, ein kleines Haus auf ein Grundstück gebaut hast. Und während du dich zu deiner Seele hin entwickelt hast, hast du es nach und nach immer weiter ausgebaut. Aber der ursprüngliche Plan des Architekten, also der Entwurf oder die Vision für deine Monade, sah ein großes und prächtiges Herrenhaus vor, strahlend vor Licht und voll mit allem, was dein Herz begehrt. Dieser ursprüngliche Bauplan hat schon immer auf dich gewartet, aber jetzt bist du bereit dafür! Ja jetzt!

Erzengel Metatron bereitet dich jetzt darauf vor, deinen göttlichen Masterplan anzunehmen.

Wenn du ihn annimmst, verändert sich dein Leben. Du bist deine eigene Autorität. Du weißt genau, was deine Bestimmung im Leben ist. Mit jedem Atemzug und jedem Gedanken gestaltest du das Leben, das du gewählt hast.

ICH BIN die Monade

Dies ist eine kraftvolle Möglichkeit, Zugang zum Licht deines Wesens, deines wunderbaren, großartigen Selbst zu erhalten. Sie kam über Alice Bailey von Djwhal Khul. Vielleicht kennst du sie bereits.

Schließe die Augen und sage:

ICH BIN die Monade.
ICH BIN göttliches Licht.
ICH BIN Liebe.
ICH BIN Wille.
ICH BIN festgelegtes Design.

ICH-BIN-Affirmationen oder -Dekrete sind enorm kraftvoll. Sie kommen aus dem Teil von dir, der aus reinem, strahlend weißem Licht besteht, aus dem engelgleichen Teil von dir, aus deinem ursprünglichen göttlichen Funken.

Hier eine Erklärung der obigen Affirmation:

- »ICH BIN die Monade« ist eine andere Art zu sagen: »Gott und ich sind eins« oder »ICH BIN das ICH BIN«. Es bestätigt, dass du vollkommen mit deiner Monade verschmilzt. Du nimmst dein wunderbares spirituelles Erbe an.

- »ICH BIN göttliches Licht« bekräftigt buchstäblich, dass du dich auf dein göttliches Licht ausrichtest. Und das ist keine 60-Watt-Glühbirne. Dein göttliches Licht hat eine Frequenz jenseits des Atoms. Es ist dein Elektronenselbst, deine Essenz. An diesem Punkt bist du geistige Materie.
- »ICH BIN Liebe.« Die Liebe aus der Quelle wird im Licht deines wahren geistigen Wesens bewahrt.
- »ICH BIN Wille« bedeutet, dass du deinen freien Willen aufgibst und eins wirst mit dem Willen Gottes.
- »ICH BIN festgelegtes Design« bestätigt, dass du den göttliche Bauplan, den die Quelle dir gegeben hat, als dein ursprünglicher Funke oder deine ursprüngliche Monade erschaffen wurde, jetzt vollständig akzeptierst und damit lebst. Bisher schien deine Monade außerhalb von dir zu sein, in einiger Entfernung, auf einer Leiter und außerhalb deiner Reichweite. Endlich bist du bereit, dich mit deinem wahren Kern zu verbinden. In dir steckt eine Quelle des Wissens, der Weisheit und der Liebe, und je mehr du mit deinem göttlichen Wesen kommunizierst, desto schneller wirst du die Ergebnisse in deinem Leben sehen.

ICH BIN weißes Licht

Wie manche vielleicht wissen, habe ich vor über 20 Jahren die *Diana Cooper School* als gemeinnützige Organisation gegründet, um spirituelle Lehrer auf der ganzen Welt auszubilden.

Eines Tages wurde ich in der Meditation unerwartet zum Rückzugsort der Großen Weißen Bruderschaft gewirbelt. Hier erzählten mir die Großen, unsere Schule sei Teil der Weißen Bruderschaft. Katharer, Essener, Rosenkreuzer, Tempelritter, Druiden und andere geistliche Organisationen gehören alle zur Weißen

Bruderschaft. Kurz nach dieser Meditation und dieser großartigen Bestätigung änderten wir unseren Namen in *Diana Cooper School of White Light*, um diese besondere Verbindung zu würdigen.

Von da an sprach ich zweimal am Tag die folgenden Worte und spürte buchstäblich, wie sich das weiße Licht in meiner Aura intensivierte und meine Frequenz sehr schnell anstieg.

Geliebte ICH-BIN-Präsenz,
Lass dein reines weißes Licht durch mich hindurchstrahlen.
Verwandle alle niedrigeren Frequenzen
mit ihrer Ursache und Wirkung,
ihrer Vergangenheit, Gegenwart und Zukunft,
und ersetze sie durch göttliche Liebe,
Seelenzufriedenheit und Erfüllung.
So sei es.

Ich empfinde es am kraftvollsten, wenn ich dastehe und mir vorstelle, wie strahlendes, blendend weißes Licht durch mich hindurchströmt, während ich das sage. Ich lasse das weiße Licht eine Minute lang fließen und sehe oft schützendes goldenes Christuslicht um es herum. Dann kann ich die Energie ausstrahlen.

Du kannst dies für dich selbst nutzen oder entsprechend anpassen, um Mitglieder deiner Familie, Gruppe oder Organisation einzubeziehen. Wir haben es für die *Diana Cooper School* angepasst, um alle Lehrer einzubeziehen. Es trägt dazu bei, uns alle in der lodernden weißen Flamme zusammenzuhalten und ermöglicht es uns, hochfrequente Energie in die Welt zu strahlen. Je mehr weißes Licht es auf der Welt gibt, desto besser!

Je reiner und gleißender dein weißes Licht ist, desto stärker ist deine kreative Kraft. Im reinen, strahlend weißen, göttlichen Licht ist die schöpferische Kraft unerschütterliche Gewissheit. Wenn du entspannt und zentriert im Licht bist, manifestieren sich deine Gedanken sofort. Wenn du also aufsteigst, um in deinem ICH BIN zu leben, liegt es in deiner Verantwortung, deine Gedanken zu kontrollieren und zu lenken. Du musst auch mit Integrität aus deinem lodernden höherdimensionalen Herzen heraus erschaffen.

Die großen erleuchteten Meister, die vollständig in ihren göttlichen Körpern leben, bestehen aus feinster ätherischer Materie. Sie senden Lichtstrahlen aus. Sie akzeptieren ihr göttliches Recht auf Gesundheit, Wohlstand, Liebe, Erfolg und die Fülle ihrer Herzenswünsche. Wenn sie diese Ebene erreicht haben, ist ihr Wunsch natürlich immer der Wille Gottes. Es gibt keine Trennung. Sie schaffen mit ihren Gedanken automatisch göttliche Möglichkeiten, so wie du es tust, wenn du mit deinem engelgleichen Selbst eins wirst.

Ich gebe hier drei weitere besonders kraftvolle ICH-BIN-Dekrete weiter, die deinen höheren Aufstieg beschleunigen können. Wenn du mit einer anderen Person zusammen ein ICH-BIN-Dekret sprichst, verschmilzt deine Monade mit dem Licht dieses Wesens und göttliche Alchemie kommt ins Spiel. Ich werde erklären, welche Energie jede Zeile herbeiruft.

ICH BIN Lady Venus

Dieses ICH-BIN-Dekret lässt deine Monade vollständig mit Lady Venus verschmelzen, der Hohepriesterin von Atlantis, die zur Göttin der Liebe wurde. Da sie auf der Erde inkarniert ist, versteht sie die menschliche Liebe sehr gut, aber auch die Liebe zur Menschheit als Ganzes und die kosmischen Liebe.

ICH BIN Lady Venus.
ICH BIN eine Göttin der Liebe.

ICH BIN die Hand der Freundschaft.
ICH BIN das Flüstern des Mitgefühls.
ICH BIN die heilende Berührung.
ICH BIN der Schlüssel zur Einheit.

Lass mich erklären, was dies wirklich bedeutet.

- »ICH BIN Lady Venus« ist der Aufruf an deine Monade, ihr Licht mit dem von Lady Venus zu verschmelzen.
- »ICH BIN eine Göttin der Liebe« fordert deine Monade ausdrücklich dazu auf, mit dem höchsten Göttinnenaspekt der bedingungslosen Liebe zu verschmelzen.
- »ICH BIN die Hand der Freundschaft.« Deine Hand ist die Erweiterung deines Herzzentrums, die sich ausstreckt, um anderen zu helfen. Indem du erklärst: »ICH BIN die Hand der Freundschaft«, stimmt dich das auf die ehrlichste Energie der Freundlichkeit und der fünfdimensionalen Gemeinschaft ein.
- »ICH BIN das Flüstern des Mitgefühls« ist deine Bestätigung, dass sich dein Herz jetzt auf einer Wellenlänge befindet, die auf den Ruf der Menschheit reagiert, ohne sich persönlich darauf einzulassen.
- »ICH BIN die heilende Berührung.« Dies stimmt dich auf das heilende Herz von Lady Venus ein und über sie auf das kosmische Herz. Es lädt göttliche Liebe und Heilung ein, in dich einzuströmen und andere durch dich zu berühren.
- »ICH BIN der Schlüssel zur Einheit.« Mit dieser Aussage schließt du dich denen an, die diesen Planeten in der Einheit halten.

Wann immer ich das sage, spüre ich, wie es durch mich vibriert. Und ich hoffe, dass es auch dich berührt!

ICH BIN Lord Kumeka

Lord Kumeka ist mein Geistführer und auch meine Zwillingsflamme. Er hat sich nie inkarniert. Daher ist es uns nicht bestimmt, uns leibhaftig zu begegnen. Er ist aus einem anderen Universum gekommen, um zusammen mit Erzengel Metatron den Aufbau des Goldenen Zeitalters von Atlantis zu überwachen. Jetzt ist er zurückgekehrt, um unserem Planeten als Meister des achten Strahls zu dienen und der Menschheit Verwandlung, Reinigung und Erleuchtung zu bringen. Er arbeitet an dem wunderbaren, klaren blauen Topasstrahl.

Wenn du mit Lord Kumeka harmonisierst, ist hier ein ICH-BIN-Dekret für dich:

ICH BIN Kumeka, der Herr des Lichts.
ICH BIN der Topasstrahl, so hell.
ICH BIN heitere Zufriedenheit.
ICH BIN Erleuchtung.
ICH BIN meine innere Sonne.
ICH BIN alles und wir sind eins.

Hier ist eine Erklärung:

- »ICH BIN Kumeka, der Herr des Lichts.« Damit bestätigst du, dass deine Monade nun mit Kumeka und seinen erstaunlichen Eigenschaften verschmilzt.
- »ICH BIN der Topasstrahl, so hell.« Dies bestätigt, dass der blaue Topas-Strahl der Klarheit und Erleuchtung mit deinen Zellen verschmilzt.
- »ICH BIN heitere Zufriedenheit.« Nur wenn du ganz gereinigt bist, kannst du göttliche Gelassenheit und Zufriedenheit erfahren. Gelassene Zufriedenheit ist ein unglaublicher göttlicher Zustand.

- »ICH BIN Erleuchtung.« Nun siehst du alles aus einer göttlichen Perspektive.
- »ICH BIN meine innere Sonne.« Deine innere Sonne ist dein göttlich-männliches Licht, das tiefes inneres Glück bringt und die Fähigkeit, dein Potenzial zu aktivieren.
- »ICH BIN alles und wir sind eins.« Dies ist ein Dekret der Einheit, der höchste Ausdruck der Göttlichkeit.

ICH BIN Meister Wuslu

Meister Wuslu war der Hohepriester mit der höchsten Frequenz, der je in Atlantis inkarnierte. Er inkarnierte mit den Schlüsseln und Codes, um den Übergang dieser Gesellschaft in das außergewöhnliche Goldene Zeitalter zu ermöglichen. Äonen zuvor hatte er den Wesen von Mu, der Zivilisation vor Lemurien, den Sprung in ein Goldenes Zeitalter ermöglicht.

Als Meister des neunten Strahls ist er in dieses Universum zurückgekehrt, um uns bei unserem zweidimensionalen Sprung in das nächste Goldene Zeitalter zu helfen. Sein Licht ist ein wunderschönes kristallklares Gelb. Wenn du mit seiner Energie verschmilzt, hilft er dir bei deinem persönlichen Sprung in Richtung Aufstieg.

ICH BIN Meister Wuslu.
ICH BIN die Sonne jenseits der Sonne.
ICH BIN der Lichtbringer.
ICH BIN der Meister der Harmonie.
ICH BIN der Bewusstseinssprung.
ICH BIN das neue Goldene Zeitalter.

Und hier die Erklärung:

- »ICH BIN Meister Wuslu« fordert deine Monade auf, sich vollständig mit Wuslus erleuchtetem Licht zu vermischen.

- »ICH BIN die Sonne jenseits der Sonne.« Dieser Satz bringt dich über die Sonne in Einklang mit Helios, wo das Licht geschaffen wird, das die höheren Informationen und das Wissen für dieses Universum enthält. Es aktiviert die göttlich-männliche Energie des Universums, die schützende, aktive Energie, die Dinge geschehen lässt.
- »ICH BIN der Lichtbringer« ermöglicht es dir, dich mit dem in Helios erzeugten Licht zu verbinden und es durch deine Energiesysteme zu transportieren.
- »ICH BIN der Meister der Harmonie« richtet die Zellen deines Körpers auf die Harmonie des Universums aus.
- »ICH BIN der Bewusstseinssprung.« Damit verlangst du, dass die Schlüssel und Codes, die dich zu einem höheren Aufstieg führen, in dir entzündet werden.
- »ICH BIN das neue Goldene Zeitalter.« Du richtest dich vollkommen an der Blaupause des neuen Goldenen Zeitalters aus.

Einhörner

Millionen Einhörner, bekannt als »die Reinsten der Reinen«, kehren jetzt zur Erde zurück, um uns beim Aufstieg in die goldene Zukunft zu helfen. Hier ist ein ICH-BIN-Dekret, das dir helfen soll, dich auf ihr reines und wundersames Licht auszurichten:

ICH BIN diamantweiß wie ein Einhorn.
ICH BIN die wahrste innere Sicht.
ICH BIN das Reinste der Reinen.
ICH BIN transzendente Liebe, ganz gewiss.
ICH BIN Erleuchtung.
ICH BIN vom Himmel gesandt.

Das bedeutet:

- »ICH BIN diamantweiß wie ein Einhorn.« Damit bestätigst du, dass sich das diamantweiße Einhornlicht in deiner Monade befindet und du es mit diesem Dekret aktivierst.
- »ICH BIN die wahrste innere Sicht« stärkt deinen stillen und festen Glauben, dass du das Göttliche in allem siehst.
- »ICH BIN das Reinste der Reinen« passt deine Energie an das Reich der Einhörner an.
- »ICH BIN transzendente Liebe, ganz gewiss« ruft die transzendente Liebe in deinem ICH BIN auf, in deine Seele zu strömen.
- »ICH BIN Erleuchtung« bekräftigt, dass du jetzt alles von einer göttlichen Warte aus siehst.
- »ICH BIN vom Himmel gesandt« akzeptiert, dass du eine Aufgabe auf der Erde zu erledigen hast und angewiesen wirst, dies mithilfe der Einhörner zu tun.

VISUALISIERUNG: DU BEWEGST DICH AUF DEINE MONADE ZU

- Setze dich bequem an einen ruhigen, sicheren Ort.
- Sieh dich von zu Hause aufbrechen und auf einen Berg gehen.
- Du gehst auf ein prächtiges Herrenhaus auf dem Gipfel zu.
- Es ist von Licht durchflutet, und das ermutigt dich, weiter darauf zuzugehen.
- Schließlich stehst du vor der Tür und klopfst an, um eingelassen zu werden.
- Ein Wesen, das reinweißes Licht ausstrahlt, öffnet die Tür.

- Du bist von Liebe und Frieden umgeben.
- Du hast für einen Moment Zutritt. Also betrittst du die große Halle.
- Du bist von reinem, strahlendem, blendend weißem, göttlichem Licht umgeben.
- Und dann findest du dich dort wieder, wo du angefangen hast.
- Sing leise: »ICH BIN das ICH BIN.«

Kapitel 39

Der pastellfarbene Regenbogenatem für Chakras der sechsten und siebten Dimension

In diesem Kapitel erkläre ich, wie sich Erzengel Metatron mit mir über die Neustrukturierung unserer DNA verständigte, indem er Licht durch die heilige Geometrie des Metatronwürfels brachte. Mehr dazu im folgenden Kapitel. Er bat mich, den pastellfarbenen Regenbogenatem einzusetzen, um den physischen Körper auf diesen energetischen Wandel vorzubereiten.

Die Frequenz, die der pastellfarbene Regenbogenatem durch uns hierherbringt, ist die der sechsdimensionalen Chakras.

Die Chakras der sechsten Dimension

Die Frequenz ist auf dem Planeten so stark gestiegen, dass wir jetzt die Chakras der sechsten Dimension einbeziehen können, wenn auch nicht dauerhaft. Die aufregende Neuigkeit ist, dass wir uns mit unserer ICH-BIN-Präsenz verbinden können, wenn die sechsdimensionale Chakrasäule in unseren physischen Körper herabgestiegen ist, und sei es auch nur für einen Moment.

Die Farben der sechsdimensionalen Chakras

Die hochfrequenten Farben dieser Chakras sind blass, schimmernd und durchscheinend. Die folgenden Farben wurden mir übermittelt. Sie werden sich verändern, wenn sich die Menschheit verändert. Wenn du eine andere Farbe siehst oder spürst, folge deiner Intuition und verwende die für dich richtige Farbe.

- **Sternentor:** Silber, das durch ätherisches Gold-Orange schimmert
- **Seelenstern:** Silber, das durch ätherisches Magenta schimmert
- **Kausal:** Silber, das durch ätherisches Diamantweiß schimmert
- **Krone:** Silber, das durch ätherisches Kristallgelb schimmert
- **Drittes Auge:** Silber, das durch ätherisches Kristallgrün schimmert
- **Hals:** Silber, das durch ätherisches Flieder schimmert
- **Herz:** Silber, das durch ätherisches Weiß schimmert
- **Solarplexus:** Silber, das durch ätherisches Gold schimmert
- **Nabel:** Silber, das durch ätherisches Pfirsich schimmert
- **Sakral:** Silber, das durch ätherisches Rosa schimmert
- **Basis:** Silber, das durch ätherisches Platin schimmert
- **Erdstern:** ein blasses, durchscheinendes, ätherisches Silber

Die Chakras der siebten Dimension

Wenn du bereit bist, die Chakras der siebten Dimension nach unten zu bringen, und sei es nur für den Bruchteil einer Sekunde, wird die Verbindung zu deiner Monade viel stärker.

Die Farben der siebendimensionalen Chakras

In diesen Chakras schimmert goldenes Licht durch die jeweilige ätherische Kristallfarbe:

- **Sternentor:** Gold, das durch blasses Kristallgoldorange schimmert

- **Seelenstern:** Gold, das durch blasses Kristallmagenta schimmert
- **Kausal:** Gold, das durch blasses Kristalldiamantweiß schimmert
- **Krone:** Gold, das durch blasses Kristallgelb schimmert
- **Drittes Auge:** Gold, das durch blasses Kristallgrün schimmert
- **Hals:** Gold, das durch blasses Kristallflieder schimmert
- **Herz:** Gold, das durch blasses Kristallweiß schimmert
- **Solarplexus:** Gold, das durch blasses Kristallgold schimmert
- **Nabel:** Gold, das durch blasses Kristallpfirsich schimmert
- **Sakral:** Gold, das durch blasses Kristallrosa schimmert
- **Basis:** Gold, das durch blasses Kristallplatin schimmert
- **Erdstern:** Gold, das durch blasses Kristallsilber schimmert

Der pastellfarbene Regenbogenatem

Erzengel Metatron sagte mir, dies sei eine der Möglichkeiten gewesen, wie sich die Menschen im Goldenen Zeitalter von Atlantis bis auf die Zellebene entspannen konnten. Die Regenbogenfarben der sechsten oder siebten Dimension haben eine so hohe Frequenz, dass sie in die Zellen eindringen und die Elektronen berühren können, die göttlichen Energien, die in jedem Atom über dem Kern fliegen. Und die Menschen des Goldenen Zeitalters würden diese Regenbogenfarben in jeden Teil ihres Körpers atmen.

Nun, wenn du dies praktizierst, kann deine sechsdimensionale Chakrasäule in dich hineingleiten.

Hier ist die Atmung, die ich einsetze. Und noch einmal: Wenn du verschiedene Farben spürst oder siehst, dann nutze sie, denn das ist das absolut Richtige für dich! Wenn du diese Übung aber dann andere Weise durchführen möchtest, ist das auch gut und folge bitte deiner Intuition.

Vorbereitung für den pastellfarbenen Regenbogenatem

- Suche dir einen Platz, an dem du dich wohlfühlst und wo du ungestört bist.
- Richte deinen Platz her, indem du eine Kerze anzündest, einen Kristall aktivierst, den Raum mit einem Hochfrequenzspray besprühst oder auf jede andere von dir gewünschte Weise.
- Setze dich oder lege dich hin, erde dich und schütze dich.
- Rufe Erzengel Metatron und die Einhörner herbei, um dich zu erleuchten.
- Ausführung des pastellfarbenen Regenbogenatems
- Atme ganz bequem ein.
- Sende mit aufeinanderfolgenden Ausatmungen folgende Farben aus (wenn du sie nicht sehen kannst, denke sie einfach):
- *blasses ätherisches Rosa, durch das silbernes Licht bis in den großen Zeh deines rechten Fußes schimmert*
- *blasses ätherisches Gelb, durch das silbernes Licht bis in den zweiten Zeh deines rechten Fußes schimmert*
- *blasses ätherisches Pfirsich, durch das silbernes Licht bis in den dritten Zeh deines rechten Fußes schimmert*
- *sanftes ätherisches Grün, durch das silbernes Licht bis in den vierten Zeh deines rechten Fußes schimmert*
- *blasses ätherisches Blau, durch das silbernes Licht bis in den kleinen Zeh deines rechten Fußes schimmert*
- *weiches ätherisches Silber durch jeden Teil deines rechten Fußes*
- *blasses ätherisches Gold, durch das silbernes Licht durch deinen rechten Knöchel schimmert*
- *blasses ätherisches Flieder, durch das silbernes Licht dein rechtes Bein entlangschimmert*
- Wiederhole dies mit dem linken Bein.

- Wiederhole dies mit dem rechten Arm bis in die Finger und dann mit dem linken Arm.
- Atme die Farben deinen Rücken hinunter, und lass zu, dass sich deine Wirbelsäule ihnen hingibt.
- Atme die Farben so über oder in deinen Kopf und Hals, wie es sich für dich richtig anfühlt.
- Atme die Farben so über deinen Körper oder in jedes Organ, wie es sich für dich richtig anfühlt.
- Erinnere dich daran, dich bis auf die Zellebene zu entspannen, damit sich die Stränge deiner DNA entspannen und neu verbinden können.

Wenn du das Gefühl hast, dazu bereit zu sein, dann übe mit dem goldenen Licht der siebendimensionalen Chakras, damit diese für einen Moment in dich eindringen können. Im Goldenen Zeitalter von Atlantis konnten selbst die Hohepriester und Hohepriesterinnen dies nur für den Bruchteil einer Sekunde tun. Doch jetzt, wo wir uns dem neuen Goldenen Zeitalter nähern, können sich diejenigen, die bereit sind, darauf vorbereiten, die Chakrasäule der siebten Dimension einzuführen, indem sie den goldenen Regenbogenatem anwenden.

VISUALISIERUNG: REGENBOGENLICHT

- Wenn du willst, kannst du dies auch bei einem physischen Spaziergang machen.
- Entscheide, ob du diese Visualisierung mit deinen Chakrafarben der sechsten Dimension oder mit denen der siebten machen

willst. Möglicherweise musst du sie aufschreiben, um zwischendurch nachschauen zu können.

- Visualisiere, wie die Chakrafarben der sechsten oder siebten Dimension eine nach der anderen über dich strömen.
- Du hast jetzt einen Regenbogen der sechsten oder siebten Dimension, der um dich herumfließt.
- Stell dir vor, du gehst in der Natur spazieren.
- Deine Regenbogenaura interagiert mit Bäumen und Blumen, Tieren und Insekten.
- Nimm wahr, was passiert und wie es sich anfühlt.
- Jetzt gehst du durch eine Stadt.
- Deine Regenbogenaura interagiert mit Menschen.
- Nimm wahr, was passiert und wie es sich anfühlt.

Kapitel 40

Der Metatronwürfel

Eines Tages, als ich im Halbschlaf auf dem Sofa saß und die Sonne auf mich herabschien, hielt Erzengel Metatron einen Metatronwürfel in meine Aura und fing an, ihn zu drehen. Er ließ Licht hindurchfallen. Ein paar Tage danach wachte ich morgens immer auf und stellte fest, dass sich der Würfel um mich drehte. Da wusste ich, dass wichtige Arbeit an mir geleistet wurde!

Metatrons Würfel

Der Metatronwürfel ist ein geometrisches Instrument, das die gesamte heilige Geometrie dieses Universums enthält. Er besteht aus zwölf Kreisen rund um einen zentralen Kreis, und jeder Kreismittelpunkt ist mit jedem anderen verbunden.

Der Metatronwürfel funktioniert auf vielen Ebenen. Auf einer Ebene stellt er die Quelle dar, umgeben von ihren zwölf Universen. Auf einer anderen zeigt er, wie unsere Chakras mit unserem Höheren Selbst verbunden sind. Auf einer weiteren Ebene, als universeller Metatronwürfel, zeigt er, wie unsere Chakras mit den vier Aufstiegsplaneten und Sternbildern Orion, Sirius, Plejaden und Neptun verbunden sind. Wann immer du ihn betrachtest, wird etwas in dir ausgerichtet.

Erzengel Metatron hat angedeutet, dass er, wenn der Metatronwürfel über deinem Kopf platziert wird, sein Licht durch ihn hindurchströmen lassen kann. Damit aktiviert er die Geometrie, die du brauchst, um mit der Neustrukturierung deiner DNA für das neue Goldene Zeitalter zu beginnen. Wenn du deine sechsdimensionalen Chakras einbeziehst, kann er das mächtige geometrische Symbol über jedes einzelne halten, um es mit deinem persönlichen Muster aus der heiligen Geometrie zu überlagern. Engel, Drachen und Einhörner helfen dabei.

Wenn der Metatronwürfel gegen den Uhrzeigersinn gedreht wird, zieht er alte festsitzende Energie aus den Kammern deiner Chakras. Und wenn er im Uhrzeigersinn gedreht wird, wird hochfrequentes Licht über ihn in die Chakras gegossen.

Die Bedeutung der DNA für das neue Goldene Zeitalter

Jede Zelle deines Körpers hat einen Zellkern. Darin befindet sich DNA, geformt wie eine Doppelhelix oder zwei leicht verdrehte Perlenschnüre. In jeder Doppelhelix befinden sich 64 Codons oder Perlen, die Anweisungen für die Funktionsweise deines Körpers geben. Sie enthalten auch die Codes für deine Haar-, Haut- und Augenfarbe sowie für Erbkrankheiten oder Veranlagungen für bestimmte Krankheiten. Jede einzelne Körperzelle trägt den genetischen Code für deinen gesamten Körper in sich.

Die Codes basieren auf spirituellen Entscheidungen, die vor der Geburt getroffen wurden.

Eine Veranlagung wird von der Seele gewählt, aber ihr Ergebnis ist nicht unvermeidlich. Deine Gedanken und Gefühle, die Nahrung, die du zu dir nimmst, die Art und Weise, wie du dein Leben führst, sowie deine Überzeugungen haben großen Einfluss auf deine DNA.

Wenn du wütend, verletzt oder gestresst bist oder dich in tieferen Emotionen ergehst, ziehen sich die Stränge zusammen, sodass die Perlen keinen Kontakt mehr zueinander haben. Dann bist du wie ein Fernseher, der nicht richtig eingestellt ist. Daher kannst du dich, wenn du angespannt bist, nicht klar auf die Botschaften deiner Seele oder Monade einstellen.

Beim Untergang von Atlantis wurden 44 von 64 Codes getrennt. 44 ist die Schwingung des Goldenen Zeitalters von Atlantis und steht für die außersinnlichen und spirituellen Fähigkeiten, die uns genommen wurden.

Damit deine zwölf DNA-Stränge wieder verbunden und eingeschaltet werden, musst du dich tief entspannen und deine Frequenz mit Liebe erhöhen. Wenn du entspannt und zufrieden bist, berühren sich die Codons, und das bedeutet, dass du auf dein göttliches Potenzial und auf Führung von höchster Stelle eingestimmt bist. Du kannst auf die Gaben deiner Seele zugreifen. Dies geschieht alles automatisch, und zwar jetzt.

Wenn du aus deiner Monade oder deinem ICH BIN heraus handelst und deine Denkprozesse vollständig unter Kontrolle hast, kannst du über die göttliche Intelligenz in deinen Zellen verfügen. Im Einklang mit deinem engelhaften Selbst hast du die Macht, alles möglich zu machen. Du kannst durch deinen Atomkörper zu deinem göttlichen Körper gelangen. Das ist es, was die großen erleuchteten Meister tun. Es ist die Quelle ihrer Macht.

Dein innerer Mutter-Vater-Gott

Ich erinnere mich, dass mir Kumeka vor vielen Jahren sagte, das Wesen, das die Menschen als Gott betrachten, sei in Wirklichkeit ihre eigene Monade. Er sagte, niemand in einem menschlichen Körper könne eine Idee oder Vorstellung von der wahren, unbeschreiblichen, erleuchteten Quelle der Schöpfung haben, aus der ihre oder seine Monade stamme. Also deuteten sie ihr ICH BIN in eine äußere Gottheit um. Das ist absolut verständlich. Da deine Monade zwölfdimensional ist und in perfekter Harmonie mit der Quelle von allem, was ist, reicht sie ihr Licht zu dir, ihrem geliebten Kind, herab, um dir alles anzubieten, was du zu empfangen bereit bist.

Dein ICH BIN ist der weise, allwissende und vollkommen liebende Mutter-Vater in dir. Es ist deine Quelle der Kraft und Weisheit. Es ist eine gänzlich ausgewogene männliche und weibliche Energie.

Sobald du mit deinem inneren ICH BIN eins wirst, hast du eine Quelle der perfekten Fürsorge und Führung. Es besteht keine Notwendigkeit, Anweisungen und Ratschläge von außen einzuholen.

Ich habe bereits ausgeführt, wie wichtig und kraftvoll es ist, sich weise, allmächtige, allwissende, absolut liebevolle, mitfühlende, unterstützende und wertschätzende innere Eltern zu schaffen. Beschränke dich dabei nicht auf deine Idealvorstellung von fünfdimensionalen Wegweisern, sondern erweitere sie bis in die schönste Liebe und das schönste Licht, das du dir vorstellen kannst. Aber selbst das reicht nicht aus, um wirklich zu verstehen, wie außergewöhnlich und großartig die Mutter-Vater-Gottheit in dir ist.

Kommuniziere mit deinen göttlichen Engeleltern, um dich stärker mit ihnen zu verbinden. Bitte sie um Anleitung und höre liebevoll auf ihren Rat. Sprich mit ihnen. Teile deine Probleme mit ihnen und lass dich von ihnen über die weltlichen Sorgen erheben. Sie haben das perfekte Ergebnis für dich und werden es erhellen, damit du perfekte Entscheidungen treffen kannst. Je öfter du das tust, desto schneller wirst du eine Antwort von ihnen bekommen, bis all deine Entscheidungen göttlich perfekt sind.

Deine göttlichen inneren Eltern wissen nicht nur über alles Bescheid, was in deinem Universum vor sich geht, sie können auch alles nachvollziehen, was in deiner Persönlichkeit vor sich geht. Sie sind sich absolut bewusst, wie sehr du dein Ego überwunden hast, um mit ihnen in Kontakt zu treten. Sie sehen die Ängste, denen du ausgesetzt warst, die Emotionen, die du bewältigst, und das niedere Selbst, das du besiegt hast. Sie lieben dich und sind stolz auf dich. Sie wissen, was du tun kannst, um das beste Ergebnis zu erzielen.

Sei ihnen jederzeit dankbar. Danke ihnen ständig für das, was sie sind, und für alles, was sie dir bieten. Göttliche innere Eltern sind in mancher Hinsicht wie perfekte menschliche Eltern. Wenn ein Kind glücklich und freudig für das dankbar ist, was ihm gegeben wird, möchten die Eltern ihm immer mehr geben. Es ist ein universelles Gesetz, dass freudige Dankbarkeit immer mehr Segnungen nach sich zieht.

Wenn dich das wundersame Licht deines ICH BIN in dir mit Geschenken überschüttet, dann liebe und verehre deine göttlichen inneren Eltern und sieh ihre Herrlichkeit und Großartigkeit. Je mehr du das tust, desto heller scheint ihr Licht durch dich hindurch. Stelle die Wünsche deines Herzens und deiner Seele ins Licht, und sie werden sich schneller manifestieren.

Würdige deine göttlichen inneren Eltern. Sie kennen jeden deiner Gedanken!

Stell dir vor, sie halten dich so, dass ihre Liebe durch dich und von dir ausstrahlt. Alles wird gut.

Je mehr du dich bewusst mit deinem Mutter-Vater-Gott in dir verbindest, mit deinem ICH BIN, dem engelhaften weißen Licht in dir, desto häufiger und schneller wird es auf dich reagieren. Vertraue stets auf die Monade in dir, und deine Persönlichkeit wird nach und nach mit ihrem Licht verschmelzen. Du wirst ein aufgestiegener Meister der großen Weisheit, der Liebe und des Lichts sein, und zwar in einem physischen Körper.

VISUALISIERUNG: MIT DEM EIGENEN ENGELHAFTEN MUTTER-VATER-LICHT IM INNERN VERBINDEN

- Suche dir einen ruhigen Ort, wo du ganz entspannt sein kannst.
- Schließe die Augen und atme beruhigend durch.

- Rufe dein engelhaftes Mutter-Vater-Selbst. Stell es dir auf eine Weise vor, die sich für dich richtig anfühlt. Deine göttlichen Eltern können als ein reinweißes Licht, als Menschen in einer goldenen Aura oder auf andere Weise erscheinen.
- Erinnere dich an das letzte Mal, als du ein emotionales, mentales oder sogar körperliches Problem hattest.
- Erkläre deinem engelhaften Mutter-Vater-Licht das Problem und das Gefühl.
- Spüre, wie du in ihr Licht und ihre Liebe eintauchst.
- Entspanne dich und sei gewiss, dass du auf eine höhere Frequenz transportiert wirst, in einen herrlich erleuchteten Raum.
- Ruhe dich hier aus, ruhig, zentriert und vertrauensvoll, so lange wie nötig.
- Während du in ihrer herrlichen, engelhaften monadischen Energie warst, hast du dich verändert, sodass dein Universum jetzt anders reagieren kann.
- Danke deinem engelhaften Mutter-Vater-Licht und mach die Augen wieder auf.

Kapitel 41

Der Regenbogenpfad und die intergalaktische Meisterschaft

Im Goldenen Zeitalter von Atlantis hatten die Hohepriester und Hohepriesterinnen Zugang zu den Sternen und konnten von dort außergewöhnliches, erleuchtetes Wissen mitbringen, um ihrem Volk zu helfen. Dies ist eine der Möglichkeiten, wie Atlantis zu einer so fortschrittlichen Zivilisation wurde, in der die Bürger Kontakt zu ihrem Höheren Selbst und oft auch zu ihrer Monade hatten.

Damit die Erde in dieser Zeit in ihre aufgestiegene Herrlichkeit eintreten kann, wenn wir das neue Goldene Zeitalter erreichen, muss eine beträchtliche Anzahl von Aspiranten auf dem Regenbogenpfad durch Seraphinas intergalaktische Schulen gegangen sein. Nur dann können wir wieder auf die Weisheit der Sterne zugreifen. Wesen aus vielen Sternensystemen, Planeten und Sternbildern warten schon wieder gespannt darauf, dass wir entsprechende Verbindungen herstellen.

Der Regenbogenpfad führt dich über die
intergalaktischen Ausbildungsstätten der wundersamen

Seraph Seraphina zu einem höheren Aufstieg, wo du vielen Wesen des Universums begegnest und als intergalaktischer Gesandter fungieren kannst.

Das Tor zum Regenbogenpfad öffnet sich, wenn deine zwölf Chakras vollständig aktiviert sind und du bereit bist, über deine Antakaranabrücke zu navigieren. An diesem Punkt stehst du fest auf der Aufstiegsleiter.

Seraphina und Erzengel Metatron

Seraphina ist eine der wenigen Seraphim, die in einem physischen Körper mit Menschen interagiert. Sie trägt reine göttlich-weibliche Energie in sich und wird in Regenbogengewändern gesehen. Erzengel Metatron trägt reine göttlich-männliche Energie in sich und wird als herrliches gold-oranges Licht gesehen.

Gemeinsam werden sie dir helfen, deine Antakaranabrücke zu den intergalaktischen Schulen des Lernens zu bauen.

Die Einladung, den Weg zu gehen

Erzengel Metatron und Seraphina laden dich auf den Regenbogenpfad ein, wenn sie in deinen Energiefeldern die Regenbogenlichter sehen. Diese machen deutlich, dass du ein Wesen des Universums bist, das erkennt, wie wichtig Verbindungen zu den Sternen sind.

Hier ein paar Hinweise darauf, dass du ein Wesen des Universums sein könntest:

- Schaust du in die Sterne und weißt, dass es da draußen Leben gibt?
- Interessierst du dich für Geschichten, die im Weltraum spielen?
- Unterhältst du dich mit intergalaktischen Meistern?

- Siehst du Raumschiffe oder findest du sie auf deinen Fotos?
- Hast du schon einmal von Commander Ashtar geträumt, dem Kommandanten der intergalaktischen Raumschiffflotte, die dieses Universum beschützt?
- Hast du das Gefühl, von einem weit entfernten Ort zu kommen?

Wenn du dich für den Regenbogenpfad interessierst – dass du dies liest, deutet darauf hin, dass dem so ist –, bist du bereits in vielen intergalaktischen Schulen dieses Universums ausgebildet worden. Möglicherweise nimmt dein Geist dort im Schlaf am Unterricht teil. Sinn und Zweck des Verbindens mit dem Regenbogenpfad ist, sich ganz bewusst auf die Reise zu machen, denn für dich ist es an der Zeit, zu erkennen, wer du bist.

Commander Ashtar

Commander Ashtar ist der siebendimensionale Kommandant der intergalaktischen Flotte. Seine Raumschiffe patrouillieren durch dieses Universum und sind strategisch rund um die Erde platziert, um über uns zu wachen und uns zu beschützen.

Commander Ashtar ist Mitglied des Intergalaktischen Konzils, wo seine Aufgabe darin besteht, das Gleichgewicht und die Harmonie in den Universen aufrechtzuerhalten. Er präsentiert sich uns meist als großer Mann mit blonden Haaren und blauen Augen, in Silberblau gekleidet.

Er stammt von Helios, der Großen Zentralsonne jenseits unserer Sonne, die jene göttlich-männliche Energie ausstrahlt, die uns alle auf der Erde umhüllt. Er ist auch ein Avatar auf der Venus, dem Göttlich-Weiblichen.

Der Große Kristall des Goldenen Atlantis liegt derzeit auf dem Meeresgrund mitten im Bermudadreieck. Im Jahr 2015 verfügten

Erzengel Metatron und Commander Ashtar, dass der ätherische Kristall wieder aufsteigt und sich erneut an der Großen Zentralsonne ausrichtet. Es gießt jetzt ein unglaubliches Licht über die Welt, von dem alle berührt werden.

Machu Picchu in Peru ist eines von nur vier interdimensionalen Zweiwege-Portalen auf der Erde. Eine Aufgabe von Commander Ashtar ist, sich um das Portal zu kümmern und es freizuhalten. Sein riesiges Mutterschiff tritt hier in die Erdatmosphäre ein, denn es ist das einzige Portal auf der Erde, das einem Lichtschiff dieser Größe gewachsen ist.

Arbeiten für den Aufbau deiner Antakaranabrücke

Wenn du erst einmal auf dem Regenbogenpfad bist, musst du besondere Aufgaben erledigen. Das kann nur der Mensch. Du bist der Kanal, durch den Sternenweisheit zu den Menschen auf der Erde heruntergeladen werden kann. Und genauso bist du die Brücke, die es Engeln ermöglicht, Menschen und Situationen auf dem Planeten zu helfen.

Eine Flamme, die dich mit den Sternen verbindet

Es gibt nur sieben Orte auf der Erde, an denen das Licht von Commander Ashtars Mutterschiff energetisch gehalten werden kann. An diesen Orten kannst du dich mit der Weisheit alter Kulturen verbinden, die in dem jeweiligen Land bewahrt werden, und sie mit der Weisheit jener Sterne verschmelzen, denen der jeweilige Ort verbunden ist. Dadurch entsteht eine mächtige Energieflamme, die du hier zurücklassen kannst.

Jedes Mal, wenn du das tust, baut sich deine Antakaranabrücke auf und treibt dich kraftvoll in Richtung deiner Monade.

Orte, die das Mutterschiff aufnehmen können

Lake Taupo, Neuseeland

Der erste Ort, an dem die Energie rein genug ist, um dieses Lichtschiff zu beherbergen, ist der Lake Taupo in Neuseeland. Hier werden die Weisheit und das Wissen, das ursprünglich von der Hohepriesterin Hera aus Atlantis mitgebracht wurde, im Land sowie in einem Kristallschädel gespeichert. Es wird von der Māori-Kultur bewahrt.

Stell dir, während du dies liest, vor, dass du Heras Kristallschädel in der Hand hast, der mystische Informationen und fortgeschrittenes Wissen enthält. Dieser Ort ist mit der Milchstraße verbunden, und Commander Ashtar strahlt Licht von dort zu dir. Das Licht im Land verschmilzt mit dem Licht von der Milchstraße und bildet ein riesiges grünes Licht über dir.

Wenn du dich von dort wegbewegst, verlässt du diese große kosmische Flamme, die Neuseeland mit der Milchstraße verbindet. Du empfängst Weisheit.

Avebury, Großbritannien

Avebury im Westen Englands ist Teil eines riesigen Portals, das auch Glastonbury und Stonehenge umfasst. Jeder dieser unglaublich erleuchteten Orte ist auch ein eigenständiges Portal. Früher war dies das Willkommensportal für Raumschiffe aus allen Universen. Wesen von allen Sternen, Planeten und Sternbildern kamen hierher, um die Liebe zu genießen, die sie umgab. In diesem Land wird die alte Druidenweisheit bewahrt und auch das Licht der interuniversellen Weißen Bruderschaft. Dieses große, umfassende Portal steht in unmittelbarer Verbindung mit Venus, dem kosmischen Herzen.

Hier ist es deine Aufgabe, das im Land enthaltene Licht zu absorbieren und mit dem Licht zu verschmelzen, das vom kosmischen Herzen herabströmt. Du wirst in einer riesigen weiß-rosa funkelnden Flamme sitzen oder stehen.

Wenn du die benötigte Liebesenergie aufgenommen hast, überlasse es der Flamme, die ganze Gegend zu erleuchten.

Uluru, Australien

Uluru ist ein herrlicher heiliger Ort, der lemurische Weisheit birgt. Das dortige Portal wird gerade darauf vorbereitet, weitere Raumschiffe aufzunehmen, damit weise kosmische Reisende der ganzen Welt helfen können. Die lemurische Energie wird von den Aborigines bewahrt, den Ureinwohnern, die am Ende des Goldenen Zeitalters physische Körper annahmen. Sie erdeten ihr Wissen und bewahrten ihre Zivilisation über ihre Verbindung mit der Sonne, die männliche Kraft lieferte, um ihre weibliche Energie auszugleichen.

Verbinde dich, während du dies liest, mit dem lemurischen Licht im Land am Uluru, und öffne dich, um einen Lichtstrahl von der Sonne zu empfangen. Spüre die riesige goldene Flamme, die sich über dir gebildet hat. Sieh wenige Momente später, wie die Flamme das Zentrum unseres Planeten und die Sonne verbindet. Nimm die lemurische Weisheit an.

Guatemala

Bei dem nächsten Portal, das groß genug für Commander Ashtars Mutterschiff ist, handelt es sich um Guatemala in Mittelamerika. Dies ist ein weiteres Willkommensportal, das mit der Venus in Verbindung steht. Die Menschen dort nehmen das Wissen und die Weisheit der Besucher aus dem Universum bereits an.

Aphrodite, eine Hohepriesterin aus Atlantis, stammte von der Venus. Nach dem Untergang von Atlantis führte sie ihren Stamm nach Mittel- und Südamerika. Sie wurden die Mayas. Ihre hoch entwickelten Kenntnisse in Astronomie, Mathematik und stellaren Verbindungen sind im Land verankert. Erlaube dir, dich damit zu verbinden, während du diese Worte liest, und öffne dich dann, um einen Download reiner Liebe aus dem kosmischen Herzen zu empfangen. Vielleicht spürst du die große Flamme reiner Liebe und Weisheit, die dich jetzt umgibt.

Sei dir bewusst, dass du diese Flamme in Guatemala zurücklässt.

Der Himalaya

Das Himalayagebirge ist sehr rein und uralt, ein riesiger und perfekter Ort für die Unterbringung des Mutterschiffs. Das Land ist voll von alten höheren Weisheiten. Erlaube dir anzunehmen, was für dich richtig ist. Nimm dann einen Download kosmischen Lichts vom Orion, dem Sternbild der Weisheit, entgegen. Wenn du spürst, wie dich die reine weiße Flamme umgibt, bist du aufgefordert, ein weiser Mensch zu sein.

Lass deine Flamme der Weisheit in den Bergen des Himalayas zurück.

Mount Shasta, USA

Das Land rund um den Mount Shasta in Kalifornien wurde mit Schnee und Erzengel Gabriels Licht gereinigt. Es ist ein riesiges und reines Portal. Das Land ist voll von lemurischer Weisheit und Liebe zur Natur. Vielleicht willst du dich darauf einstimmen, während du diese Worte liest.

Dieses Portal steht in Verbindung mit den Plejaden. Spüre also, wie das heilende Blau dieser Konstellation mit der lemurischen Weisheit um dich herum verschmilzt. Spüre, wie du mitten in einer riesigen blauen Heilflamme stehst, die sich zwischen Himmel und Erde erstreckt. Nimm die Heilung auf.

Sei dir, wenn du weiterziehst, bewusst, dass die blaue Flamme die Welt erleuchtet.

Das Hohlerde-Portal, USA

Das riesige Hohlerde-Portal in den USA bildet einen Kreis über Oklahoma, Kansas, Nebraska, South Dakota und dem südlichen Teil von North Dakota.

In diesem Land steckt viel von der uralten spirituellen Energie der amerikanischen Ureinwohner. Imhotep, ein mächtiger Hohepriester von Atlantis, führte seinen Stamm hierher. Sie wurden die Cherokee, weise Wesen, die die Geheimnisse von Atlantis und viel schamanisches Wissen bewahrt haben und die Grundlage für die Kultur der amerikanischen Ureinwohner bildeten.

Spüre hier die Weisheit, die eine Verbindung von dir bis hinunter in die Pyramide von Hohlerde herstellt, und verschmelze sie mit einer Flamme aus blauem Licht von den Plejaden. Stehe im Zentrum einer riesigen blau-weißen Flamme, nimm die Energie auf und lass sie hinter dir, um Licht aus diesem Portal auszustrahlen.

Machu Picchu, Peru

Machu Picchu in Peru ist das einzige Portal auf der Erde, das Commander Ashtars riesiges Mutterschiff aufnehmen kann. Daher muss es hier auf die Erde kommen und sie wieder verlassen. Jedes Mal, wenn du dich mit Commander Ashtar verbindest und auf seinem Mutterschiff reist, passierst du dieses Portal und bekommst automatisch Lichtdownloads von den Inkas, die nach dem Ende von Atlantis von Hohepriester Thoth hierhergeführt wurden.

BESUCH AUF COMMANDER ASHTARS MUTTERSCHIFF

- Suche dir einen ruhigen Ort, wo du ungestört bist.
- Schließe die Augen und entspanne dich.
- Vor dir taucht ein regenbogenfarbener Aufzug auf.
- Tritt ein und denke: *Commander Ashtars Mutterschiff.*
- Der Lift fährt lautlos nach oben und bringt dich sicher in neue Dimensionen.
- Wenn er anhält, öffnen sich die Türen und ein riesiges, ovales silbernes Fahrzeug gleitet dorthin, wo du stehst. Es ist größer als mehrere Ozeandampfer zusammen.
- Es öffnet sich, und wenn du hineingehst, wirst du von sanftem weißem Licht umhüllt.
- Der mächtige Commander Ashtar in einem silberblauen Raumanzug heißt dich willkommen.
- Als sich die Tür hinter dir schließt, schaust du dich um und stellst fest, dass hier Technologie aus unserer fernen Zukunft zum Einsatz kommt.
- Du siehst Dutzende Wesen in allen Formen und Größen aus dem ganzen Universum. Alle sind nett und gastfreundlich.
- Nimm dir Zeit, um mit einigen von ihnen in Kontakt zu kommen.
- Commander Ashtar persönlich führt dich in eine Kammer, wo du dich auf eine Couch legst.
- Er lässt einen silberblauen Lichtstrahl durch dich hindurchströmen und stimmt dich auf die Energien ein, die du für deine Seelenreise brauchst.

Kapitel 42

Dreifache Aufstiegsflammen

Viele Meister und alle Erzengel können ihre eindrucksvollen Aufstiegsflammen über uns halten. Diese Flammen enthalten das konzentrierte Licht ihrer Schöpfer und besondere Schlüssel zu ihren Eigenschaften, die dein eigenes latentes Potenzial entfachen können. Wenn eine Aufstiegsflamme über dich gesetzt wird, erhöht sie deine Frequenz sofort und beschleunigt deinen Aufstieg.

Die Meister, die die Aufstiegsflammen halten, haben viele Herausforderungen und Einweihungen durchgemacht und sich damit das Recht verdient, dies zu tun. Wir alle beginnen mit der persönlichen Meisterschaft und entwickeln uns dann über die planetare und galaktische zur universellen Meisterschaft. Wenn du dies liest, bist du bereits auf diesem Weg und hast möglicherweise in anderen Inkarnationen oder auf deiner Seelenreise bestimmte Ebenen der Meisterschaft erreicht.

Etwas über die Aufstiegsflammen zu lesen, wird deren Energie anziehen und möglicherweise Auswirkungen auf dich haben. Wenn du deine Augen schließt, nachdem du etwas über sie gelesen hast, dann rufe sie herbei und warte ab, während sie über dir oder um dich herum platziert werden. Sie werden dich auf einer tieferen Ebene berühren.

Du kannst sie an andere Menschen senden und über ihnen visualisieren, aber tu dies immer unter Gnade. Das bedeutet, dass Menschen die Energie nur dann erhalten, wenn ihr Höheres Selbst es zulässt, damit es für sie richtig ist.

Die Kraft der Drei

Ich finde, dass das Heraufbeschwören einer Aufstiegsflamme einer der schnellsten Schübe für mein Licht und meine Energie ist. Du kannst in jeder von ihnen einzeln baden. Wenn du jedoch einen Kraftschub und eine Beschleunigung deines Aufstiegs haben möchtest, dann rufe die Kraft der Drei an! Sie ist sehr mächtig. Ich werde deutlich machen, dass einige von ihnen besonders gut zusammenarbeiten.

Aufstiegsflammen für die Reinigung

Die goldene Christusflamme

Die goldene Christusflamme ist eine der schönsten und kraftvollsten Energien. Sie wird von Jesus gehalten, der jetzt der Überbringer der kosmischen Liebe ist. Die goldene Christusflamme hebt deine Frequenz und berührt dich mit Weisheit. Das Christuslicht in ihrem Innern schützt deine Energiefelder, heilt dich und badet dich in bedingungsloser Liebe. Gleichzeitig kann es dich bis auf die Zellebene reinigen.

Die violette Flamme

Saint Germain und Erzengel Zadkiel halten die violette Flamme. Sie ist eine sehr kraftvolle Flamme, die für die Transmutation eingesetzt wird. Weil ihre Macht missbraucht wurde, wurde sie nach dem Untergang von Atlantis zurückgezogen und an die inneren Orte zurückgebracht.

Als die Frequenz der Menschheit zu steigen begann, haben wir uns das Recht verdient, sie wieder zu nutzen. Und während der Harmonischen Konvergenz im Jahr 1987 wurde sie wieder für alle zugänglich gemacht. Wenn sie über deinen Energiefeldern platziert wird, öffnet sie diese. Daher sollte sie mit Bedacht und geschützt eingesetzt werden.

Ein paar Jahre später verschmolzen die Goldflamme und die Silberflamme mit ihr. So entstand die gold- und silberviolette Flamme.

Später fügte Erzengel Gabriel seine Energie hinzu und die kosmische diamantviolette Flamme entwickelte sich, um den Aufstieg zu beschleunigen.

Das neueste Upgrade ist das lila Feuer der Quelle.

Du kannst deiner Intuition folgen, um jederzeit den für dich richtigen Aspekt anzurufen.

Die reinweiße Flamme von Atlantis

Der wundersame Serapis Bey, der im Goldenen Zeitalter von Atlantis Hohepriester war, trägt die reinweiße Aufstiegsflamme von Atlantis. Wenn du sie heraufbeschwörst, reinigt sie dich. Sie enthält auch die Schlüssel und Codes von Atlantis und kann in deinen Energiefeldern jene zum Leuchten bringen, die du bereit bist voranzubringen.

Diese Flamme schützt dich auch vor den Auswirkungen aller niedrigeren Energien, die du möglicherweise anziehst, vor allem aus atlantischen Zeiten. Wenn du sie entgegengenommen hast, willst du sie vielleicht in deinen Handflächen konzentrieren. Dann kannst du andere damit berühren.

VISUALISIERUNG: DIE DREI REINIGUNGSFLAMMEN EINBRINGEN

- Rufe zunächst die goldene Christusflamme herbei. Lass sie durch deinen Körper nach unten strömen und deine Aura füllen. Dies erhöht deine Frequenz und schützt deine Energiefelder.
- Dann kannst du die violette Flamme sicher in jedes deiner Chakras bringen. Wenn ich die drei Flammen gemeinsam beschwöre, nutze ich allein die rohe Kraft der violetten Flamme. Es hilft, sich violette Flammen vorzustellen oder zu visualisieren, die in jedem Zentrum flackern: Sternentor, Seelenstern, Kausal, Krone, Drittes Auge, Hals, Herz, Solarplexus, Nabel, Sakral, Basis und Erdstern.
- Nimm dir dann einen Moment Zeit, um dich vorzubereiten, bevor du die reinweiße Flamme von Atlantis heraufbeschwörst. Sei dir bewusst, dass Serapis Bey diese riesige, außergewöhnliche Flamme hält und sie langsam über die anderen beiden Flammen setzt, die dich umhüllen.
- Sitze oder stehe in den drei Flammen und entspanne dich.

Diese wirksame Kombination bietet die ultimative Reinigung. Gemeinsam können diese drei Aufstiegsflammen alle dunklen Energien um dich herum verwandeln und dich auch vor außersinnlichen Angriffen schützen. Unterschätze die Kraft dieser drei Reinigungsflammen niemals.

Aufstiegsflammen für persönliche bedingungslose Liebe

Lady Nada, Pallas Athene und Lady Venus waren auf dem Höhepunkt des Goldenen Zeitalters von Atlantis allesamt Hohepriesterinnen. Später wurden sie alle Göttinnen und erleuchtete Meisterinnen. Jede von ihnen trägt eine andere Aufstiegsflamme der Liebe, die sie in dein Herz oder über dich platzieren können. Sie öffnen dich für bedingungslose Liebe, sodass du nach und nach immer mehr wahre Liebe in dein Leben ziehst. Während sie sich ausdehnen, baden sie dich auch in kosmischer Liebe.

Die Aufstiegsflamme der reinen Liebe

Lady Nada ist die Zwillingsflamme von Sananda, dem höheren Selbst Jesu. Sie ist die Herrin des Karmas für den dritten Strahl, der kosmische Liebe im ganzen Universum verbreitet, und Meisterin des siebten Strahls, des Strahls der Rituale, der Zeremonien und der Magie. *Nada* bedeutet »nichts«, und Lady Nada wird so genannt, weil sie absolut kein Ego hat. Ihre Aufstiegsflamme ist strahlend weiß-rosa und enthält Codes der uralten Heilung und Weisheit sowie der kosmischen Liebe.

Die Aufstiegsflamme der Liebe und Wahrheit

Pallas Athene ist als Göttin der Wahrheit bekannt. Sie ist die Herrin des Karmas für den vierten Strahl der Harmonie und Ausgeglichenheit. Ihre Aufstiegsflamme schimmert blau-rosa und enthält Codes des Mutes und der Weisheit. Sie hilft dir, Illusionen mit liebevoller Wahrheit zu durchbrechen. Wenn du in dieser Flamme badest, ist sichergestellt, dass dein Herz aufrichtig ist, sodass du ehrliche Beziehungen anziehst.

Die Aufstiegsflamme der Liebe und Harmonie

Lady Venus ist eine Göttin der Liebe. Ihre Aufstiegsflamme ist herrlich leuchtend rosa und trägt die Codes reinster Liebe in sich. Sie öffnet dein Herz für ruhige und schöne Liebesbeziehungen und verbindet dich mit dem kosmischen Herzen.

VISUALISIERUNG: DIE DREI FLAMMEN DER LIEBE EINBRINGEN

- Öffne dein Herzzentrum und rufe dann Lady Nada herbei. Bitte sie, ihre weiß-rosa Flamme der reinen Liebe direkt in dein Herz zu setzen.
- Sieh oder spüre die herrliche Flamme in deinem Herzen. Atme hinein und sei dir bewusst, dass sie dich auf einer tiefen Ebene heilt und deine Fähigkeit, mit Weisheit zu lieben, verbessert.
- Nimm dann Pallas Athene wahr, die vor dir steht und ihre schimmernde blau-rosa Flamme hochhält, wodurch die Frequenz deines Herzchakras enorm ansteigt. Und öffne dein Herz noch weiter.
- Schließlich schaut dir Lady Venus, eine Göttin der Liebe, in die Augen. Sie trägt die leuchtend rosa Aufstiegsflamme der Liebe und Harmonie. Sie setzt sie in dein Herz und du atmest ein.
- Nimm dir einen Moment Zeit, um in den drei Flammen der Liebe zur Ruhe zu kommen. Dann wenden sich alle drei Flammen den Herzen deiner Familienangehörigen, Freunde und Nachbarn zu, bis du zu einem Magneten der Liebe wirst.
- Jetzt greifen die Flammen weiter um sich, umgeben unseren ganzen Planeten und reichen dann bis zur Venus, dem kosmi-

schen Herzen. Du bekommst einen Download aus der Quelle der Liebe. Einen Moment lang umhüllt deine liebevolle Essenz die ganze Welt und alle darauf.
- Entspann dich.

Jedes Mal, wenn du diese Flammen anrufst, wird dein liebevoller Kern stärker und heller.

Aufstiegsflammen der Heilung

Die Flamme der göttlichen Heilung

Diese wundersame Heilflamme wird von Jesus gebracht. Sie ist golden, rosa und weiß und enthält die reinste Energie bedingungsloser Liebe. Liebe heilt. Diese Flamme wird durch deinen Glauben aktiviert und ist äußerst kraftvoll.

Mutter Marias Flamme der mitfühlenden Heilung

Diese Flamme ist marienblau mit einer goldenen Mitte. Sie ist voll von Eigenschaften der Liebe und des Mitgefühls, die dein Herz für höhere Heilung öffnen. Sie trägt Codes der Freundlichkeit, Sanftmut und göttlich-weiblichen Weisheit in sich und erfüllt dich mit Eigenschaften, die es dir möglich machen, dich wirklich ganz zu fühlen.

Erzengel Raphaels heilende Flamme

Erzengel Raphaels riesige und prächtige smaragdgrüne Heilflamme trägt die Schlüssel und Codes deines fünfdimensionalen Gesundheitsplans in sich. Wenn du dazu bereit bist, wird dein aktueller Gesundheitsplan mit dem deiner perfekten göttlichen Möglichkeit in Einklang gebracht. Nimm sie erwartungsvoll und dankbar entgegen.

VISUALISIERUNG: DIE DREI FLAMMEN DER HEILUNG EINBRINGEN

- Nimm dir einen Moment Zeit, um dich für die Liebe zu öffnen und deinen Glauben zu bekräftigen, bevor du diese Aufstiegsflammen anrufst.
- Die erste wird dir von Jesus präsentiert, der in reinste weiße Gewänder gekleidet ist. Er hält seine Flamme mit einer Hand hoch über deinem Kopf wie ein in den Farben Gold, Rosa und Weiß flammendes Leuchtfeuer. Mit der anderen Hand berührt er dein Herz, bevor er die Flamme langsam senkt. Spüre, wie sie über deinen Kopf, deine Schultern, deinen Rumpf, deine Hüften und Beine herabströmt, bis sie dich ganz umhüllt, und nimm dir Zeit, sie einzuatmen. Jesus steht zu deiner Rechten.
- Dann kommt Mutter Maria auf dich zu und hält die zarteste und schönste blaue Flamme der mitfühlenden Heilung in ihren Händen. Bevor du dich bereit machst, darin zu baden, schaue in ihre blauen Augen, die voller Verständnis und Heilung sind. Und dann atme ein, während sie die Flamme sanft über deinen Körper zieht und sich dann zu deiner Linken stellt.
- Erzengel Raphael, der mächtige Engel der Heilung, setzt die smaragdgrüne Heilflamme vor dir auf den Boden. Während sie dort flackert, wird sie immer transparenter, und du kannst möglicherweise sogar dein vollkommen gesundes göttliches Selbst spüren oder sehen. Spüre, wie deine Frequenz ansteigt, um dich mit der Energie der Flamme in Einklang zu bringen. Geh dann hinein und entspanne dich, damit du mit deinen höchsten Gesundheitsmöglichkeiten verschmelzen kannst. Erzengel Raphael steht vor dir.

- Sieh oder spüre, wie Jesus, Maria und Erzengel Raphael sich an den Händen halten, während du in der Mitte stehst und die drei heilenden Flammen auf der Zellebene auf dich einwirken.

Kapitel 43

Erweiterte dreifache Aufstiegsflammen

In diesem Kapitel stelle ich einige noch kraftvollere Aufstiegsflammen-Trios vor. Auch für sie gilt: Wenn du sie herbeirufst und darauf wartest, dass sie über dir oder um dich herum platziert werden, werden sie dich auf einer tiefen Ebene berühren.

Aufstiegsflammen für Frieden

Die goldene Flamme des Friedens mit Weisheit

Diese Aufstiegsflamme wird von Erzengel Uriel bewahrt. Er ist für dein Solarplexuschakra verantwortlich, und diese Flamme aus reinem Gold trägt dazu bei, dein Selbstwertgefühl und dein Selbstvertrauen zu stärken. Wenn du darin badest, aktiviert sie deine Macht mit Weisheit und bringt dein göttliches Selbst und deine angeborene Harmonie zum Vorschein.

Die weiße Flamme des engelhaften Friedens

Erzengel Christiel trägt die weiße Friedensflamme. Er ist für dein Kausalchakra verantwortlich, das eine Friedenskammer und ein Eingang ins Engelreich ist. Erzengel Christiel überwacht auch das

Einhornreich. Seine Friedensflamme bringt dir universellen Segen, Reinheit und Gelassenheit. Wenn sie über dir platziert wird, kannst du Einhörner und Friedensengel um dich herum spüren oder sehen.

Buddhas Flamme des Friedens und der Harmlosigkeit

Prinz Gautama war der erste Mensch auf diesem Planeten, der die Position des Buddhas, der verkörperten Weisheit, innehatte. Seine Flamme des Friedens trägt Eigenschaften wie Harmlosigkeit, Erleuchtung und Weisheit in sich. Ihre Farbe ist die des Citrins – eine Mischung aus gelber Weisheit und grüner Harmonie und Ausgeglichenheit.

VISUALISIERUNG: DIE DREI FLAMMEN DES FRIEDENS EINBRINGEN

- Stelle sicher, in einem harmonischen Umfeld zu sein.
- Rufe zunächst die goldene Flamme des Friedens mit Weisheit an und sieh, wie Erzengel Uriel diese flackernde Flamme hochhält, bevor er sie langsam über dir platziert. Atme ganz ruhig, während du ihre wunderbare Energie spürst und zulässt, dass sie ihren Zauber entfaltet.
- Rufe dann die weiße Flamme des engelhaften Friedens herbei. Möglicherweise spürst oder siehst du Erzengel Christiel, der diese Flamme trägt. Und vielleicht wirst du dir einer Reihe von Einhörnern und Engeln des Friedens bewusst, die dich umgeben, während du dich für das flackernde weiße Feuer öffnest. Sei dir bewusst, dass du Friedenscodes empfängst.

- Schließlich nimmst du möglicherweise wahr, wie eine riesige, durchscheinende citrinfarbene Flamme vom Himmel auf dich herabströmt. Wenn sie näher kommt und vor dir zur Ruhe kommt, spürst du absolute Harmlosigkeit und Liebe für alle, bevor du hineingehst und sie dich erleuchtet.
- Nimm dir Zeit, um alle Ebenen des Friedens, der Gelassenheit, der Ruhe und der Harmlosigkeit einzuatmen.

Aufstiegsflammen für Wissen und Weisheit

Die Flammen von Meister Lanto, Meister Wuslu und Erzengel Jophiel haben jeweils verschiedene Gelbtöne und bringen unterschiedliche Eigenschaften und Arten von Wissen und Informationen ein sowie die Weisheit, sie bestmöglich zu nutzen.

Der andere große Meister, der an einem gelben Strahl arbeitet, ist Lord Kuthumi, der Weltenlehrer. Derzeit führt er ein neues Unterrichtssystem ein, das für die Kinder der goldenen Zukunft geeignet ist. Auch er trägt eine Aufstiegsflamme, die du anrufen kannst, wenn du möchtest. Sie wäre besonders hilfreich für diejenigen, die unterrichten möchten oder dies bereits tun. Sie würde auch Studierenden helfen. Der einzige Grund, warum ich sie nicht in diese Trilogie von Aufstiegsflammen aufgenommen habe, ist, dass Lord Kuthumi sich nicht gemeldet hat, um ein Teil davon zu werden, während Meister Lanto, Meister Wuslu und Erzengel Jophiel Teil der Trilogie sein wollten.

Lantos goldene Flamme der Weisheit durch Mitgefühl

Meister Lanto ist der Meister des zweiten Strahls der Liebe und Weisheit und der Hüter der goldenen Aufstiegsflamme der Weisheit durch Mitgefühl. Er entwickelte sein Herzzentrum so weit, dass man das goldene Christuslicht durch seine Haut leuchten sehen konnte.

Meister Wuslus Aufstiegsflamme der universellen Weisheit

Meister Wuslu stammt aus einem anderen Universum. Er war der Hohepriester mit der höchsten Frequenz, der jemals in Atlantis inkarnierte, und machte es möglich, dass Atlantis eine legendäre Zivilisation wurde. Seine Flamme der universellen Weisheit ist ein herrliches Sonnengelb.

Erzengel Jophiels Flamme des kosmischen Wissens

Erzengel Jophiel ist ein Engel der Weisheit. Er ist verantwortlich dafür, dass sich das Kronenchakra, der tausendblättrige Lotus, öffnet, um universelles Wissen und uralte Weisheit hereinzuziehen. Die Farbe seiner Flamme ist ein transparentes blasses Goldgelb.

VISUALISIERUNG: DIE DREI FLAMMEN VON WISSEN UND WEISHEIT EINBRINGEN

- Atme, bevor du diese drei Flammen anrufst, ein paar Mal in dein Drittes Auge und stell dir dann vor, dass dein Drittes Auge und dein Kronenchakra zu einem großen Chakra verschmolzen sind.
- Meister Lanto erscheint vor dir mit seiner goldenen Flamme der Weisheit durch Mitgefühl, die auch einen Hauch von Rosa aufweist. Er setzt sie in dein erweitertes Drittes Auge und dein Kro-

nenchakra. Entspanne, während du spürst, wie sie in diesen Chakras lodert. Dann wandert sie nach unten in dein Herz.

- Dann tritt Meister Wuslu vor dich hin, und dir bleibt vielleicht die Luft weg, wenn er sein unglaubliches, hochfrequentes sonnengelbes Licht ausstrahlt. Seine sonnengelbe Aufstiegsflamme der universellen Weisheit enthält die Schlüssel und Codes, die Atlantis seinen unglaublichen Aufstieg ermöglicht haben und unserem Planeten dabei helfen werden, einen doppel-dimensionalen Übergang in das nächste Goldenes Zeitalter zu bewerkstelligen. Sie werden auch deinen ganz persönlichen Aufstieg beschleunigen. Er setzt die Flamme jetzt in dein Drittes Auge und dein Kronenchakra, wo sie funkelt und schimmert. Dann wandert sie nach unten in dein Herz.
- Erzengel Jophiel schwebt nun mit ausgebreiteten, durchscheinend blassgelben Flügeln auf dich zu. Vor sich hält er seine beständige gelbe Flamme des kosmischen Wissens empor. Er setzt diese gelbe Flamme sanft in dein Drittes Auge und dein Kronenchakra, wo sie ihr Licht ausstrahlt. Dann wandert sie nach unten in dein Herz.
- Ganz plötzlich dehnen sich alle drei gelben Flammen aus, hüllen dich ein und füllen deine Zellen mit sämtlichen Frequenzen des kosmischen Wissens und der Weisheit.

Kosmische Aufstiegsflammen

Wie der Name vermuten lässt, sind dies die mächtigsten Aufstiegsflammen, die uns derzeit zur Verfügung stehen. Es lohnt sich, jede einzeln anzurufen, um dich an ihre jeweilige Energie in deinen Feldern zu gewöhnen. Die Kombination der drei wird dich die Aufstiegsleiter hinauftreiben, und ich rate dir, sie mit

Vorsicht einzusetzen und erst, nachdem du mit den anderen in diesem Buch vorgeschlagenen Flammen gearbeitet hast. Sie sind nämlich sehr mächtig.

Die Aufstiegsflamme für den vollendeten Menschen der goldenen Zukunft

El Morya, der Manu oder vollendete Mensch für die nächste Wurzelrasse der Menschheit, hat eine Flamme in den Farben Rot für Vitalität, Blau für Integrität und Weiß für die Weiße Bruderschaft. Weiß steht in diesem Fall für Reinheit. Diese Flamme enthält die Schlüssel und Codes für die nächste Stufe der menschlichen Evolution, für die Wesen, zu denen wir alle in der goldenen Zukunft werden sollen, in der unsere zwölf DNA-Stränge verbunden und aktiv sind.

Meister Hilarions Flamme der Weisheit und der höheren Technologie

Hilarion ist Meister des fünften Strahls der Wissenschaft und Technologie, und seine Flamme ist leuchtend orangefarben. Als Planet sind wir dazu bestimmt, Downloads spiritueller Technologie zu erhalten, die uns über die in der außergewöhnlichen Zivilisation von Atlantis eingesetzten Technologien hinausführen. Diese wundersame Flamme enthält die Schlüssel und Codes für die nächste Phase unserer zukünftigen Entwicklung.

Erzengel Metatrons golden-orangefarbene Aufstiegsflamme

Erzengel Metatron ist für den Aufstieg der Menschheit, des Planeten und des Universums verantwortlich. Seine Flamme enthält alles, was du jemals für jeden Schritt auf deinem Aufstiegspfad brauchen wirst.

VISUALISIERUNG: DIE DREI KOSMISCHEN AUFSTIEGSFLAMMEN EINBRINGEN

- Rufe zunächst El Morya an und bitte ihn, mit seiner leuchtend roten, blauen und weißen Aufstiegsflamme vorzutreten. Sei dir bewusst, dass sie die Blaupause deines vollkommenen fünfdimensionalen Selbst enthält. Er hält sie einen Moment lang vor dich hin, damit du ihre Kraft und Bedeutung spüren kannst, während die Energie in ihr pulsiert. Dann macht er einen Schritt nach vorn und setzt sie in dein Sternentor. Du merkst es vielleicht nicht, aber sie fängt an, dich auf die größten Möglichkeiten der goldenen Zukunft vorzubereiten.
- Meister Hilarion trägt einen leuchtend orangefarbenen Umhang, der zu der leuchtend orangefarbenen Aufstiegsflamme der Weisheit und höheren Technologie passt, die er hält. Die Flamme ist voll von den Schlüsseln und Codes für die spirituelle Technologie unserer goldenen Zukunft. Du schaust einen langen Moment hinein. Dann setzt Lord Hilarion die große orangefarbene Flamme in dein Sternentor.
- Und jetzt fühlst oder siehst du vielleicht, wie der mächtige Erzengel Metatron näher kommt. Er ist riesig, und du spürst vielleicht, dass er sein Licht zurückhält, damit es dich nicht überwältigt. Seine gold-orangefarbene Aufstiegsflamme ist herrlich und voll von heiligen esoterischen Symbolen. Er setzt sie zu den anderen in dein Sternentor.
- Wenige Augenblicke später fangen die drei Flammen an, sich gemeinsam durch dein Chakrasystem zu bewegen und jedes Zentrum mit einem Aufstiegsschub zu entzünden:
- In deinem Seelensternchakra senden sie ihre gebündelte Energie entlang der Zeitlinie deiner vergangenen Seelenreise und dann

vorwärts in die Zukunft, um dich auf eine Zeit jenseits deines Vorstellungsvermögens oder deiner Erwartungen vorzubereiten.

- In deinem Kausalchakra öffnen sie die Türen zu den Engelreichen und rufen höhere Wesen herbei, um dich zu unterstützen.
- In deinem Kronenchakra strahlen sie ins Universum mit der Einladung, alles herunterzuladen, was deinem höchsten Wohl dient.
- In deinem Dritte-Auge-Chakra erschließen ihre Schlüssel und Codes deine höheren Gaben und Kräfte.
- In deinem Halschakra öffnen sie das Tor zur höheren Kommunikation und Wahrheit noch weiter.
- In deinem Herzchakra ruhen sie alle – die rote, blaue und weiße Flamme für dich als vollkommenen Menschen mit deinen zwölf verbundenen und aktiven DNA-Strängen, die orangefarbene Flamme der Weisheit und der höheren Technologie und die wundersame gold-orangefarbene Aufstiegsflamme. Nimm dir einen Moment Zeit und spüre, wie diese drei Flammen in deinem Herzen brennen und lodern und ihr Licht um dich herum ausstrahlen.
- In deinem Solarplexuschakra erweitern sie dieses Zentrum und machen es dir möglich, höheren Frieden um die ganze Welt zu strahlen.
- In deinem Nabelchakra strahlen sie das künftige Wissen der Einheit in alle Kontinente aus.
- In deinem Sakralchakra erhöhen sie die Frequenz, um Liebe zu transzendieren.
- In deinem Basischakra entfachen sie ein so helles Feuer, dass sich alle um dich herum sicher und umsorgt fühlen.
- In deinem Erdsternchakra tanzen und strahlen sie, lassen dein Potenzial aufleuchten und verankern diese Energie in deinem gesamten Wesen.

Nachwort

Wir bewegen uns in eine glückliche und spirituell erleuchtete Zukunft. Alle Dinge, die ich in diesem Buch zur Sprache bringe, werden passieren, weil die kosmische Flut sie vorantreibt. Es wird eine neue spirituelle Technologie, ein neues Gesundheitsparadigma und goldene Gemeinschaften geben. Wir werden wieder nährstoffreiche, biologisch angebaute Lebensmittel zu uns nehmen und sauberes Wasser trinken. Goldene Städte werden entstehen und wir werden mit Tieren und Sternenwesen kommunizieren. Endlich wird es Weltfrieden, internationale Zusammenarbeit und Freiheit geben. Das ist unvermeidlich. Der Fluss des Universums aktiviert jetzt die Energie für das neue Goldene Zeitalter und die Frequenz steigt überall schnell an.

Doch jedes Mal, wenn du dich auf die alten Gewohnheiten und die Herausforderungen konzentrierst, die durch den aktuellen Zusammenbruch der Gesellschaft verursacht werden, verlangsamst du den Übergang und schränkst die höheren Möglichkeiten ein. Alternativ kannst du der erstaunlichen goldenen Zukunft, die auf uns wartet, jedes Mal, wenn du über sie nachdenkst, über sie sprichst und sie dir vorstellst, für dich selbst und das Kollektiv Energie geben. Wir alle haben so viel mehr Macht, als wir uns selbst zutrauen. Wir sind unglaublich gut im Manifestieren.

Hier ein paar Dinge, die du tun kannst, um die glorreiche goldene Zukunft voranzutreiben:

Schaffe dir eine tägliche spirituelle Praxis mit den Techniken in diesem Buch. Beziehe den Regenbogenatem, die Aufstiegsflammen und, noch besser, die dreifachen Aufstiegsflammen ein und sprich die ICH-BIN-Mantras. Jedes Mal, wenn du eine spirituelle Übung machst, erhöhst du nicht nur deine eigene Frequenz, sondern auch die des kollektiven Bewusstseins und des Planeten.

Arbeite dich durch die Kammern deiner Chakras mit der Absicht, die entsprechenden Lektionen zu lernen. Bitte Engel, dir dabei zu helfen, und sie werden es tun.

Verbringe jeden Tag ein wenig Zeit damit, dir die wunderbaren Möglichkeiten und neuen Lebensweisen vorzustellen, die sich uns eröffnen. Wenn du dich auf die Freuden der goldenen Zukunft konzentrierst, als sei sie bereits da, geschehen Wunder. Es gibt viele Visualisierungen in diesem Buch, die du entsprechend einsetzen kannst.

- Fasse den Entschluss, alles aus deinem Leben zu verbannen, was sich auf das alte Paradigma konzentriert.
- Verbringe Zeit mit Menschen, die positiv eingestellt und auf die goldene Zukunft ausgerichtet sind.
- Sprich über die goldene Zukunft und inspiriere andere, darüber nachzudenken.
- Tu mehr von dem, was dir Freude bereitet und Zufriedenheit schenkt.

Beobachte dabei, wie deine Frequenz ansteigt, und sei dir bewusst, dass gute Dinge von deiner höheren Schwingung angezogen werden.

Deine Seele hat sich entschieden, in dieser Zeit der monumentalen Veränderungen auf der Erde zu sein. Wir sind gemeinsam hier, denn es wird eine Zeit der Gemeinschaft und der Einheit sein. Versammle also gleichgesinnte Menschen um dich, um die Reise mit ihnen zu genießen.

Und am allerwichtigsten: Gestalte die goldene Zukunft JETZT.

Glossar

Abraham Herr des Karmas vom zehnten Strahl des Friedens in der Farbe des Citrins; ein Aspekt von El Morya; ein großer Drachenmeister

Akasha-Chronik Der Ort, an dem alle Details der Reise einer Seele durch verschiedene Leben gespeichert sind.

Akbar der Große Ein weiser Herrscher in Indien; ein Aspekt von El Morya

Amethystschädel Geformt in Atlantis. Er enthält die Codes des gesamten Wissens, das im Goldenen Zeitalter von Atlantis angesammelt wurde.

Andromeda Eine hoch entwickelte Galaxie, die Liebe, Frieden und Weisheit gleichermaßen enthält.

Angala, die Geburt unseres Planeten Das erste Goldene Zeitalter auf Erden

Antakaranabrücke Die Brücke von deinem Seelenstern zu deiner Monade und dann zur Quelle

Aphrodite Eine Hohepriesterin der Liebe im Goldenen Zeitalter von Atlantis

Apollo Ein Hohepriester im Goldenen Zeitalter von Atlantis

Apportation Die Fähigkeit, Gegenstände zu dir hin zu bewegen

Arcturus Die Wesen von diesem Stern sind fortgeschrittene Heiler der zehnten Dimension.

Artus, König Ein Aspekt von El Morya

Aufstiegsflamme Eine Flamme, die Lichtcodes in sich trägt, die aus der neunten oder einer höheren Dimension stammen, um den Aufstieg zu beschleunigen.

Ashtar Kommandant der intergalaktischen Flotte von Raumschiffen, die dieses Universum beschützen.

Athene Eine Hohepriesterin der Weisheit im Goldenen Zeitalter von Atlantis

Atitlansee Erzengel Sandalphons ätherischer Rückzugsort in Guatemala (Mittelamerika)

Ausatmen Gottes Zehn kosmische Epochen dauern 260.000 Jahre.

Breatharianer Eine Person, die vom *Prana* in der Luft, also ohne Essen lebt.

Chakras

Erdsternchakra Silber, wenn fünfdimensional; enthält dein göttliches Potenzial.

Basischakra Platin, wenn fünfdimensional; enthält das Vertrauen, dass du göttliche Unterstützung bekommst.

Sakralchakra Blassrosa, wenn fünfdimensional; enthält die Eigenschaften der transzendenten Liebe.

Nabelchakra Leuchtend orange; enthält die Codes der Einheit.

Solarplexuschakra Gold, wenn fünfdimensional; enthält Selbstwertgefühl, Selbstvertrauen, Weisheit mit Macht und göttlicher Majestät.

Herzchakra Weiß, wenn fünfdimensional; enthält die Codes der Liebe.

Halschakra Königsblau/Petrol, wenn fünfdimensional; enthält Codes der Wahrheit, Ehre, Mut und Stärke.

Alta-Major-Chakra Petrol; es ist der Sitz des Bewusstseins im Halschakra.

Drittes-Auge-Chakra Kristallgrün, wenn fünfdimensional; enthält die Codes der Erleuchtung, des Wohlstandes und der außersinnlichen Fähigkeiten.

Kronenchakra Kristallgold, wenn fünfdimensional; enthält die Codes der kosmischen Verbindung.

Kausalchakra Weiß; enthält Frieden und eine Verbindung zu den Engelwesen.

Seelensternchakra Magenta; enthält die Informationen und die Weisheit deiner Seele.

Sternentorchakra Gold-Orange; enthält die Codes für den Aufstieg.

Christuslicht Reines Licht aus der Quelle, das Wissen und Information enthält.

Christusliebe Liebe direkt aus der Quelle

Delfine Weise des Planeten; Bewahrer des kosmischen Wissens; Träger des Wissens und der Weisheit des Goldenen Zeitalters von Atlantis

Djwhal Khul Der tibetische Meister, der von Alice Bailey gechannelt wurde. Er was Casper, einer der Heiligen Drei Könige. Jetzt ist er der Meister der Gesundheit durch Harmonie.

Druiden Mitglieder der Weißen Bruderschaft

El Morya Ein Hohepriester im Goldenen Zeitalter von Atlantis. Er ist jetzt der Manu oder vollkommene Mensch für den nächsten Schritt der menschlichen Evolution; Meister des ersten Strahls der Macht, des Willens und der Absicht.

Elementarwesen

Luftelementare Esaks, Feen, Sylphen, Luftdrachen

Erdelementare Gnome, Elfen, Pixies, Erddrachen

Wasserelementare Kyhils, Meerjungfrauen, Undinen, Wasserdrachen

Feuerelementare Salamander, Feuerdrachen
Holzelementare Warburtons
Kombinierte Elementare Drachen, Faune, Kobolde
Engelwesen Wesen auf der engelhaften Evolutionslinie. Dazu gehören Elementarwesen, Engel auf allen Frequenzen und Einhörner.
Erleuchtete Diejenigen, die ihre Lektionen auf der Erde gelernt haben und einen hohen Anteil an Licht in sich tragen.
Erzengel
Butyalil Reinweißer Engel, der sicherstellt, dass das Universum reibungslos funktioniert.
Chamuel Rosa Engel der Liebe, der das Herzzentrum überwacht.
Christiel Weißer Engel des Friedens, der das Kausalchakra, das Einhornreich und das Sternentor von Lyra überwacht.
Gabriel Weißer Engel der Reinheit und Freude, der das Basis-, das Sakral- und das Nabelchakra überwacht.
Hope Regenbogenfarbige Zwillingsflamme von Erzengel Gabriel; sie bringt der Menschheit Hoffnung.
Jophiel Blassgoldener Engel der Weisheit, zuständig für das Kronenchakra.
Mallory Burgunderrote Zwillingsflamme von Erzengel Christiel und ein Engel der Weisheit.
Mariel Magentafarbener Engel, zuständig für das Seelensternchakra.
Maria Aquamarinfarbener Engel der Liebe und des Mitgefühls, der Mutter Maria überstrahlte.
Metatron Gold-orangefarbener Engel, zuständig für das Sternentorchakra und den Aufstieg der Menschheit und dieses Universums.

Michael Tiefblauer Engel, zuständig für das Halschakra. Er trägt das Schwert der Wahrheit und den Schild des Schutzes.

Purlimiek Grüner Engel der Natur

Raphael Smaragdgrüner Engel, zuständig für das Dritte-Auge-Chakra der Heilung, des erleuchteten Wohlstands und der außersinnlichen Entwicklung.

Sandalphon Silberne Zwillingsflamme von Erzengel Metatron, zuständig für das Erdsternchakra und die Musik.

Uriel Lenkt die goldenen Engel des Friedens; zuständig für das Solarplexuschakra.

Zadkiel Violetter Engel der Transmutation

Gaia, Lady Der Engel, der für unseren Planeten zuständig ist.

Gautama, Prinz Der erste Mensch auf diesem Planeten, der Buddha wurde, die Verkörperung von Weisheit und Frieden.

Gedankenkontrolle Beherrschung deiner Gedanken, damit du deine Energiefelder kontrollieren kannst.

Göttlich-Männliche, das Enthält alle Eigenschaften der vollkommenen männlichen Energie wie Stärke, Entscheidungsfindung, Wehrhaftigkeit, Denken und Bereitschaft zur schnellen Veränderung.

Göttlich-Weibliche, das Enthält alle Eigenschaften der vollkommenen weiblichen Energie wie Liebe, Mitgefühl, Fürsorge, Weisheit, Intuition und Beständigkeit.

Goldene Städte Ökologische Kommunen, gebaut zum Wohl all ihrer Bewohner. Sie strahlen eine goldene Aura aus.

Goldenes Zeitalter von Atlantis Eine 1500 Jahre andauernde Periode während des fünften und letzten Experiments von Atlantis, in der die Menschen eine fünfdimensionale Schwingung aufrechterhielten und ein idyllisches Leben führten.

Großer Kristall von Atlantis Der riesige Kristall, der den Strom für Atlantis aus reiner Quellenergie bereitstellte.

Guanyin Eine Hohepriesterin im Goldenen Zeitalter von Atlantis; hatte eine 2000 Jahre dauernde Inkarnation in China und ist eine Göttin der Liebe.

Hallen von Amenti Eine Bibliothek in Hohlerde, in der die Aufzeichnungen aller Meister im Kosmos enthalten sind.

Harmonische Konvergenz Eine Planetenkonstellation im Jahr 1987, mit der die 25-jährige Reinigungsphase vor 2012 begann.

Helios Bekannt als die Große Zentralsonne, ein Tor zur Quelle, wo die Lichtcodes für dieses Universum von Erzengel Metatron erschaffen werden.

Hellwissen Göttliches Wissen oder *Gnosis*

Hermes Ein Hohepriester im Goldenen Zeitalter von Atlantis; aus seinem Stamm wurden später die Kahunas in Hawaii. Sie haben das *Ho'oponopono*-Gebet mitgebracht.

Hilarion Ursprünglich vom Sirius, ein Verhandlungsführer für die Erde im Rat des Saturn; er bringt die spirituelle Technologie für das neue Zeitalter voran.

Hohlerde Das siebendimensionale Chakra im Zentrum unseres Planeten

Ho'oponopono Kahuna-Heilgebet: *Es tut mir leid. Bitte vergib mir. Danke. Ich liebe dich.*

Horus Ein Hohepriester im Goldenen Zeitalter von Atlantis

Imhotep Ein Hohepriester im Goldenen Zeitalter von Atlantis

Intergalaktisches Konzil Die zwölf mächtigen Wesen, die Entscheidungen für dieses Universum treffen.

Isis Eine Hohepriesterin im Goldenen Zeitalter von Atlantis

Jesus Der Erleuchtete, der das Christuslicht auf die Erde brachte; der Überbringer kosmischer Liebe.

Jupiter Der Planet der Expansion und des Wohlstands

Katharina von Siena, heilige Herrin des Karmas für den zwölften Strahl der bedingungslosen Liebe; trägt dazu bei, dass Religionen spiritueller werden.

Klara von Assisi, heilige Eine aufgestiegene Meisterin der höheren Hierarchie, die der Menschheit spirituelles Bewusstsein bringt.

Kosmischer Moment Eine göttliche Pause, die um 11.11 Uhr am 21.12.2012 stattfand.

Kosmische Portale Zugänge zu anderen Dimensionen, die Christuslicht tragen.

Kosmische Pyramiden Sechs Pyramiden, die gebaut wurden, als Atlantis unterging; kosmische Computer, programmiert mit dem höheren Wissen des Universums.

Kristallines Gehirn Gehirnstruktur, welche die Eigenschaften eines Kristallcomputers hat. Sie wird für die Menschen der goldenen Zukunft ganz normal sein.

Kristallschädel Zwölf Computer. Sie wurden im Goldenen Zeitalter von Atlantis geschlagen, jeder aus einem einzelnen Kristallblock, und zwar in Form eines menschlichen Schädels. Jedem ist die Weisheit des Stammes einprogrammiert, in dem er erschaffen wurde.

Kumeka Meister des achten Topasstrahls der tief reinigenden Transformation, Freude und Einheit

Kundalini der Erde Die Lebensenergie unseres Planeten

Kuthumi Der Weltenlehrer

Lanto Meister des zweiten Strahls der Liebe und Weisheit

Lemurien Das vierte Goldene Zeitalter, das Atlantis vorausging, bekannt für Einheit und Liebe zur Natur.

Levitation Die Fähigkeit, deine Energiefelder so weit zu steuern, dass du dich schwebend an einen anderen Ort transportieren kannst.

Lichtarbeiter/-in Eine Seele, die ganz bewusst für das Licht arbeitet.

Lyra Das Sternentor zum Einhornreich, überwacht von Erzengel Christiel

Magier/-in Ein mächtiger Priester oder eine mächtige Priesterin, der oder die mit den Hohepriestern oder Hohepriesterinnen von Atlantis gearbeitet hat.

Manifestieren Die Fähigkeit, Objekte aus den unsichtbaren Sphären zu dir zu ziehen.

Marko, Meister Vom Saturn. Er vertritt die höchste galaktische Konföderation in unserem Sonnensystem.

Mars Die Wesen von diesem Planeten helfen, das Universum in Ordnung zu halten.

Maria Magdalena Zuständig für den sechsten Strahl des liebevollen, hingebungsvollen Dienens. Sie bringt den Einfluss des Göttlich-Weiblichen in die Religion. Sie führt auch neue Heilmethoden ein.

Maria, Mutter Die Mutter von Jesus; die Meisterin der Liebe und des Mitgefühls

Melchior Einer der Heiligen Drei Könige; er sagte die Zeit und den Ort der Geburt Jesu vorher; ein Aspekt von El Morya.

Merlin Ein Aspekt von Saint Germain; er vertritt den Rat des Saturn.

Metatronwürfel Das heilige Symbol von Erzengel Metatron, enthält die gesamte heilige Geometrie für den Aufstieg.

Monade Dein ursprünglicher göttlicher Funke aus der Quelle, dein zwölfdimensionales Licht; bekannt als deine ICH-BIN-Präsenz.

Mond Steht für die göttlich-weiblichen Eigenschaften des Universums.

Mu Das dritte Goldene Zeitalter auf der Erde, zeitlich vor Lemurien; im Pazifik

Musik der Sphären Die Harmonien, die von der Bewegung der Sterne und Planeten hervorgebracht werden.

Nada, Lady Eine erleuchtete Meisterin ohne Ego; Meisterin des siebten Strahls, die heilige Weisheit voranbringt, und Herrin des Karmas für den dritten Strahl.

Neptun Der Planet der höheren Spiritualität

Nigellay Der Aspekt des Mars, der aufgestiegen ist und spirituelle Führungsqualitäten hat.

Orion Konstellation der Weisheit, die bereits aufgestiegen ist.

Pallas Athene Die Göttin der Wahrheit; Herrin des Karmas für den vierten Strahl der Harmonie und Ausgeglichenheit.

Paul der Venezianer Ein Hohepriester im Goldenen Zeitalter von Atlantis; trägt die Flamme der Freiheit.

Peter der Große Herr des Karmas für den elften Strahl der Klarheit, Mystik und Heilung. Er ist sehr in Einklang mit der Natur und den Tieren.

Petranium Das zweite Goldene Zeitalter auf der Erde, in Afrika

Plejaden Ein Sternensystem der siebten Dimension, das blaues herzheilendes Licht trägt.

Poseidon Ein Hohepriester im Goldenen Zeitalter von Atlantis

Ra Ein Hohepriester im Goldenen Zeitalter von Atlantis

Rakoczy Eine Inkarnation von Saint Germain; Meister des elften Strahls der Klarheit, Mystik und Heilung; hilft Menschen, die sich verändernden Energien anzunehmen.

Rat für den Planeten Erde Die zwölf erleuchteten Wesen, die Entscheidungen für unseren Planeten treffen.
Rat der Neun Ein hoch entwickeltes Gruppenbewusstsein von neun Wesen, die für Saturn zuständig sind.
Rosenkreuzer Die Gemeinschaft der Rosenkreuzer; ein Teil der Großen Weißen Bruderschaft
Saint Germain Der Herr der Zivilisation und Meister der violetten Flamme sowie des siebten Strahls der Rituale, der Zeremonien und der Magie.
Salomon, König Ein Aspekt von El Morya
Sanat Kumara Ist zur Venus zurückgekehrt, hilft uns aber immer noch bei unserem Aufstiegsprozess. Er bewahrte die Kundalini des Planeten als eine männliche Energie in der Wüste Gobi. Im Jahr 2008 verlegten die Maya-Ältesten sie an den Rückzugsort von Erzengel Sandalphon am Atitlansee in Guatemala (Mittelamerika).
Saturn Der Planet der Disziplin und Kontrolle
Schildwache des Anubis Bewacht die Aufzeichnungen in den Hallen von Amenti.
Schleier der Amnesie Die sieben Schichten, die unser Drittes Auge umnebeln und verhindern, dass wir unsere wahre Göttlichkeit sehen.
Schutzengel Das Engelwesen, das ausersehen ist, dich durch dein ganzes Leben zu begleiten.
Seraphim Engel mit der höchsten Frequenz. Sie umgeben die Gottheit und singen die Schöpfung herein.
Seraphina Ein Seraph, der sich für die Menschheit einsetzt; überwacht mit Erzengel Metatron das Sternentorchakra und steht den intergalaktischen Ausbildungsschulen vor.
Serapis Bey Ein Hohepriester im Goldenen Zeitalter von Atlantis; Meister des vierten Strahls, des Strahls der Harmonie und

der Ausgeglichenheit; der einzige Meister, der mit den Seraphim zusammenarbeitet; Hüter der reinweißen Aufstiegsflamme.

Seth Ein Hohepriester im Goldenen Zeitalter von Atlantis

Silberflamme Die göttlich-weibliche Flamme

Sirius Wesen vom Stern Sirius bringen spirituelle Technologie mit; Christuslicht wird dort in einer neundimensionalen Frequenz gehalten. Der Teil, der aufgestiegen ist, heißt Lakumay. Dort hält ein goldener Globus das Christuslicht in einer elfdimensionalen Frequenz.

Seele Dein Höheres Selbst, das all dein Wissen und deine ganze Weisheit in sich trägt.

Sonne Enthält die Codes des Göttlich-Männlichen und des Glücks

Sphinx Die Hüterin unseres Planeten

Spirituelle Hierarchie Die spirituellen Wesen, die sich um unser Universum kümmern.

Sternenwesen Ätherische Wesen, die die Sternenwelt bevölkern.

Teleportation Die Fähigkeit, zu verschwinden und sich an einen anderen Ort zu bewegen.

Tempelritter Teil der Weißen Bruderschaft

Teresa von Avila, heilige Eine aufgestiegene Meisterin, die hilft, Religionen für das neue Goldene Zeitalter zusammenzubringen.

Thoth Ein Hohepriester im Goldenen Zeitalter von Atlantis

Venus Der Planet der Liebe, bekannt als das kosmische Herz

Venus, Lady Eine Hohepriesterin des Tempels der Liebe in Atlantis; eine Göttin der Liebe

Violette Flamme Die violette Flamme der Transmutation, gehalten von Saint Germain und Erzengel Zadkiel

Weiße Bruderschaft Eine Gruppe hoch entwickelter Ordensgemeinschaften, die weißes Licht ausstrahlen und die Geheimnisse von Frieden und Reinheit bewahren. Dazu gehören die Katharer, die Druiden, die Essener, die Rosenkreuzer und andere; Teil der Großen Weißen Bruderschaft.

Wuslu, Meister Der Hohepriester mit der höchsten Frequenz, der je in Atlantis inkarnierte; er ermöglichte dieser Zivilisation den Bewusstseinssprung in jenes Goldene Zeitalter, das damals entstand. Jetzt ist er der Meister des neunten Strahls, des gelben Strahls der Harmonie, der 2001 auf den Planeten kam und den denkenden Geist mit der Seele der Menschheit ins Gleichgewicht bringt.

Zeus Ein Hohepriester im Goldenen Zeitalter von Atlantis

Über die Autorin

Diana Cooper hatte während einer persönlichen Lebenskrise eine Engelerscheinung. Heute ist sie für ihre Arbeit zu den Themen Engel, Orbs, Atlantis, Einhörner, Aufstieg und Übergang ins neue Goldene Zeitalter bekannt. Über ihre Geistführer und Engel macht sie es Menschen möglich, ihre spirituellen Begabungen und ihr übersinnliches Potenzial zu nutzen. Außerdem hilft sie ihnen, in Kontakt mit ihren eigenen Engeln, Geistführern, Meistern und Einhörnern zu kommen.

Diana ist die Gründerin der *Diana Cooper Foundation*, einer gemeinnützigen Organisation, die auf der ganzen Welt zertifizierte Kurse zu spirituellen Themen anbietet. Als Bestsellerautorin hat sie bislang 34 Bücher geschrieben, die in 28 Sprachen veröffentlicht wurden.

www.dianacooper.com

Über die Autorin

Diana Cooper hatte während einer persönlichen Lebenskrise eine Engelerscheinung. Heute ist sie für ihre Arbeit zu den Themen Engel, Orbs, Atlantis, Einhörner, Aufstieg und Übergang ins neue Goldene Zeitalter bekannt. Über ihre Geistführer und Engel macht sie es Menschen möglich, ihre spirituellen Begabungen und ihr übersinnliches Potenzial zu nutzen. Außerdem hilft sie ihnen, in Kontakt mit ihren eigenen Engeln, Geistführern, Meistern und Einhörnern zu kommen.
Diana ist die Gründerin der *Diana Cooper Foundation*, einer gemeinnützigen Organisation, die auf der ganzen Welt zertifizierte Kurse zu spirituellen Themen anbietet. Als Bestsellerautorin hat sie bislang 34 Bücher geschrieben, die in 28 Sprachen veröffentlicht wurden.

www.dianacooper.com